21st CENTURY
实用规划教材

21世纪全国高等院校**财经管理**系列实用规划教材

财务会计系列

会计信息系统实验教程

主 编 张 锋

北京大学出版社
PEKING UNIVERSITY PRESS

内容简介

本书以会计信息化的发展为基础，以管理应用型财会人才的培养为目标编写，要求学生掌握会计和管理软件操作技术，利用信息技术对财务信息进行分析，为企业决策提供准确的信息。全书分为两个部分，第一部分为会计软件应用，包括通用会计软件使用概述、系统管理及基础档案、总账系统管理、UFO报表；第二部分为基于Excel的会计信息分析实验，包括Excel基础知识、会计信息获取及报表分析模型、基于Excel函数会计信息分析、基于Excel工具的会计信息分析。本书亦提供了大量习题和案例，可通过实验来加强学生的实践动手能力。

本书可作为高等院校会计学、财务管理及相关专业学生学习会计信息化课程的教材，还可以作为广大实务工作者自学或进修会计信息化课程的参考用书。

图书在版编目(CIP)数据

会计信息系统实验教程/张锋主编．—北京：北京大学出版社，2015.11
（21世纪全国高等院校财经管理系列实用规划教材）
ISBN 978-7-301-25379-3

Ⅰ.①会…　Ⅱ.①张…　Ⅲ.①会计信息—财务管理系统—高等学校—教材　Ⅳ.①F232

中国版本图书馆CIP数据核字（2015）第009600号

书　　名　会计信息系统实验教程
　　　　　Kuaiji Xinxi Xitong Shiyan Jiaocheng
著作责任者　张　锋　主编
策划编辑　王显超
责任编辑　葛　方
标准书号　ISBN 978-7-301-25379-3
出版发行　北京大学出版社
地　　址　北京市海淀区成府路205号　100871
网　　址　http://www.pup.cn　　新浪微博：@北京大学出版社
电子信箱　pup_6@163.com
电　　话　邮购部62752015　发行部62750672　编辑部62750667
印 刷 者　三河市博文印刷有限公司
经 销 者　新华书店
　　　　　787毫米×1092毫米　16开本　12.5印张　288千字
　　　　　2015年11月第1版　2015年11月第1次印刷
定　　价　28.00元

丛 书 序

我国越来越多的高等院校设置了经济管理类学科专业，这是一个包括理论经济学、应用经济学、管理科学与工程、工商管理、公共管理、农林经济管理、图书馆、情报与档案管理 7 个一级学科门类和 31 个专业的庞大学科体系。2006 年教育部的数据表明，在全国普通高校中，经济类专业布点 1518 个，管理类专业布点 4328 个。其中除少量院校设置的经济管理专业偏重理论教学外，绝大部分属于应用型专业。经济管理类应用型专业主要着眼于培养社会主义国民经济发展所需要的德智体全面发展的高素质专门人才，要求既具有比较扎实的理论功底和良好的发展后劲，又具有较强的职业技能，并且又要求具有较好的创新精神和实践能力。

在当前开拓新型工业化道路，推进全面小康社会建设的新时期，进一步加强经济管理人才的培养，注重经济理论的系统化学习，特别是现代财经管理理论的学习，提高学生的专业理论素质和应用实践能力，培养出一大批高水平、高素质的经济管理人才，越来越成为提升我国经济竞争力、保证国民经济持续健康发展的重要前提。这就要求高等财经教育要更加注重依据国内外社会经济条件的变化，适时变革和调整教育目标和教学内容；要求经济管理学科专业更加注重应用、注重实践、注重规范、注重国际交流；要求经济管理学科专业与其他学科专业相互交融与协调发展；要求高等财经教育培养的人才具有更加丰富的社会知识和较强的人文素质及创新精神。要完成上述任务，各所高等院校需要进行深入的教学改革和创新，特别是要搞好有较高质量的教材的编写和创新工作。

出版社的领导和编辑通过对国内大学经济管理学科教材实际情况的调研，在与众多专家学者讨论的基础上，决定编写和出版一套面向经济管理学科专业的应用型系列教材，这是一项有利于促进高校教学改革发展的重要措施。

本系列教材是按照高等学校经济类和管理类学科本科专业规范、培养方案，以及课程教学大纲的要求，合理定位，由长期在教学第一线从事教学工作的教师编写，立足于 21 世纪经济管理类学科发展的需要，深入分析经济管理类专业本科学生现状及存在的问题，探索经济管理类专业本科学生综合素质培养的途径，以科学性、先进性、系统性和实用性为目标，其编写的特色主要体现在以下几个方面：

（1）关注经济管理学科发展的大背景，拓宽理论基础和专业知识，着眼于增强教学内容与实际的联系和应用性，突出创造能力和创新意识。

（2）体系完整、严密。系列涵盖经济类、管理类相关专业以及与经管相关的部分法律类课程，并把握相关课程之间的关系，整个系列丛书形成一套完整、严密的知识结构体系。

（3）内容新颖。借鉴国外最新的教材，融会当前有关经济管理学科的最新理论和实践经验，用最新知识充实教材内容。

（4）合作交流的成果。本系列教材是由全国上百所高校教师共同编写而成，在相互进行学术交流、经验借鉴、取长补短、集思广益的基础上，形成编写大纲。最终融合了各地特点，具有较强的适应性。

（5）案例教学。教材融入了大量案例研究分析内容，让学生在学习过程中理论联系实际，特别列举了我国经济管理工作中的大量实际案例，这可大大增强学生的实际操作能力。

（6）注重能力培养。力求做到不断强化自我学习能力、思维能力、创造性解决问题的能力以及不断自我更新知识的能力，促进学生向着富有鲜明个性的方向发展。

作为高要求，经济管理类教材应在基本理论上做到以马克思主义为指导，结合我国财经工作的新实践，充分汲取中华民族优秀文化和西方科学管理思想，形成具有中国特色的创新教材。这一目标不可能一蹴而就，需要作者通过长期艰苦的学术劳动和不断地进行教材内容的更新才能达成。我希望这一系列教材的编写，将是我国拥有较高质量的高校财经管理学科应用型教材建设工程的新尝试和新起点。

我要感谢参加本系列教材编写和审稿的各位老师所付出的大量卓有成效的辛勤劳动。由于编写时间紧、相互协调难度大等原因，本系列教材肯定还存在一些不足和错漏。我相信，在各位老师的关心和帮助下，本系列教材一定能不断地改进和完善，并在我国大学经济管理类学科专业的教学改革和课程体系建设中起到应有的促进作用。

刘诗白

刘诗白 现任西南财经大学名誉校长、教授，博士生导师，四川省社会科学联合会主席，《经济学家》杂志主编，全国高等财经院校《资本论》研究会会长，学术团体“新知研究院”院长。

前　　言

自20世纪80年代以来，人类迈入了全球信息化和发展知识经济时代，以网络、信息处理、人工智能、多媒体等为核心的信息技术已成为世界经济、科技发展的动力。相应地，在信息技术环境下，传统的会计信息系统已经不能适应现代企业信息管理发展的要求，在会计电算化的基础上，逐步进入会计信息化。

"会计信息化"是指将会计信息作为管理信息资源，全面运用以计算机、网络通信为主的信息技术对其进行获取、加工、传输、应用等处理，为企业经营管理、控制决策和经济运行提供充足、实时、全方位的信息。会计信息化是信息社会的产物，是未来会计的发展方向。

高等院校会计人才培养包括研究型、管理应用型和操作应用型3个层次，其中对管理应用型人才而言，不仅应该掌握会计和管理软件操作技术，还应该掌握利用信息技术对财务信息的分析技术，并能够为企业决策提供准确的信息。

本书以会计信息化的发展为基础，以管理应用型财会人才的培养为目标进行编写的体系。本书共分为两部分，第一部分为会计软件应用，第二部分为基于Excel的会计信息分析。

本书由张锋设计提纲，具体编写分工为：张锋编写第一章至第四章；董德民编写第八章；严兴尧编写第五章和第六章；游春辉编写第七章。全书最后由张锋进行统稿。

在本书的编写过程中，得到了冯根尧教授的关心和指导，得到了用友公司周曙红女士的支持，在此表示感谢！

由于信息技术发展得很快，理论界对会计信息化的理解并不是很统一，而且对管理型财会人才的培养目标的不一致，加之时间仓促，编者水平有限，书中难免有不当之处，希望有关专家、学者、同行批评指正，提出宝贵意见和建议。

编者

2015.6

目　录

第一部分　会计软件应用

第一章　通用会计软件使用概述 …… 1

第二章　系统管理及基础档案 …… 10

实验一　系统管理 …… 10
实验二　基础档案 …… 20

第三章　总账系统管理 …… 50

实验一　总账系统管理 …… 51
实验二　总账系统日常业务处理 …… 59
实验三　总账期末处理 …… 84

第四章　UFO 报表 …… 92

实验一　自定义利润表编制 …… 92
实验二　利用模板编制资产负债表 …… 105

第二部分　基于 Excel 的会计信息分析实验

第五章　Excel 基础知识 …… 107

第六章　会计信息获取及报表分析模型 …… 129

实验一　基于 Excel 的会计信息获取技术 …… 129
实验二　基于 Excel 的会计报表模型建立实验 …… 136

第七章　基于 Excel 函数会计信息分析 …… 154

实验一　货币时间价值模型 …… 154
实验二　固定资产折旧模型 …… 162
实验三　投资决策模型 …… 165
实验四　销售预测模型 …… 172

第八章　基于 Excel 工具的会计信息分析 …… 179

实验一　单变量求解及模拟运算表应用 …… 179
实验二　方案及规划求解应用 …… 182

附录　实验报告要求及模板 …… 189

参考文献 …… 191

第一部分　会计软件应用

第一章　通用会计软件使用概述

一、通用会计软件使用一般流程

通用会计软件的一般使用流程主要包括：会计软件的初始化设置、日常会计业务处理、月末处理以及数据备份与恢复。

（一）会计软件的初始设置

应用软件的初始化是对应用软件日常运行所做的一些必要的准备工作。它一般是一次性工作，只要投入使用后，系统初始化工作就已结束，只在必要时做一些修改工作。会计软件的初始设置工作主要包括以下几个方面。

1. 用户设置及用户权限设置

用户设置主要是为满足业务处理需要而增加或减少应用软件的操作人员，并设置每个用户的基本信息，以区别于其他用户，防止非指定人员使用会计软件。

用户权限设置主要是对运行软件的人员进行分工，以实现软件应用的内部控制要求。

2. 建账

建账就是完成会计数据库的建立，即按照会计软件所设计的模板数据库建立用户的数据库，实际上相当于手工会计的账本准备工作。

3. 基本参数定义

基本参数定义是指对会计业务处理过程中使用的各种控制参数，规定业务处理控制要求。在会计软件中定义的基本参数被保存在数据库中，以后使用计算机进行相应的处理时，系统将根据其参数值，对会计数据进行相应的计算、存储和分析处理等工作。

4. 业务处理规则定义

设置业务处理规则是指建立有关核算规则，确定管理分析方法，如设置会计科目、编制报表取数及计算公式定义等。其中重要的就是建立会计字典，如：科目目录、客户供应商目录、部门目录等。会计字典是构成会计数据的框架，是对会计信息进行分类的依据，由会计软件产生的总分类账、明细账、辅助账和各种统计表都是建立在会计字典的基础之上。

5. 初始数据处理

初始数据处理主要是完成手工账与计算机账的衔接，是使会计数据保持连续性，主要包括输入期初余额和期初余额校验。

（1）输入期初余额。在首次使用新的会计软件时，期初余额是指软件启用以前的科目总账、明细账、辅助账等的余额。该余额包括新的会计软件启用以前，已经进行了会计处理的所有业务信息，同时也包括了未进行会计处理的一些业务数据。

（2）期初余额校验。会计体系具有严密的完整性和科学性，它通过总账平衡、总账与明细账相符、明细账与辅助账及实务账相符等校验，来验证会计数据，从而保证企业会计信息的准确性。

（二）会计软件的日常业务处理

会计软件的日常运行是对有关的会计数据进行例行的处理，即在不同的会计期间内执行重复的相同数据处理工作。

（1）数据录入。会计软件日常运行的数据录入主要是将经过审核后的会计数据输入计算机，进行数据的增加、修改和删除。如记账凭证的输入、修改和删除。

（2）数据校验。会计软件日常业务处理中的数据校验主要是对录入和加工的数据进行正确性校验。如会计凭证审核、财务报表数据的审核。

（3）数据加工。会计软件日常业务处理的数据加工主要是对已存储于计算机中的数据进行进一步计算、分类和汇总等处理。如记账凭证汇总记账等功能。

（4）数据输出。会计软件日常业务处理的数据输出是指对会计数据的查询、打印和网络传输。数据查询是在计算机屏幕上显示有关会计数据。数据打印是将有关的会计数据在打印机上打印输出，形成纸质介质的书面文件。数据网络传输是指将会计数据通过企业内部网或互联网方式将数据传输给与企业有关的组织或个人。

（三）会计期末处理

会计期末处理主要是对已加工完成的数据进行账账、账证、账实核对，并进行结转处理，最后进行结账处理的过程。

（四）会计数据备份与恢复

1. 会计数据备份

数据备份是将会计软件所产生的数据备份到硬盘、软盘或光盘上的过程。企业进行会计数据备份主要是为了制作数据副本，以便于长期保存，防止意外事故造成数据丢失或非法篡改和破坏；一旦发现硬盘数据文件被非法篡改或被破坏，能够利用备份数据，使系统数据尽快回复，以保证业务工作正常进行。

2. 会计数据恢复

数据恢复是指把软盘或硬盘上的数据恢复到指定的目录下。企业进行数据恢复的目的主要是：当硬盘数据被破坏时，将备份盘上的数据恢复到硬盘上；或者将已删除的某年数据恢复到硬盘上以备查询。

二、用友财务软件介绍

（一）用友 ERP-U8.61 概述

用友 ERP-U8.61 是一个企业综合运营平台，用以解决各级管理者对信息化的不同要求：为高层经营管理者提供大量收益与风险决策信息，辅助企业制定长远发展战略；为中层管理人员提供企业各个运作层面的运作状况，帮助做到各种事件的监控、发现、分析、解决、反馈等处理流程，帮助做到投入产出最优配方；为基层管理人员提供便利的作业环境、易用的操作方式，实现工作岗位、工作职能的有效履行。

用友 ERP-U8.61，根据业务范围和应用对象的不同，划分为系统管理、财务管理、供应链、人力资源、决策支持、企业门户等系列产品。

1. 系统管理

系统管理的主要功能包括：①管理账套，包括建立账套、修改账套、删除账套、引入和输出账套；②管理操作员，包括增加操作员、修改操作员、删除操作员及操作员权限管理。

2. 财务系统

财务系统主要包括：①总账系统，包括总账系统的初始设置、总账系统的日常业务处理、期末处理等功能；②UFO 报表系统，包括报表格式设计、报表数据处理、报表模板、图标功能等功能；③固定资产系统，包括卡片定义等初始设置、固定资产变动、折旧等日常业务处理及月末处理。

3. 供应链管理

供应链管理主要包括：①采购管理，主要进行采购订单处理，动态掌握订单执行情况，并根据采购发票确认采购入库成本。本系统与应付款管理系统一起使用可以动态掌握采购业务的付款和应付情况；与库存管理系统一起使用可以随时掌握存货的现存量信息；与存货核算系统一起使用可以为存货核算提供采购入库成本，便于财务部门及时掌握存货的采购成本。②库存管理，主要用于处理各种类型的出入库业务，可以进行库存安全性控制，通过对存货的收、发、存业务的处理，及时动态地掌握存货的各种信息，提供各种储备分析，便于企业进行存货控制。③销售管理系统，主要进行销售订单的处理，随时掌握销售订单的执行情况；处理各种销售发货、销售开票等业务；实时动态地掌握各种销售业务数据，便于企业准确及时地了解销售相关信息。④存货核算，主要针对企业收发存业务，掌握存货的耗用情况，及时准确地把各类存货成本归结到各种成本项目和对象上，为企业的成本核算提供基础数据，并动态反映存货资金的增减变动，提供存货资金周转和占用的分析，为降低库存、减少资金积压、加快资金周转提供决策依据。

4. 决策支持系统

决策支持系统主要包括：①财务分析系统，主要是运用各种分析方法，对来源于总账系统的数据进行整理、分析和研究，并进一步对企业过去的财务状况、经营成果及未来前景作出评价，为管理人员决策提供依据。②决策支持系统是利用决策分析方法，建立数据库和分析模型，向企业的决策者提供及时、可靠的财务、业务等数据信息，帮助决策者对未来经营方向和目标进行量化的分析论证，从而对企业生产经营活动作出科学的决策。

（二）用友 ERP-U8.61 安装

在选定会计软件的基本版本后，需要将会计软件安装在计算机硬盘上才能够运行。

1. 系统运行环境

用户的硬件及网络环境直接影响到 ERP-U8 应用系统的运行效率与稳定性，建议用户在准备运行环境中应遵循表 1-1 所示的标准。

表 1-1

硬件配置		
	最低配置	**推荐配置**
客户端	内存 512MB 以上，CPU P3 800MHz 以上，磁盘空间 4GB 以上，系统盘空间有 500MB 以上空间	内存 1GB 以上，CPU P4 1.8GHz 以上，磁盘空间 10GB 以上，系统盘空间 2GB 以上空间
数据服务器	内存 1GB 以上，CPU 频率 1.8GHz 以上，磁盘空间 20GB 以上	内存 2GB 以上，CPU 频率 2.4GHz 以上，磁盘空间 40GB 以上
应用服务器	内存 1GB 以上，CPU 频率 1.8GHz 以上，磁盘空间 10GB 以上	内存 1GB 以上，CPU 频率 1.8GHz 以上，磁盘空间 10GB 以上
加密服务器	内存 256MB 以上，CPU P3 800MHz 以上，磁盘空间 10GB 以上	内存 512MB 以上，CPU P4 1.2GHz 以上，磁盘空间 10GB 以上

软件环境				
计算机角色	**操作系统**	**SQL Server**	**IE**	**IIS**
单机模式或安装全部产品	Windows XP+SP1	SQL Server 2000 personal+SP3	IE6.0+SP1	IIS5.0
	Windows 2000 Server+SP4	SQL Server 2000 STD or ENT +SP3	IE6.0+SP1	IIS5.0
	Windows 2000 Professional+SP4	SQL Server 2000 personal+SP3	IE6.0+SP1	IIS5.0
	Windows 2003 Server	SQL Server 2000 STD or ENT +SP3	IE6.0+SP1	IIS5.0
	Windows AD Server+SP4	SQL Server 2000 STD or ENT +SP3	IE6.0+SP1	IIS5.0

2. 用友 ERP-U8 系统完全安装

第一步：请系统管理员(administrator)或具有同等权限的人员登录，如图 1－1 所示。

图 1－1

第二步：安装前系统会提示应该加上的补丁程序，请按照安装要求在安装前打上相应的补丁程序再进行安装，如图 1－2 所示。

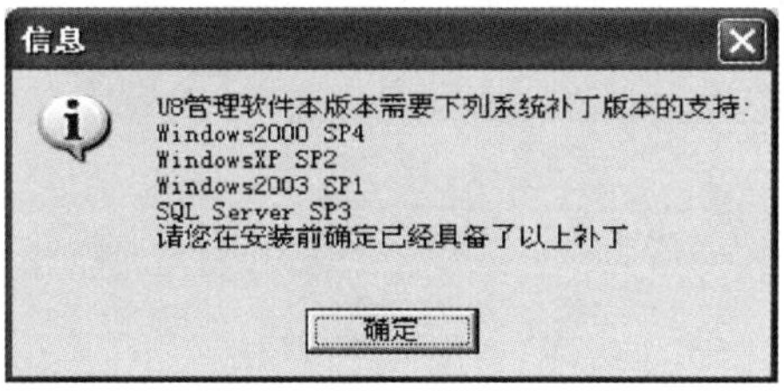

图 1－2

第三步：运行安装光盘的 setup. exe，出现欢迎界面，然后是 U8. 61 软件许可协议，选择“是”到下一个界面，输入客户信息，如图 1－3 所示。

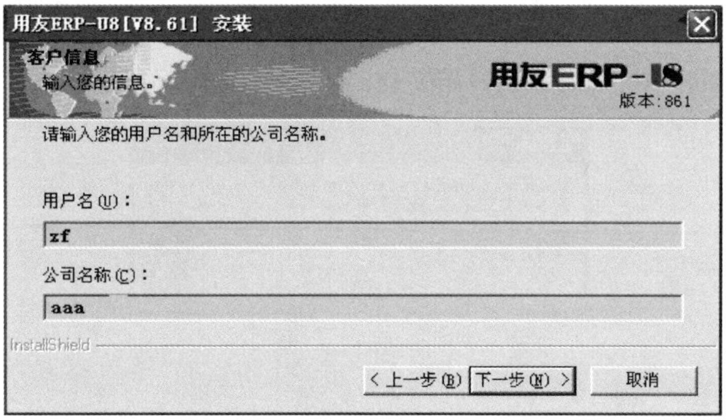

图 1－3

第四步：选择软件的安装目录，如果要安装在其他文件夹下，请单击“浏览”按钮，如图 1－4 所示。

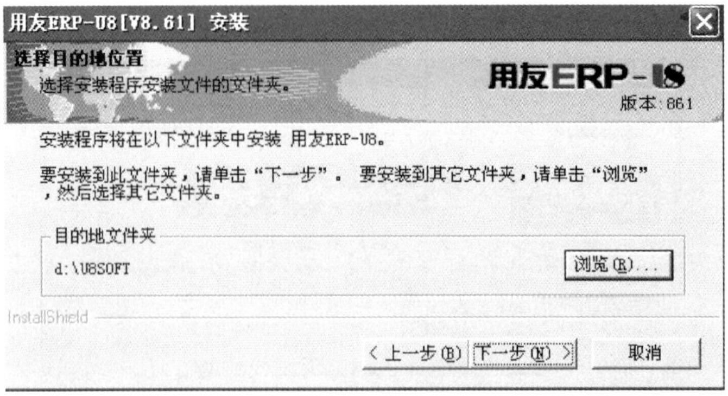

图 1－4

第五步：在安装类型中选择“安装全部产品”，单击“下一步”按钮进行安装即可，如图 1－5 所示。

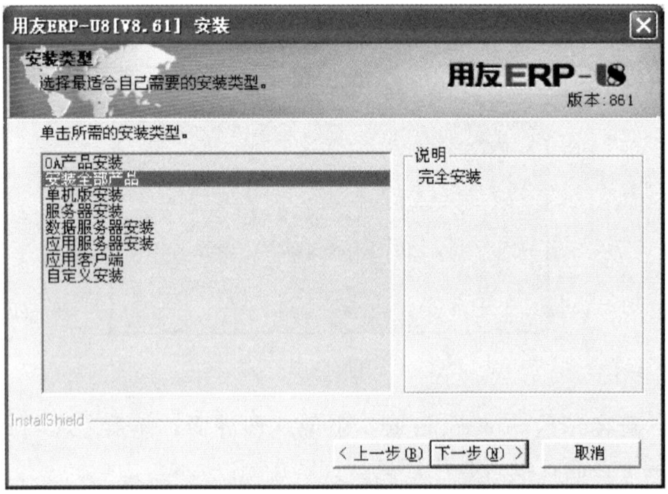

图 1－5

第六步：选择好组件后，系统开始安装，如图 1－6 所示。

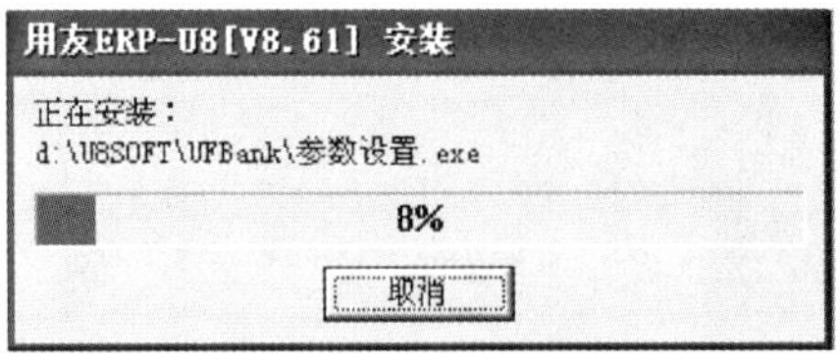

图 1－6

第七步：安装后系统会提示重新启动计算机，可以选择“是，立即重新启动计算机”，也可选择“不，稍后再重新启动计算机”，但要完成 U8.61 的最后安装和设置就必须重新启动，如图 1-7 所示。

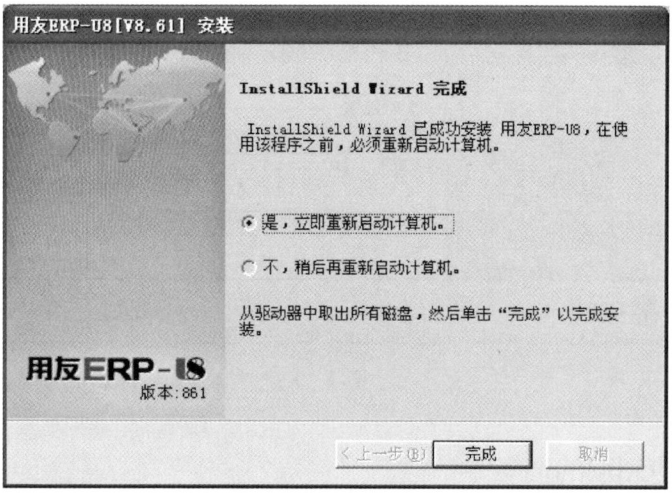

图 1-7

第八步：安装的组件中包含应用服务器，重新启动后，安装程序完成最后的配置，配置文件权限，配置 COM+服务，如图 1-8 所示。

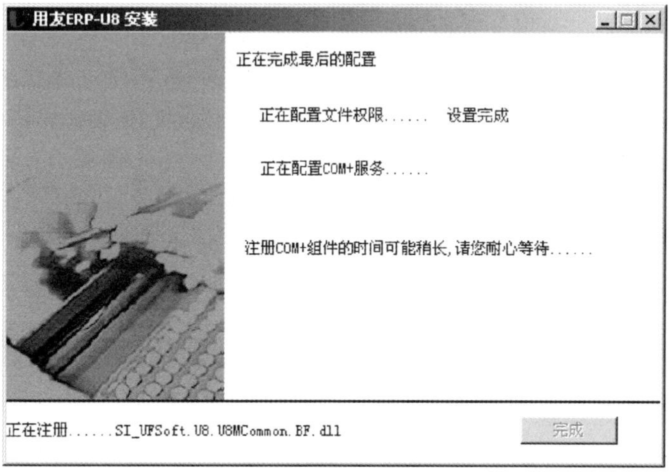

图 1-8

第九步：选择安装的组件中包括“应用服务器”，系统会提示配置数据源，在对话框中输入数据库服务器的机器名或 IP 地址和 SA 的口令，如图 1-9 所示，单击“测试连接”按钮，出现信息“连接串测试成功”表示数据源配置成功。

第十步：设置好后，单击“完成”按钮，就完成了最后的配置。

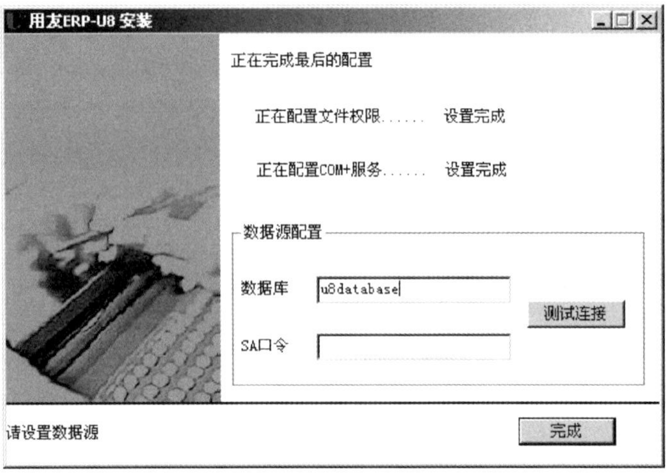

图 1-9

三、会计软件应用前的准备

在应用会计软件系统之前，应该做好如下 3 方面的工作：会计资料的准备、人员分工的准备和系统运行环境的准备。

1. 会计资料的准备

会计资料的准备主要包括如下内容：①仔细阅读软件使用手册，充分理解并掌握系统提供的功能内容及其设置方法，结合本单位账务处理的实际情况，选定适合本企业的功能和设置方法。②准备会计科目，即将本企业会计核算中所使用的会计科目(包括总分类科目和明细分类科目)按软件的要求重新整理，并确立会计科目的编码方案。③准备科目余额。会计核算中，不同会计期间的衔接是通过科目余额实现的，由手工处理方式向电算化处理方式的转换也是通过各种科目余额衔接的。这里的科目余额是指各个科目在开始使用账务处理软件时的本年年初余额，若开始使用软件时间不是年初，还需准备从本年年初至开始使用前各月各科目的借贷方发生额。④准备各账户的未达账项，主要包括：银行日记账的未达账项、银行对账单的未达账项、各往来账的未达账项等。⑤确定记账凭证类型。记账凭证数据是账务处理系统的基础数据，记账凭证类型的划分不仅可划分凭证数据，同时也可有效地辅助会计档案的管理。由于凭证类型的划分并不影响会计核算的最终结果，因而账务处理系统中对记账凭证类型的划分没有严格的要求，用户可按照自己的分类习惯划分凭证类型，但凭证类型一旦确定，在今后的使用中尽量不要修改。

2. 人员分工准备

会计工作的特点和财务会计内部控制制度均要求财务会计的各个岗位要明确分工。

实施会计电算化后，必然要改变财会人员的岗位分工，人员分工要求更加严密。因此，要求企业对每个人的岗位重新划分，进一步明确职责，以确保系统的安全。

从逻辑上划分，企业实施会计电算化后，操作使用人员的岗位可大体分为：系统主管、凭证录入员、审核员、记账员和系统维护员。系统主管主要负责系统的初始化设置、系统的使用和运行管理工作；凭证录入员主要负责编制凭证或手工凭证录入计算机系统；审核员的主要职责是审核进入计算机系统凭证的合法性和正确性；记账员的主要工作是完成对合法凭证的后续处理工作；系统维护员是确保系统正常运行的主要技术人员，其主要职责是处理系统运行过程中发生的各类硬、软件故障，一般系统可不设专职维护人员。

3. 系统运行环境的准备

会计电算化软件作为计算机应用软件的一种，其运行需要计算机硬件和系统软件的支持，具体来看主要包括以下 3 个方面：①计算机硬件环境的准备。在一般系统中，客户端、服务器等硬件设备是最基本的。②系统软件的准备，主要是操作系统和软件系统。操作系统是计算机的重要组成部分，其功能在于有效地组织和管理计算机的软、硬件资源，合理组织计算机的整个过程，以提高计算机资源的利用率，并为用户提供强大的使用功能和灵活的使用环境。目前国内商品化软件账务处理系统可分为单用户账务处理系统、多用户账务处理系统和网络账务处理系统。③数据库运行环境的准备。目前的财务会计软件一般都是基于某一数据库管理系统开发的，软件的运行需要该数据库运行环境的支持。

本部分实验主要基于用友的 ERP-U8.61 软件，介绍了 U8.61 中的系统管理、总账的初始、总账日常业务处理、总账期末处理和 UFO 报表的应用。

第二章 系统管理及基础档案

实验一 系统管理

一、实验目的

1. 系统管理与用户设置；
2. 账套管理与年度账管理；
3. 操作员及其权限设置；
4. 系统安全管理。

二、预备知识

（一）账套管理

1. 账套管理

账套是指一组相互关联的数据，每一个企业的数据在系统中都体现为一个账套。在用友 ERP-U8 应用系统中，可以为多个企业分别建账，且各账套数据之间相互独立，互不影响，使资源得以最大限度的利用。系统最多允许建立 999 个账套。

账套管理包括账套建立、修改、引入和输出等。

2. 系统管理注册

账套建立之前，首先注册系统管理：一种以系统管理员身份(Admin)；另一种以账套主管的身份。

系统管理员负责整个系统的总体控制和数据维护工作，管理该系统的所有账套。系统管理员可以进行账套的建立、引入和输出，设置操作员，指定账套主管和修改操作员密码及其权限。

账套主管负责所选账套的维护工作，主要包括对所选账套参数进行修改，创建年度账、清空年度账、引入和输出年度账，以及各子系统年末结转，该账套操作员权限的设置。

（二）年度账管理

每一个账套一般存放不同年度的会计数据，称为年度账。

年度账管理包括年度账建立、引入、输出、结转上年度数据和清空年度数据功能。

（三）系统操作员及操作员权限的集中管理

为了保证系统及数据的安全，系统管理提供了操作员及权限管理功能。通过对系统操作员分工和权限的管理，一方面可以避免与业务无关人员登录系统；另一方面可以对系统所包含的各个子系统操作进行协调，以保证各负其责。

操作员管理包括定义角色、用户定义和权限分配功能。

（四）系统安全管理

在系统管理中，系统安全管理可以监控并记录整个系统的运行过程，设置数据自动备份，清除系统运行过程中的异常任务。

三、实验内容

（一）用户建立(表 2－1)

表 2－1

用户编码	姓　　名	口　　令	职　　能
zzg	张主管	1	账套主管
wkj	王会计	2	会计
lcn	刘出纳	3	出纳

（二）账套的建立

（1）账套信息。“账套号：100”，“账套名称：浙江宏达科技有限公司”，“单位名称：浙江宏达科技有限公司”，账套路径默认，启用会计期：2011 年 1 月。

（2）本单位信息。“单位名称：浙江宏达科技有限公司”，“单位简称：宏达公司”，“单位地址：杭州市上城区 168 号”，“法人代表：张主管”，“联系电话：0571-86123456”，“税号：330165754418922”。

（3）核算类型。记账币种：默认“人民币”，企业类型：“工业”，行业性质：“2007 年新会计制度科目”并预置科目，账套主管：zzg(张主管)；

（4）选择“存货、供应商和客户”分类且有外币核算。

（5）确认编码方案：A. 科目编码方案为 4-2-2-2。
B. 部门编码方案为 2-2。
C. 结算方式编码方案为 2。
D. 存货、客户和供应商编码方案为 2-2-3。
E. 其他编码项目按默认设置保持不变。

（6）数据精度按默认值即可。

（7）启用系统为总账，启用日期均为 2011 年 1 月 1 日。

（三）操作员权限

（1）操作员“zzg(张主管)”为账套主管，拥有本账套的所有权限。

（2）操作员“wkj(王会计)”拥有“总账”中除“出纳签字(GL0203)”“审核凭证(GL0204)”“记账(GL0208)”“恢复记账前状态(GL0209)”“出纳(GL04)”和“结账”以外的所有权限。

（3）操作员“lkj(刘出纳)”拥有“出纳签字(GL0203)”及“出纳(GL04)”所有的权限。

四、实验步骤

（一）系统管理注册

操作步骤：

（1）选择“开始”→“所有程序”，启动“用友 ERP-U8”的“系统服务”功能下的“系统管理”功能。

（2）选择“系统”菜单下的“注册”功能在弹出的“登录”对话框中，输入操作员：admin；密码为空；账套：default；语言区域：简体中文；单击“确定”按钮即可，如图 2－1 所示。

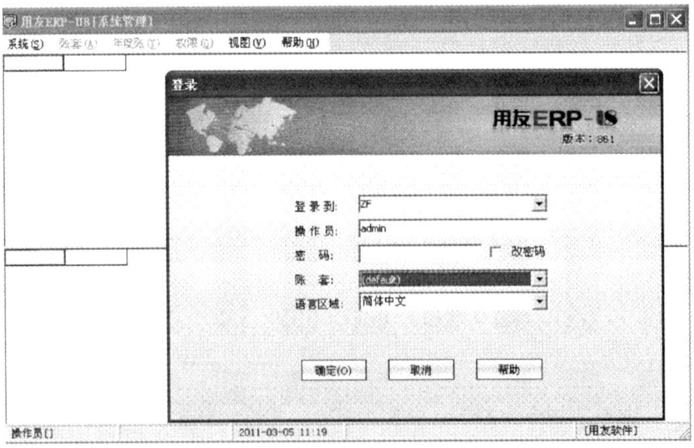

图 2－1

（二）操作员增加、修改和删除

操作步骤：

（1）选择“权限”菜单下的“用户”功能，弹出“用户管理”窗口，单击“增加”按钮，弹出“增加用户”对话框。

(2) 填入需要增加的用户信息：编号：zzg；姓名：张主管；口令：1。如图 2-2 所示，单击“增加”按钮即可增加一个用户。

(3) 如果需要修改或删除用户信息时，在“用户管理”窗口选择“修改”或“删除”按钮，在对应的对话框进行修改或删除。

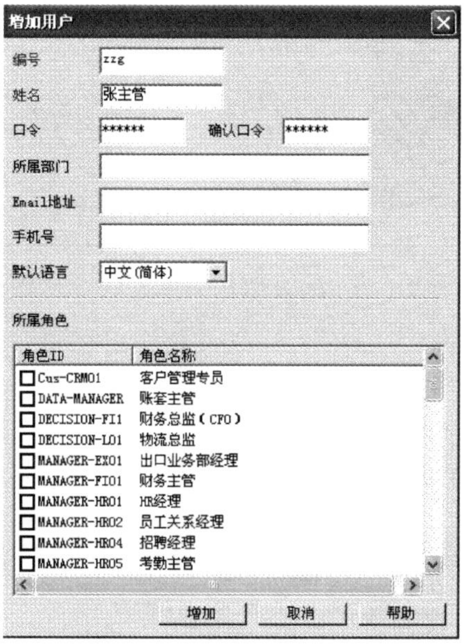

图 2-2

栏目说明：

编号：必须输入且唯一。输入数字，且最长不能超过 10 位数。

姓名：必须输入且唯一。不能输入数字、字母、汉字以外的非法字符，且最长不能超过 10 位数。

口令：可以为空。最长不能超过 20 位数。

确认口令：必须与口令一致。

(三) 账套建立

操作步骤：

(1) 在“系统管理”窗口中，单击“账套”菜单下的“建立”功能，出现“账套信息”对话框，输入账套信息，如图 2-3 所示。

栏目说明：

已存账套：系统中已经存在的账套，主要用于在建立新账套时避免重复建立。

账套号：新账套的编号，为 3 位数字，即“001～999”。账套号是用来区分账套与其他账套的标志。

账套名称：用来建立新账套的名称，必须输入。

账套路径：用来输入新账套保存的位置。

启用会计期：必须输入，用来输入新账套启用的时间，设置年度和月份。

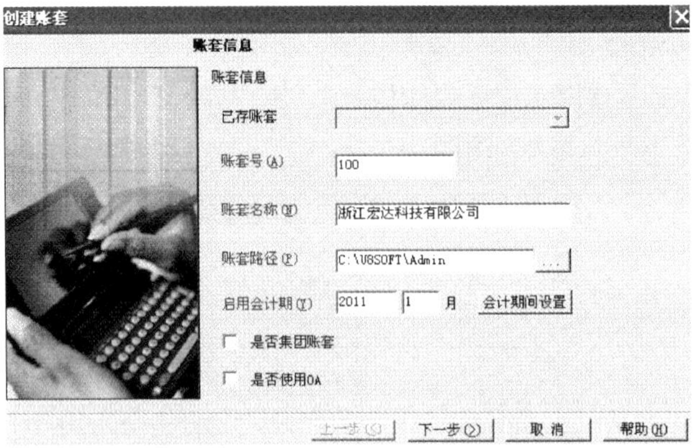

图 2-3

(2) 单击“下一步”按钮，弹出“单位信息”对话框，填入实验资料，如图 2-4 所示。

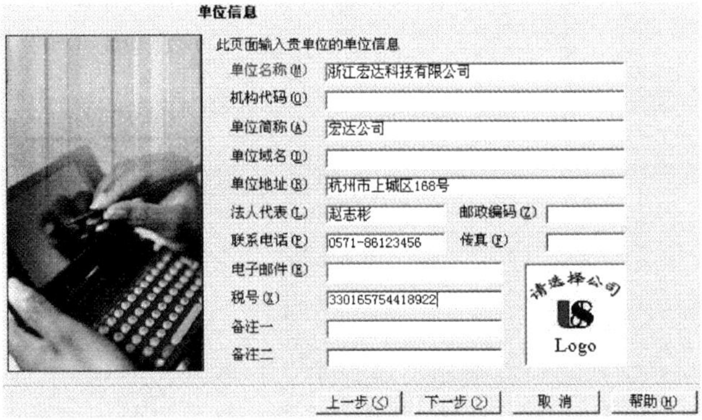

图 2-4

栏目说明：

单位名称：用户单位的全称，必须输入。

单位简称：用户单位的简称。

(3) 单击“下一步”按钮，弹出“核算类型”对话框，填入实验资料，如图 2-5 所示。

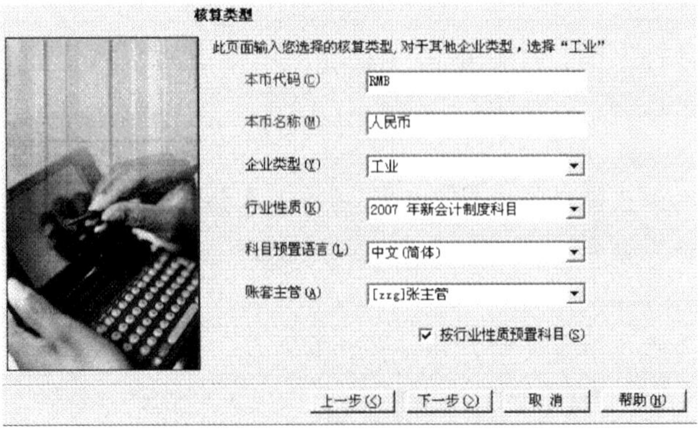

图 2-5

栏目说明：

本币代码：用来建立新账套所用的本位币代码，默认“RMB”。

本币名称：用来建立新账套所用的本位币名称，默认“人民币”。

企业类型：用户所建立的企业的类型，系统提供工业、商业和医药流通 3 种类型。

行业性质：用户所建立的企业的性质，主要是和“是否按行业性质预置科目”确定科目范围。

账套主管：用来输入新账套的账套主管姓名。

是否按行业性质预置科目：如果用户希望在基础档案中预置所属行业科目，则选中，否则不选。

（4）单击“下一步”按钮，弹出“基础信息”对话框，勾选“存货是否分类”“供应商是否分类”“客户是否分类”和“有无外币核算”复选按钮，如图 2-6 所示。

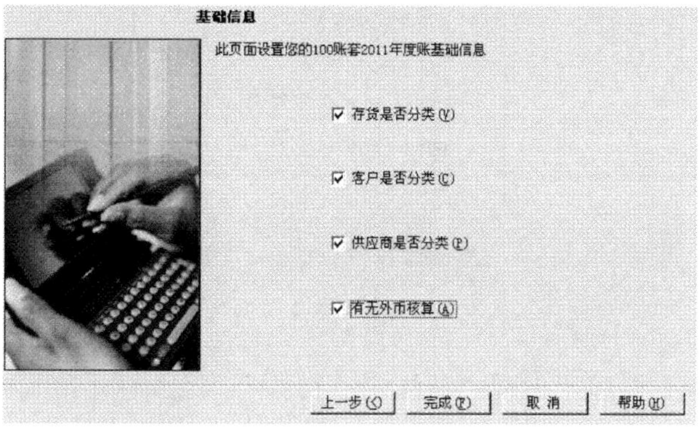

图 2-6

（5）单击“完成”按钮，出现“可以创建账套了么?”对话框，选择“是”按钮，进行账套的创建。

（6）账套建立完成后弹出“编码方案”对话框，修改编码方案，如图 2-7 所示。

项目	最大级数	最大长度	单级最大长度	第1级	第2级	第3级	第4级	第5级	第6级	第7级	第8级	第9级
科目编码级次	9	15	9	4	2	2	2					
客户分类编码级次	5	12	9	2	3	3						
供应商分类编码级次	5	12	9	2	3	3						
存货分类编码级次	8	12	9	2	3	3						
部门编码级次	5	12	9	2	2							
地区分类编码级次	5	12	9	2	3	4						
费用项目分类	5	12	9	1	2							
结算方式编码级次	2	3	3	2								
货位编码级次	8	20	9	2	3	4						
收发类别编码级次	3	5	5	1	1	1						
项目设备	8	30	9	2	2							
责任中心分类档案	5	30	9	2	2							
项目要素分类档案	6	30	9	2	2							
客户权限组级次	5	12	9	2	3	4						
供应商权限组级次	5	12	9	2	3	4						
存货权限组级次	8	12	9	2	2	2	2	3				

图 2-7

栏目说明：

编码方案旨在确定会计科目、客户、供应商等的编码级次和编码程度。编码级次和编码长度的设置将决定用户单位如何编制基础数据的编号，进而构成用户分级核算、统计和管理的基础。

设置编码方案级次不能超过最大级数，同时不能超过最大长度限制。

编码级长的删除必须从最末一级开始删除。

（7）单击“确定”按钮，确定编码方案已经保存。

（8）单击“取消”按钮，弹出“数据精度”对话框，保持默认，如图2-8所示。

图2-8

（9）单击“确定”按钮，出现“浙江宏达科技有限公司：[100]创建成功您可以现在进行系统启用的设置，或以后从[企业门户-基础信息]进入[系统启用]功能，现在进行系统启用的设置?”对话框，如图2-9所示。单击“是”按钮，完成账套创建。

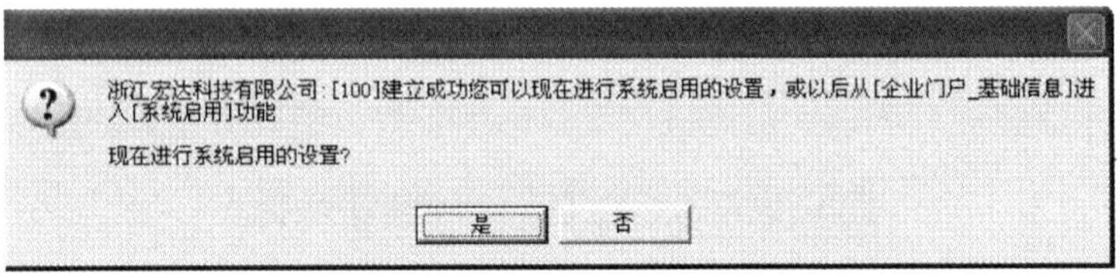

图2-9

（四）账套修改

系统管理员建立账套后，在未使用相关信息的情况下，需要对账套某些信息进行调整时，可以使用账套修改功能。

账套修改时，以账套主管的身份注册系统管理，选择相应的账套，进入“系统管理”窗口。

选择“账套”→“修改”菜单命令，可以进入“修改账套”功能。

可以修改的信息有：账套名称、单位信息全部、核算信息中企业类型和行业性质信息、账套分类信息和数据精度信息。

（五）设置操作员权限

操作步骤：

（1）在“系统管理”窗口中，单击“权限”菜单下的“权限功能”功能，打开“操作员权限”对话框。

（2）选择“账套主管”复选框右侧的下拉列表中的“[100]浙江宏达科技有限公司”。

（3）在左边的“操作员及角色”中选择操作员“王会计(编码：wkj)”，单击“修改”按钮，出现“增加与调整权限”对话框，打开“总账”功能，根据资料选择王会计的权限，如图 2-10 所示。

图 2-10

（六）账套备份

操作步骤：

（1）在“系统管理”窗口中，选择“账套”菜单下的“输出”功能，弹出“账套输出”对话框，选择需要备份输出的账套，如图 2-11 所示。如果需要同时删除账套，选中“删除当前输出账套”复选按钮即可，相反可以不选。

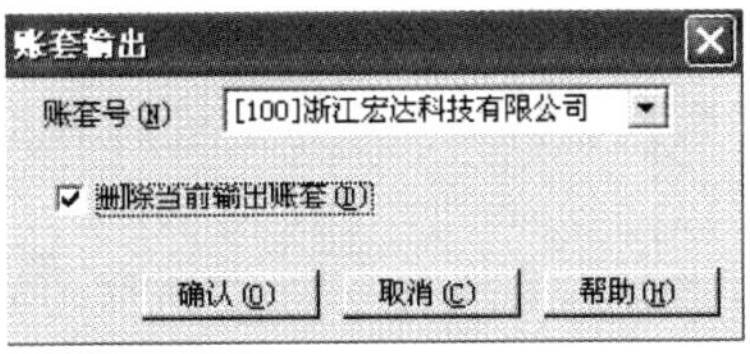

图 2-11

（2）单击“确认”按钮，弹出“请选择账套备份路径”对话框，选择合适的存储路径，如图 2－12 所示。

（3）单击“确定”按钮，系统将自动备份账套，完成备份后，显示“输出成功”信息提示对话框，如图 2－13 所示。单击“确定”按钮，完成账套备份。

（4）如果在账套备份时选择“删除当前输出账套”复选框，在账套备份完成后，显示“真要删除该账套吗？”信息提示对话框，如图 2－14 所示，如果需要删除，单击“是”按钮，系统会自动将当前输出账套删除。

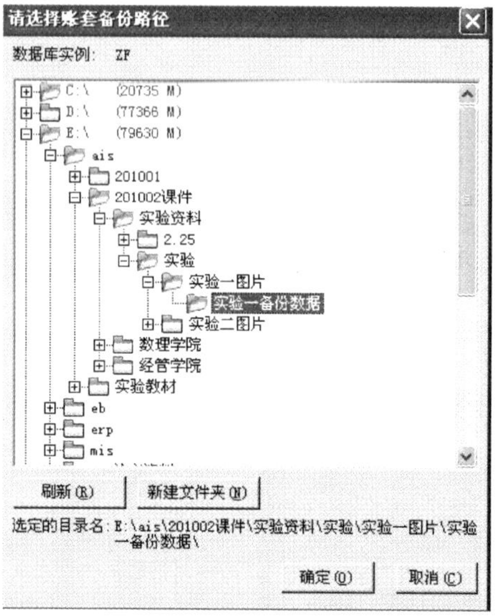

图 2－12

图 2－13

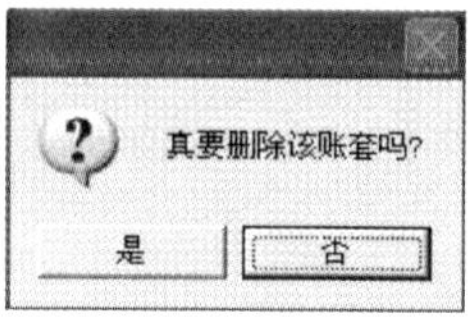

图 2－14

（七）账套引入

操作步骤：

（1）以系统管理员（Admin）身份登录“系统管理”窗口，选择“账套”菜单下的“引入”功能，打开“请选择账套备份文件”对话框，如图 2－15 所示。

（2）选择所要引入的账套数据备份文件，即系统输出的前缀统一为 UfErpAct，单击“确定”按钮，显示信息提示对话框，如图 2－16 所示。

（3）单击“确定”按钮，弹出“账套引入”对话框，如图 2－17 所示。账套引入完毕，显示“账套引入成功”信息提示对话框，单击“确定”按钮即可，如图 2－18 所示。

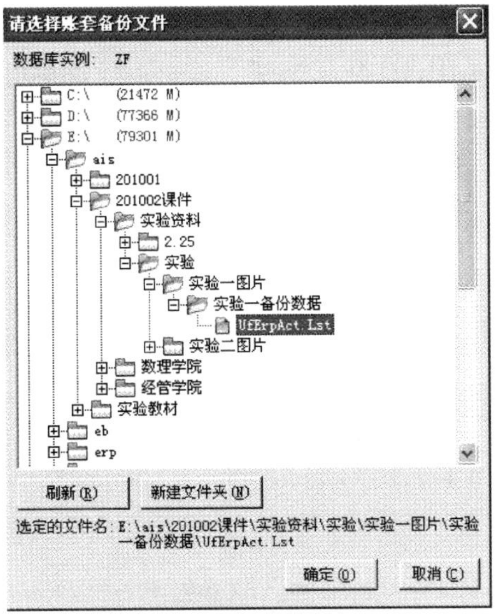

图 2 - 15

图 2 - 16

图 2 - 17

图 2 - 18

五、实验习题

依下列资料为试验资料练习实验一的内容。

(一) 建立账套

1. 账套信息

账套号：666；账套名称：浙江长江电子有限公司；启用会计期：2011.1，会计期间：2011.1.1～2011.12.31。

2. 单位信息

单位名称：浙江长江电子有限公司；单位简称：长江电子。

3. 核算类型

记账本位币：人民币(RMB)；企业类型：工业；行业性质：2007 新会计制度；账套主管：demo；选择“按行业性质预置科目”。

4. 基础信息

对客户、供应商进行分类，有外币核算。

5. 分类编码

会计科目编码：4-2-2-2；部门编码：2-2；供应商分类编码：2-2；客户分类编码：2-2；结算方式编码：1。

6. 数据精度默认

（二）操作员及权限分工

(1) 操作员“陆明(lm)”为账套主管，拥有本账套的所有权限。

(2) 操作员“王海(wh)”拥有“总账”中除“出纳签字(GL0203)”“审核凭证(GL0204)”“记账(GL0208)”“恢复记账前状态(GL0209)”以外的所有权限。

(3) 操作员“吴用(wy)”拥有“出纳签字(GL0203)”及“出纳(GL04)”所有的权限。

（三）完成数据的备份

实验二 基础档案

一、实验目的

1. 掌握基础档案的编码规则；
2. 掌握基础档案的增加、修改和删除方法；
3. 掌握基础档案之间的相互联系。

二、预备知识

（一）企业门户

用友 ERP-U8 应用中，企业应用平台扮演着重要的角色。它能够无需再次验证而进入任何一个子系统，能够实现数据共享和系统集成。

企业应用平台主要提供工作列表、工作中心、个性流程和风格配置等功能。

1. 工作列表

用友工作列表分为“设置”“业务”和“工具”3 个选项卡。在“设置”选项卡中包括启用需要使用的子系统，根据本单位信息化管理要求需要设置的基础档案、业务内容等。在“业务”选项卡中包括了财务、供应链、生产制造、人力资源等进行日常业务工作所需的子系统。“工具”选项卡包含了系统管理、系统配置、总账工具、科目转换、账务函数转换等财务工具，以及数据仓库配置、专家财务数据维护、OA 等功能。

2. 工作中心

工作中心是企业应用平台以登录注册的操作员为中心，将用户负责的业务工作连同日常办公所需要的功能有机集成的结果。

工作中心包括工作日历、任务中心、信息和我的链接 4 部分。其中工作日历可以建立个人备忘录；任务中心可以向系统中其他业务人员发送非业务信息。

（二）系统启用

系统启用是指设定在用友 ERP-U8 应用系统中各个子系统开始使用的日期。只有系统启用后的子系统才能进行登录。系统启用一般有两种办法：其一是在系统管理中创建账套时启用系统；其二是在企业应用平台中启用系统。

在用友 ERP-U8 应用系统中包含众多的子系统，要求注意系统启用的顺序：①各系统的启用会计期间必须大于等于账套的启用日期；②总账和其他系统的启用；③供应链系统启用；④生产制造系统启用；⑤集团应用系统启用；⑥决策管理系统启用。

（三）基础档案

一个账套是由若干个子系统组成的，这些子系统共享公用的基础信息。在启用新账套之始，应根据企业的实际情况，结合系统基础信息设置要求，事先做好基础数据的准备工作。

由于企业基础数据之间存在前后承接关系，因此，基础档案的设置应遵循一定的顺序，如图 2－19 所示。

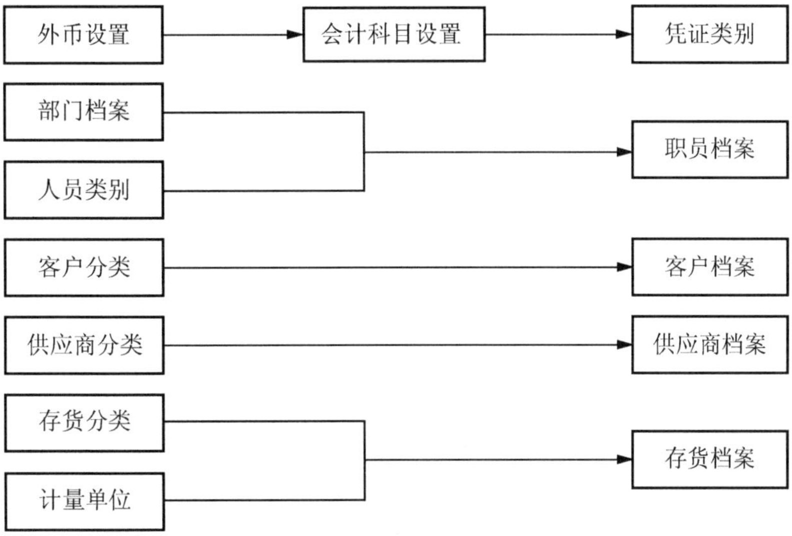

图 2－19

三、实验内容

（一）机构人员(表 2 - 2)

表 2 - 2 机构人员

部门编号	部门名称	人员编码	人员名称	是否业务员
01	销售中心			
0101	销售一部	101	李平	是
		102	王军	是
0102	销售二部	103	赵丽	是
		104	章洪	是
02	管理中心			
0201	办公室	201	赵志彬	是
0202	财务部	202	张主管	是
		203	张会计	是
		204	刘出纳	是
03	制造中心			
0301	一车间	301	孙健	是
0302	二车间	302	宋佳	是
0303	运输部	303	赵斌	是

（二）客商信息

1. 客户及供应商分类(表 2 - 3)

表 2 - 3 客户及供应商分类

客户分类编码	客户分类名称	供应商分类编码	供应商分类名称
01	代理商	01	原材料供应商
02	零售商	02	配件供应商

2. 供应商档案(表 2 - 4)

3. 客户档案(表 2 - 5)

表 2-4　供应商档案

供应商编码	名称	简称	所属分类	开户银行	银行账号	发展日期
0101	浙江恒升公司	恒升公司	01	中国银行	601382530000985	2011-1-1
0102	北京金茂公司	金茂公司	01	工商银行	090302180924502	2011-1-1
0201	江苏阳光公司	阳光科技	02	中信银行	742111101826253	2011-1-1
0202	南京南瑞公司	南瑞公司	02	农业银行	6228480392408406	2011-1-1

表 2-5　客户档案

客户编码	客户名称	客户简称	所属分类	税号	发展日期
0101	华宏科技公司	华宏公司	01	33017732111099	2011-1-1
0102	昌新贸易公司	昌新公司	01	350111154437213	2011-1-1
0201	精益商行	精益商行	02	500106203051414	2011-1-1
0301	利氏公司	利氏公司	02	330106762040172	2011-1-1

（三）收付方式

结算方式见表 2-6。

表 2-6　结算方式

结算方式编号	01	02	03	04	99
结算方式名称	现金结算	现金支票	转账支票	电汇	其他
是否票据管理	否	是	是	否	否

（四）财务

1. 外币及汇率(表 2-7)

表 2-7　外币及汇率

币符	币名	汇率类别	汇率小数位数	2011 年 1 月记账汇率
USD	美元	固定汇率	2	6.58

2. 会计科目

(1) 科目及余额表(表 2-8)。

表 2-8 科目及余额表

科目编码	科目名称	外币币种	计量单位	辅助账类型	期初余额	受控系统
1001	库存现金			日记账	2 052.0	
1002	银行存款				400 000.00	
100201	工行存款				200 000.00	
100202	中行存款			日记/银行账	200 000.00	
		美元			30 395.13	
100203	建行存款					
1012	其他货币资金				2 500.00	
101201	外埠存款				2 500.00	
1101	交易性金融资产					
110101	成本					
1121	应收票据			客户		空行
1122	应收账款			客户	42 040.00	空行
1123	预付账款			供应商		空行
112301	预付专用设备款			供应商		
1131	应收股利					
1132	应收利息					
1221	其他应收款				3 300.00	
122101	备用金			部门	2 400.00	
122102	个人应收款			个人	900.00	
1231	坏账准备				114.00	
1301	贴现资产					
1401	材料采购					
140101	A 材料					
140102	B 材料					
140103	C 材料					
1402	在途物资					
1403	原材料					
140301	A 材料					
140302	B 材料					

续表

科目编码	科目名称	外币币种	计量单位	辅助账类型	期初余额	受控系统
140303	C材料					
1404	材料成本差异					
1405	库存商品					
1406	发出商品					
1411	周转材料					
1451	损余物资					
1461	融资租赁资产					
1471	存货跌价准备					
1501	持有至到期投资					
1502	持有至到期投资减值准备					
1503	可供出售金融资产					
1511	长期股权投资					
1512	长期股权投资减值准备					
1521	投资性房地产					
1531	长期应收款					
1532	未实现融资收益					
1541	存出资本保证金					
1601	固定资产				200 000.00	
160101	生产设备			部门	200 000.00	
1602	累计折旧				169 998.90	
160201	生产设备折旧				169 998.90	
1603	固定资产减值准备					
1604	在建工程					
160401	直接材料			项目		
160402	直接人工			项目		
160403	制造费用			项目		
160404	其他			项目		
1605	工程物资					
160501	专用设备					
1606	固定资产清理					
1611	未担保余值					

续表

科目编码	科目名称	外币币种	计量单位	辅助账类型	期初余额	受控系统
1701	无形资产					
1702	累计摊销					
1703	无形资产减值准备					
1711	商誉					
1801	长期待摊费用					
1811	递延所得税资产					
1901	待处理财产损益					
2001	短期借款					
2002	存入保证金					
2101	交易性金融负债					
2111	卖出回购金融资产款					
2201	应付票据			供应商		空行
2202	应付账款			供应商	58 500.00	空行
2203	预收账款			客户		空行
2211	应付职工薪酬					
2221	应交税费				10 001.00	
222101	应交增值税				8 500.75	
22210101	进项税额					
22210102	已交税金					
22210103	销项税额				8 500.75	
22210104	进项税额转出					
22210105	转出多交增值税					
22210106	转出未交增值税					
222102	应交营业税				1 500.25	
222103	应交消费税					
222104	城市维护建设税					
222105	未交增值税					
2231	应付利息					
2232	应付股利					
2241	其他应付款					
2401	递延收益					

续表

科目编码	科目名称	外币币种	计量单位	辅助账类型	期初余额	受控系统
2501	长期借款					
2502	应付债券					
2701	长期应付款					
2702	未确认融资费用					
2711	专项应付款					
2801	预计负债					
2901	递延所得税负债					
4001	实收资本				100 000.00	
4002	资本公积				300 000.00	
400201	资本(或股本)溢价				300 000.00	
4101	盈余公积				1 269.10	
410101	法定盈余公积				1 269.10	
410102	任意盈余公积					
410103	法定公益金					
4102	一般风险准备					
4103	本年利润					
4104	利润分配				10 009.00	
410401	提取法定盈余公积					
410402	提取任意盈余公积					
410403	提取法定公益金					
410404	未分配利润				10 009.00	
410405	其他转入					
5001	生产成本					
500101	基本生产成本			部门		
500102	辅助生产成本			部门		
5101	制造费用			部门		
5201	劳务成本					
5301	研发支出					
5401	工程施工					
6001	主营业务收入			部门		
6011	利息收入					

续表

科目编码	科目名称	外币币种	计量单位	辅助账类型	期初余额	受控系统
6021	手续费及佣金收入					
6031	保费收入					
6041	租赁收入					
6051	其他业务收入					
6061	汇兑损益					
6101	公允价值变动损益					
6111	投资收益					
6301	营业外收入					
630101	赔偿收入					
6401	主营业务成本					
6402	其他业务成本					
6403	营业税金及附加					
6411	利息支出					
6601	销售费用					
660101	工资及福利费			部门		
660102	差旅费			部门		
660103	水电费			部门		
660104	电话费			部门		
660105	办公费			部门		
6602	管理费用					
660201	工资及福利费			部门		
660202	办公费			部门		
660203	电话费			部门		
660204	差旅费			部门		
660205	水电费			部门		
660206	折旧费			部门		
6603	财务费用					
660301	利息支出					
660302	银行手续费					
660303	汇兑损益					

续表

科目编码	科目名称	外币币种	计量单位	辅助账类型	期初余额	受控系统
6701	资产减值损失					
6711	营业外支出					
671101	罚款支出					
671102	处置固定资产净损失					
6801	所得税费用					

（2）指定科目：指定“1001 库存现金”为现金的总账科目；指定“1002 银行存款”为银行存款总账科目。

3. 凭证类别(表 2－9)

表 2－9 凭证类别

类别字	类别名称	限制类型	限制科目
收	收款凭证	借方必有	1001，1002
付	付款凭证	贷方必有	1001，1002
转	转账凭证	凭证必无	1001，1002

4. 项目目录(表 2－10)

表 2－10 项目目录

项目设置步骤	设置内容
项目大类	在建工程
核算科目	直接材料(160401) 直接人工(160402) 制造费用(160403) 其他(160404)
项目分类	① 自行开发项目 ② 委托开发项目
项目名称	普通打印纸——A4 凭证套打纸——8X

（五）数据权限

指定刘出纳拥有“1001 库存现金”和“1002 银行存款”查账与制单权限。

四、实验步骤

（一）系统启用

操作步骤：

（1）选择“开始”→“所有程序”，启动“用友 ERP-U8”下的“企业应用平台”功能。

（2）输入：“操作员：zzg；密码：1；选择账套：100；语言区域：简体中文；操作日期：2011－1－1”，如图 2－20 所示。

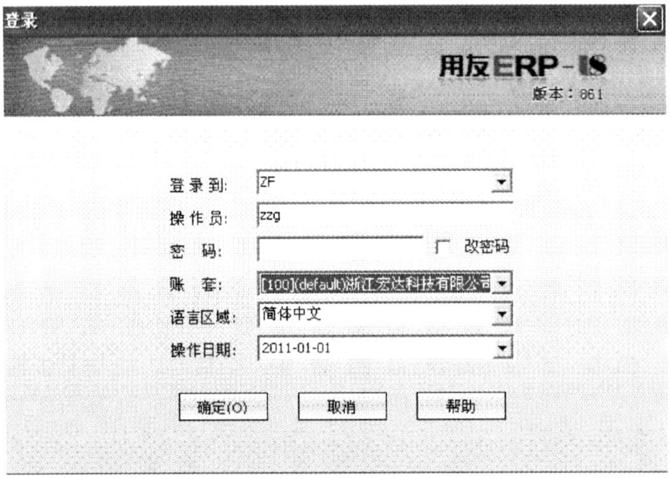

图 2－20

（3）单击“确定”按钮，进入“UFIDA-ERP 工作中心”，如图 2－21 所示。

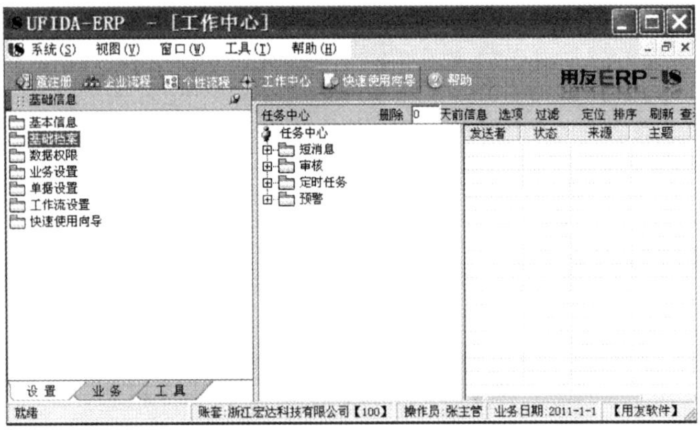

图 2－21

（4）选择左下角的“设置”选项卡，在“基础信息”对话框中选择“基本信息”下的“系统启用”功能。

（5）在“系统启用”对话框，选择要启用“总账”的系统编码复选框，修改启用日期为2011年1月1日，如图2－22所示。

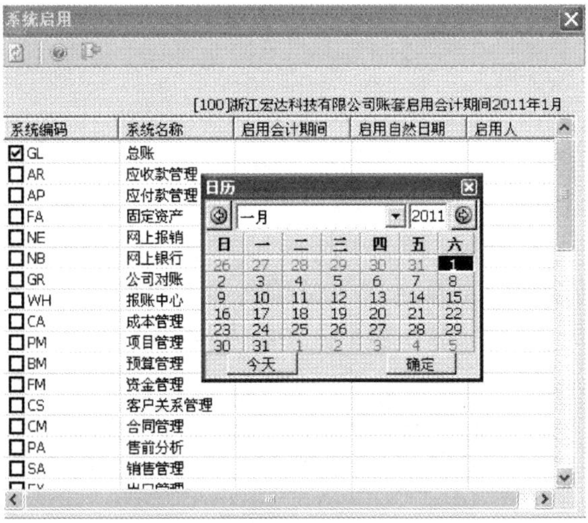

图2－22

（6）单击“确定”按钮，显示提示信息“确实要启用当前系统吗?”，选择“是”按钮即可。

（7）重复上述步骤(5)～(6)，可以启用“应收款管理、应付款管理系统”。

（二）机构人员

1. 部门档案

操作步骤：

（1）在“企业应用平台”窗口，选择“设置”选项卡。

（2）打开“基础档案”下的“机构人员”功能，单击“部门档案”功能。

（3）在“部门档案”对话框中单击“增加”按钮，输入“部门编码”和“部门名称”分别为“0101”和“销售一部”，如图2－23所示。

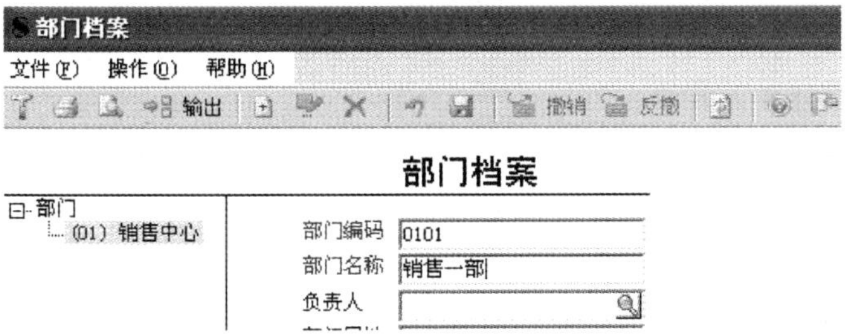

图2－23

（4）输入完成一个部门信息后，单击“保存”按钮。

（5）重复上述步骤(3)～(4)可以增加其他部门。

参数说明：

部门编码：必须输入且唯一。须符合编码级次设置。

部门名称：必须录入。

2. 人员档案

操作步骤：

（1）打开“基础档案”下的“机构人员”功能，单击“人员档案”功能，弹出“人员列表”对话框。

（2）选中“销售一部”选项，单击“增加” 按钮，弹出“人员档案”对话框。

（3）在“基本”选项卡中，输入“人员编码和人员姓名”，选择“人员类别行政部门、性别和是否业务员”为“101、李平、在职人员、销售一部、女”资料，如图 2-24 所示。

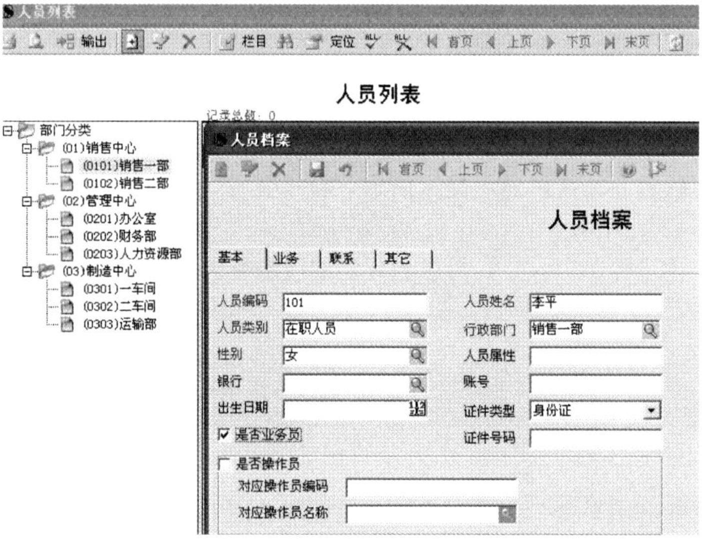

图 2-24

（4）输入完成一个人员信息后，单击“保存”按钮。

（5）重复上述步骤(3)～(4)可以增加其他人员档案。

参数说明：

人员编码：必须输入且唯一。

人员名称：必须录入，可以重复。

人员类别：必须输入，必须和人员类别档案一致。

行政部门：必须输入，且和部门档案一致。

性别：必须输入。

是否业务员：指此人员是否为企业中的业务人员，或是否体现在产品业务单据上的人员。

是否操作员：指此人员是否可以操作 U8 产品。

（三）客商信息

1. 供应商分类

操作步骤：

（1）打开“基础档案”下的“客商信息”功能，单击“供应商分类”功能。

（2）在“供应商分类”对话框，单击“增加”按钮，输入“分类编码”和“分类名称”分别为“01”和“原材料供应商”，如图 2-25 所示。

（3）输入完成一种供应商分类后，单击“保存”按钮。

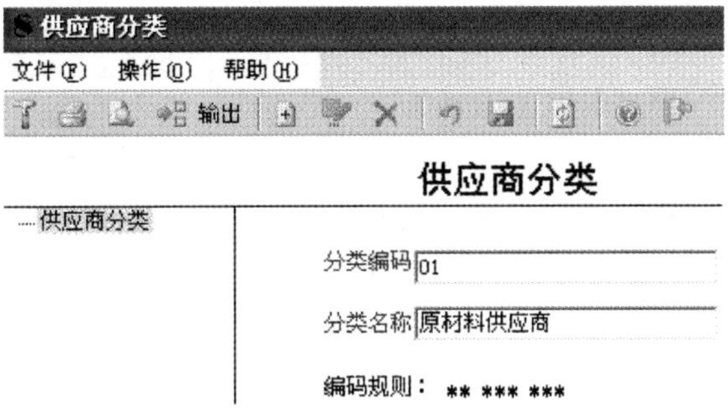

图 2-25

（4）重复上述步骤(2)～(3)可以新增供应商分类。

参数说明：

分类编码：必须输入且唯一，是系统识别供应商的唯一标识。

类别名称：是用户对供应商的信息描述，可以是汉字或英文。

2. 供应商档案

操作步骤：

（1）打开“基础档案”下的“客商信息”功能，单击“供应商档案”功能。

（2）在“供应商档案”对话框，选中“原材料供应商”，单击“增加”按钮，弹出“增加供应商档案”对话框。

（3）在“增加供应商档案”对话框，选择“基本”选项卡，输入“供应商编码”和“供应商简称”等资料信息，具体如图 2-26 所示。

（4）输入完成一个供应商之后，单击“保存”按钮。

（5）重复上述步骤(2)～(4)可以增加供应商档案。

参数说明：

供应商编码：必须输入且唯一，可以是数字或字符。

供应商简称：必须输入，可以是汉字或英文字母，主要用于业务单据和账表的屏幕显示。

所属分类：必须输入，且和供应商分类档案一致。

对应客户编码、简称：在供应商档案中输入对应客户名称时不允许记录重复，即不允许有多个供应商对应一个客户。

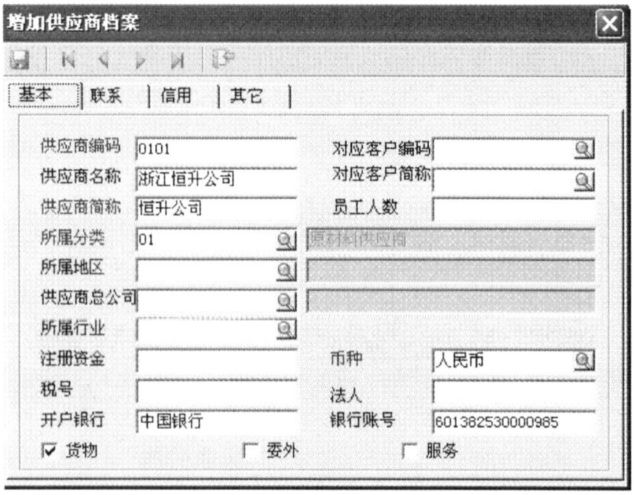

图 2-26

3. 客户分类

操作步骤：

（1）打开“基础档案”下的“客商信息”功能，单击“客户分类”功能。

（2）在“客户分类”对话框中单击“增加”按钮，输入“分类编码”和“分类名称”分别为“01”和“批发”，如图 2-27 所示。

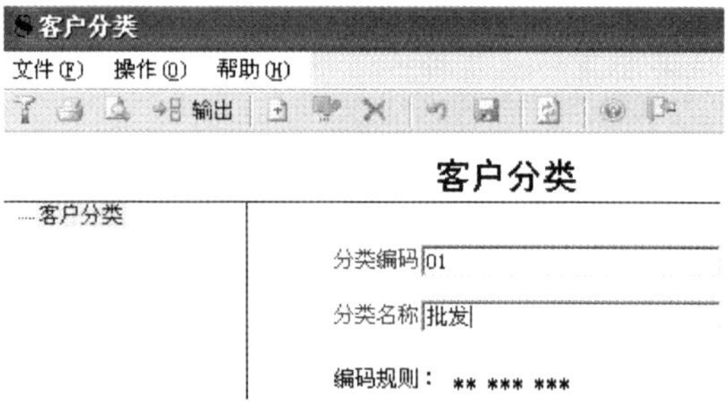

图 2-27

（3）输入完成一种客户分类后，单击“保存”按钮。

（4）重复上述步骤(2)～(3)可以新增客户分类。

参数说明同供应商分类。

4. 客户档案

操作步骤：

（1）打开“基础档案”下的“客商信息”功能，单击“客户档案”功能。

（2）在“客户档案”对话框中选中“批发客户”选项，单击“增加”按钮，弹出“增加客户档案”对话框。

(3) 在“增加客户档案”对话框，选择“基本”选项卡，输入“客户编码”和“客户名称”等资料信息，具体如图 2-28 所示。

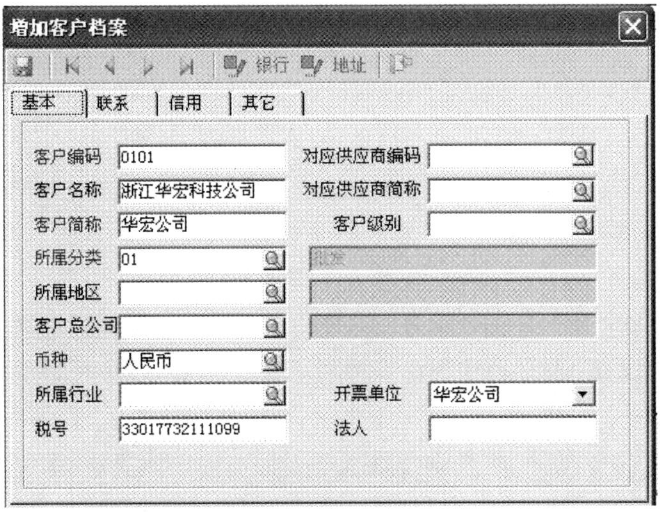

图 2-28

(4) 输入完成一个供应商之后，单击“保存”按钮。

(5) 重复上述步骤(2)～(4)可以新增客户档案。

参数说明同供应商档案。

(四) 收付结算

结算方式的操作步骤：

(1) 打开“基础档案”下的“收付结算”功能，单击“结算方式”功能。

(2) 在“结算方式”对话框中单击“增加”按钮，输入“结算方式编码”和“结算方式名称”分别为“03”和“转账支票”，如图 2-29 所示。

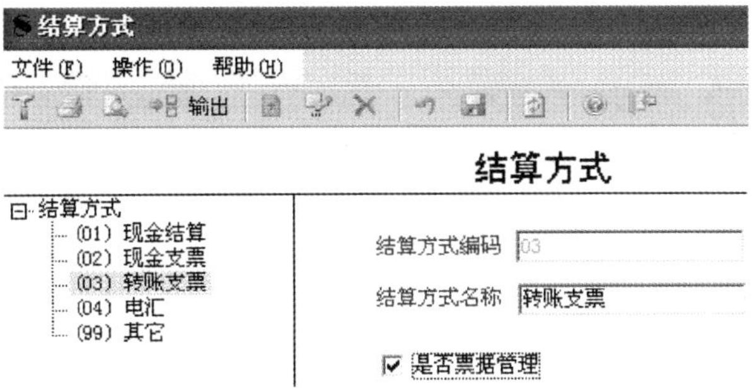

图 2-29

(3) 对于需要进行支票登记簿管理的结算方式，要求选择“是否支票管理”复选框。

(4) 输入完成一种结算方式后，单击“保存”按钮。

(5) 重复上述步骤(2)～(4)可以新增一种结算方式。

参数说明：

结算方式编码：用于识别某结算方式，必须输入且唯一。

结算方式名称：必须输入且唯一，

票据管理标志：是为出纳对银行结算票据的管理而设置的功能，类似于手工系统中的支票登记簿管理方式。

（五）财务

1. 外币设置

操作步骤：

（1）打开“基础档案”下的“财务”功能，单击“外币设置”功能。

（2）在“外币设置”对话框中单击“增加”按钮，输入“币符、币名、汇率小数”实验资料，具体如图 2－30 所示。

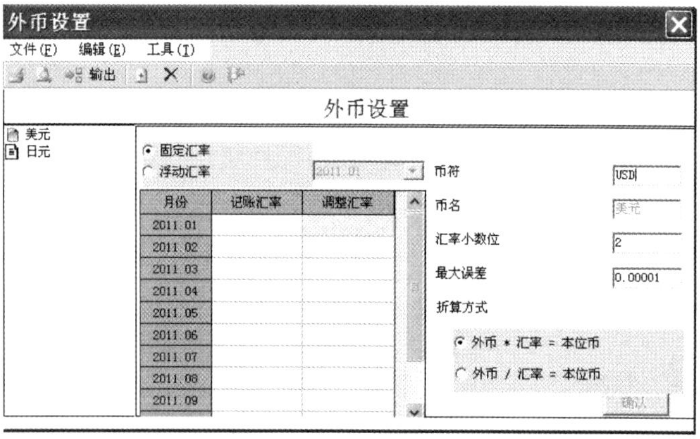

图 2－30

（3）单击“确认”按钮，选择“美元”币种，单击“固定汇率”单选按钮，在“2011.01”的“记账汇率”栏目中输入“6.58”，如图 2－31 所示，单击“退出”按钮即可。

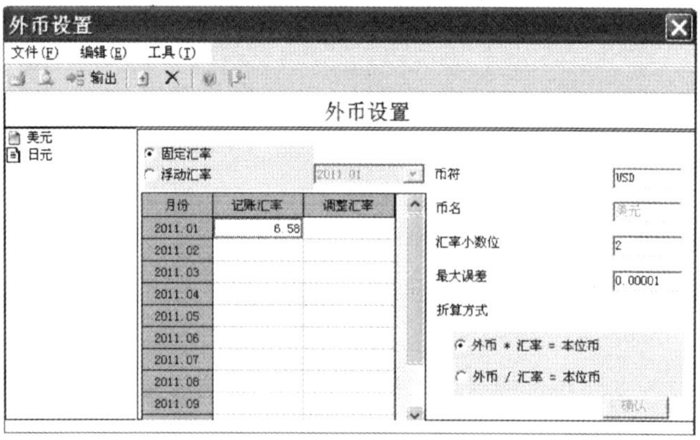

图 2－31

（4）重复上述步骤可以新增一种外币及定义外币汇率。

参数说明：

币符及币名：所定义外币的符号及其名称。币符为必输项。

汇率小数位：定义外币汇率小数位数，系统默认为5位。

折算方式：用户根据外币的使用情况选择直接汇率或间接汇率。

固定汇率与浮动汇率：选固定汇率即可录入各月月初的汇率，选浮动汇率即可输入当月每日的汇率。

记账汇率：日常制单时，系统自动显示的汇率。

调整汇率：月末汇率。在期末计算汇兑损益时用。

2. 会计科目——会计科目增加

操作步骤：

（1）打开“基础档案”下的“财务”功能，单击“会计科目”功能。

（2）在“会计科目”对话框中单击“增加”按钮，显示“新增会计科目”对话框。

（3）在“新增会计科目”对话框中输入“科目编码”和“科目名称”分别为“100202”“中行存款”，选择“账页格式”为“金额式”，对于“外币核算、数量核算、辅助核算、日记账和银行账”的科目，具体选择如图2-32所示。

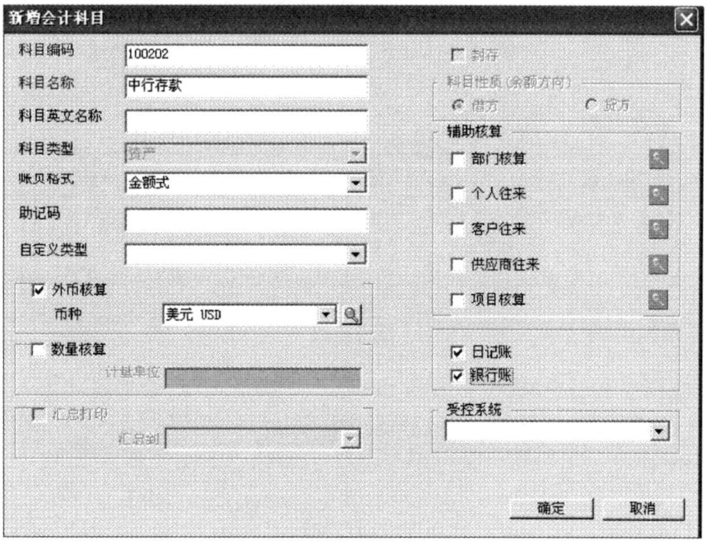

图2-32

（4）输入完成过后，单击“确定”按钮即可。

（5）重复上述步骤(2)～(4)，可以增加其他科目。

参数说明：

科目编码：必须输入且唯一，一级科目编码按照财政部的规定；明细科目编码按照参数设置的科目编码级次和级长规定设置。

科目名称：科目汉字名称是证、账、表上显示和打印的标志。

科目类型：按会计科目性质对科目的划分。

账页格式：规定每个科目的会计账页格式，一般有金额式、外币金额式、数量金额式、数量外币式等。

辅助核算：辅助账标志一般要求设在最底层的科目上。

受控系统：设置科目为受控科目，受控于某系统，则该受控系统只能使用受控科目制单。

3. 会计科目——会计科目修改

操作步骤：

(1) 打开“基础档案”下的“财务”功能，单击“会计科目”功能。

(2) 在“会计科目”对话框中单击“修改”按钮，显示“会计科目-修改”对话框。

(3) 在“会计科目-修改”对话框中选择要求修改的内容，如修改“应收账款”科目为“客户往来”科目，并选择“受控系统”为“空行”，如图 2-33 所示。

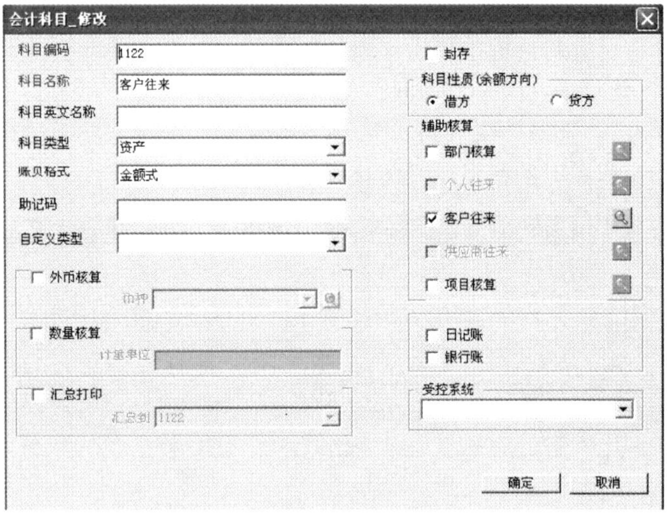

图 2-33

(4) 修改完成后，单击“确定”按钮即可。

(5) 重复上述步骤(2)～(4)，可以修改其他科目。

4. 会计科目——指定科目

操作步骤：

(1) 打开“基础档案”下的“财务”功能，单击“会计科目”功能。

(2) 在“会计科目”对话框中单击“编辑”→“指定科目”功能，弹出“指定科目”对话框。

(3) 单击“现金总账科目”单选按钮，在“待选科目”框中选择“1001 库存现金”科目，单击“>”按钮，将“1001 库存现金”科目添加到“已选科目”框中，如图 2-34 所示。

(4) 同样的步骤选择“1002 银行存款”为“银行总账科目”的已选科目。

(5) 选择完成，单击“确定”按钮。

参数说明：

指定科目是确定出纳的专管科目。被指定为现金、银行存款的科目在出纳功能中可以查询现金、银行日记账，进行银行对账，以及在制单中进行支票控制和资金赤字控制。

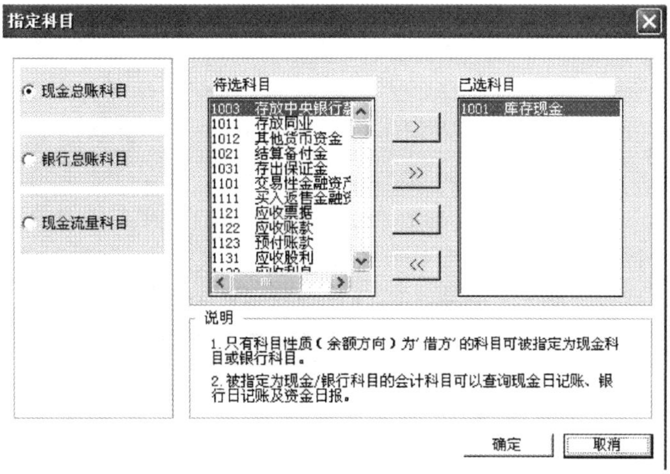

图 2 - 34

5. 凭证类别

操作步骤：

(1) 打开“基础档案”下的“财务”功能，单击“凭证类别”功能，弹出“凭证类别预置”对话框。

(2) 在“凭证类别预置”对话框中选择“收款凭证　付款凭证　转账凭证”单选按钮，如图 2 - 35 所示。

(3) 单击“确定”按钮，打开“凭证类别”对话框。单击“修改”按钮，依次为“收、付、转”3 种凭证类别，选择“限制类型”分别为“借方必有、贷方必有和凭证必无”，限制科目均为“1001，1002”，如图 2 - 36 所示。

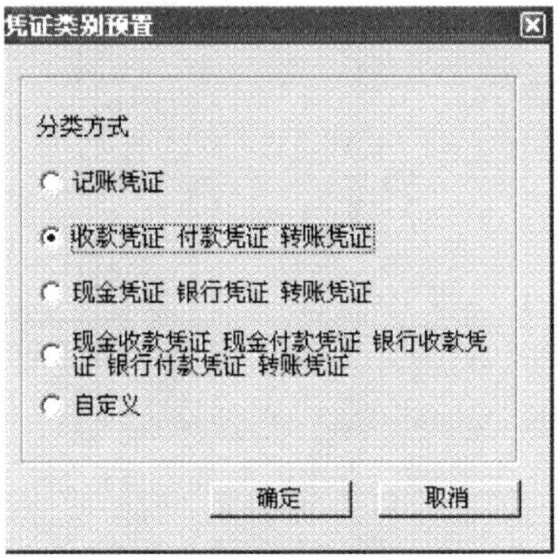

图 2 - 35

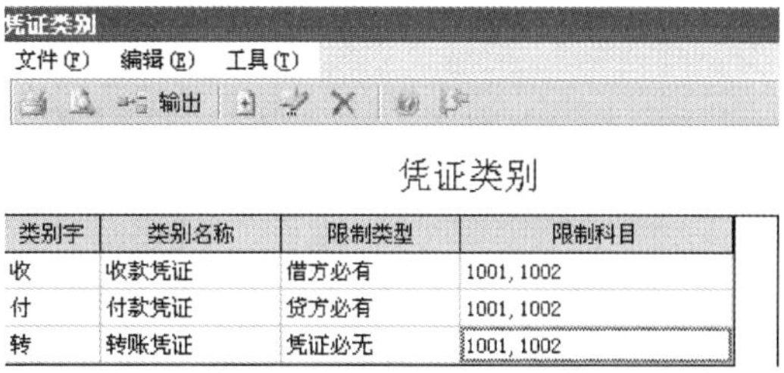

图 2 - 36

参数说明：

凭证类别预置是根据单位管理和核算的要求，将会计凭证进行分类编制。凭证类别分为：记账凭证；收款、付款和转账凭证；现金、银行和转账凭证；现收、现付、银收、银付和转账凭证等类别。

限制类型：

借方必有：表示制单时此类凭证借方至少有一个限制科目有发生额。

贷方必有：表示制单时此类凭证贷方至少有一个限制科目有发生额。

凭证必有：表示制单时此类凭证借方或贷方至少有一个限制科目有发生额。

凭证必无：表示制单时此类凭证借方或贷方不可有一个限制科目有发生额。

无限制：表示制单时此类凭证对科目无限制。

借方必无：制单时金额发生在借方的科目必须不包含借方必无科目。

贷方必无：制单时金额发生在贷方的科目必须不包含贷方必无科目。

限制类型科目为非末级科目时，制单时，其所有下级科目都将受到同样的限制。

6. 项目目录

1）定义项目大类

操作步骤：

(1) 打开“基础档案”下的“财务”功能，单击“项目目录”功能，弹出“项目档案”对话框，如图 2－37 所示。

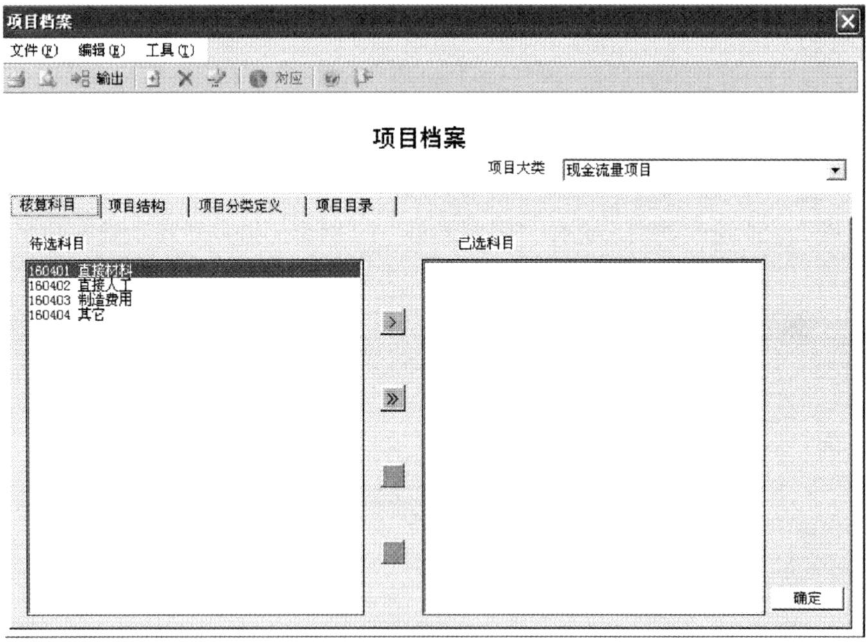

图 2－37

(2) 单击工具栏的“增加”按钮，打开“项目大类定义 _ 增加”对话框。输入“新项目大类名称”：在建工程；选择新增项目大类的属性：普通项目，如图 2－38 所示。

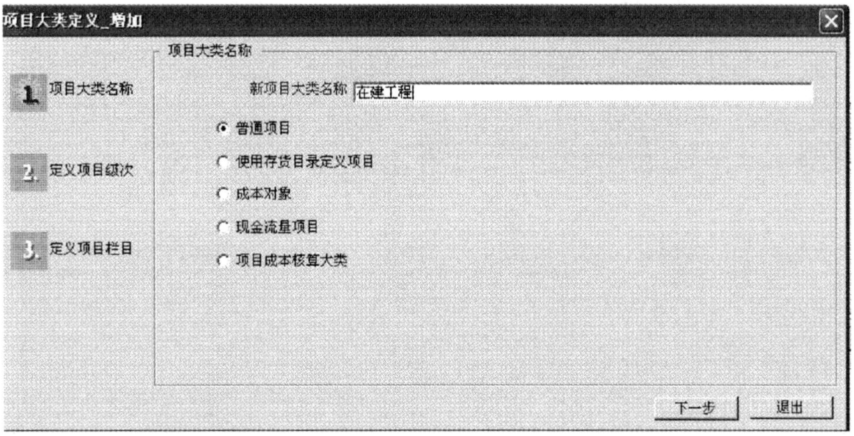

图 2-38

参数说明：

项目大类名称：该项目的总称，必须输入。

普通项目：除系统预置的成本对象、项目管理等项目类别以外，可以自由设置任何具有相同经济性质的一类经济业务组成为一个项目大类。

(3) 单击“下一步”按钮，选择“项目级次”为：1 级 1 位，如图 2-39 所示。

参数说明：

项目级次：项目编码规则，项目分类最多 8 级，总长度不超过 22 位数，单级长度不超过 9 位数。

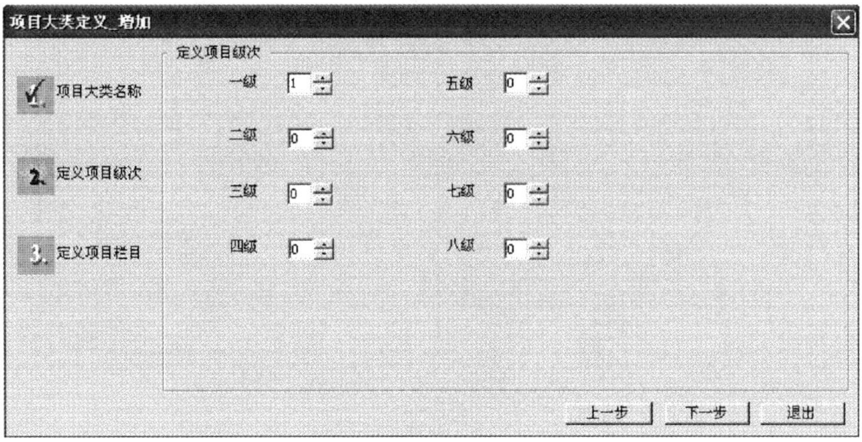

图 2-39

(4) 单击“下一步”按钮，定义项目栏目，选择系统默认，如图 2-40 所示。

(5) 单击“完成”按钮保存设置。

2) 项目目录——指定核算科目

操作步骤：

(1) 在“项目档案”对话框中选择“项目大类”：在建工程。

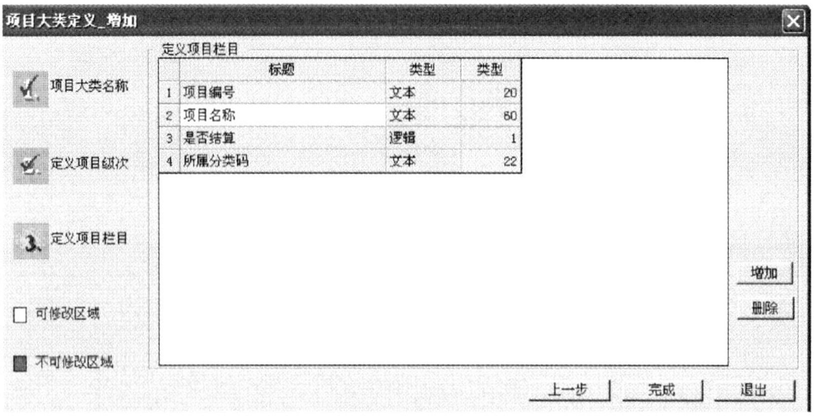

图 2-40

（2）单击“核算科目”选项卡，在“待选科目”栏中选择“直接材料、直接人工、制造费用和其他”科目，单击“>”按钮添加到“已选科目”栏中，如图 2-41 所示。

（3）单击“确定”按钮保存。

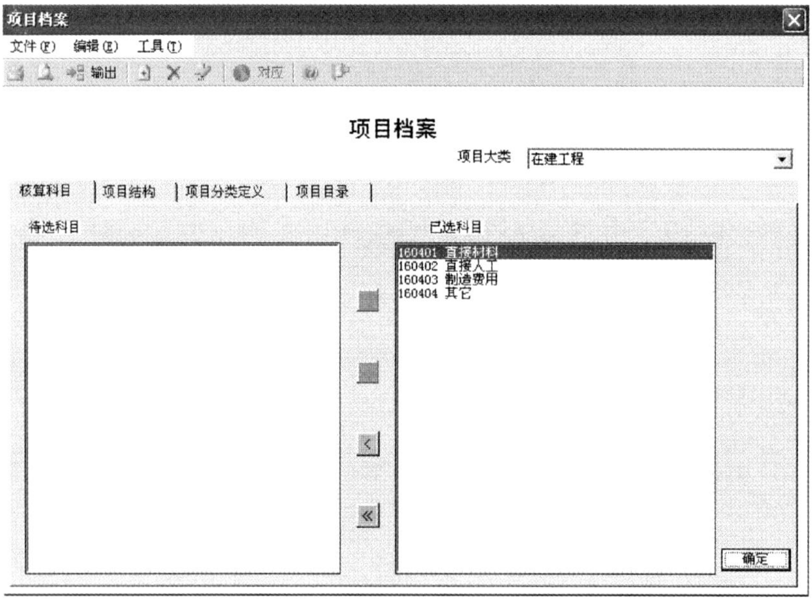

图 2-41

参数说明：

核算科目：具体制定核算此大类项目所使用的会计科目。指定核算会计科目之前，必须在会计科目设置中，将需要进行项目核算的科目的辅助项设置为“项目核算”。

对于一个项目大类可以指定多个核算科目，但对一个核算科目，只能指定一个项目大类。

3）定义项目分类

操作步骤：

(1) 在“项目档案”对话框中选择“项目大类”：在建工程。

(2) 单击“项目分类定义”选项卡。

(3) 依据实验资料输入“分类编码”“分类名称”分别为：“2”和“委托开发项目”，如图 2-42 所示。

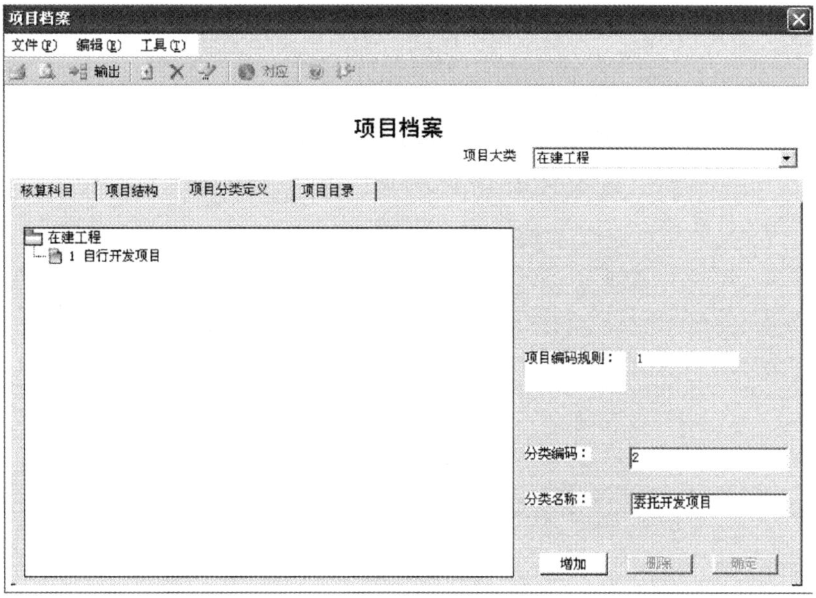

图 2-42

(4) 单击“确定”按钮保存。

(5) 重复上述步骤(3)～(4)，可以输入其余的项目分类。

4) 定义项目目录

操作步骤：

(1) 在“项目档案”对话框中选择“项目大类”：在建工程。

(2) 单击“项目目录”选项卡单击“维护”按钮，显示“项目目录维护”对话框。

(3) 在“项目目录维护”对话框中，单击工具栏上的“增加”按钮，输入“项目编号”“项目名称”“所属分类码”分别为“101”“普通打印机——4x”“1”，如图 2-43 所示。

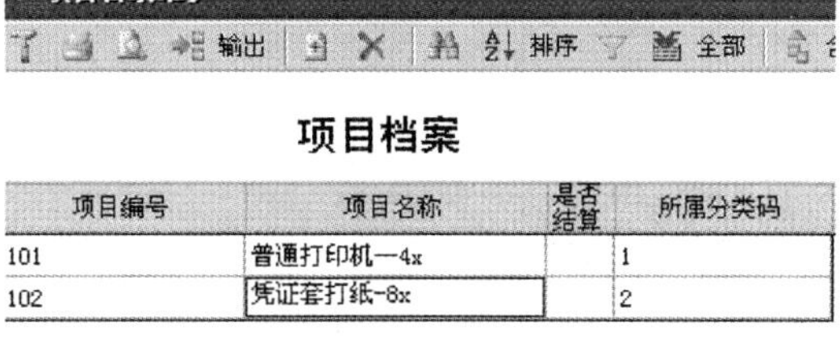

图 2-43

(4) 重复上述步骤(3)可以增加新的项目目录。

(5) 单击“退出”按钮保存。

（六）数据权限

1. 数据权限设置

操作步骤：

（1）单击“数据权限”→“数据权限设置”功能，显示“权限浏览”窗口，如图 2-44 所示。

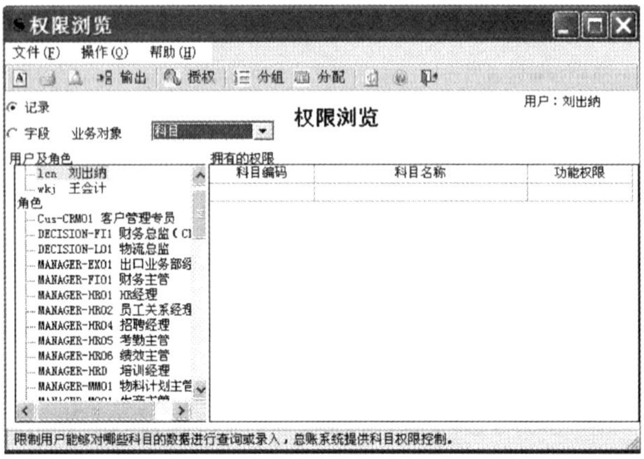

图 2-44

（2）在“权限浏览”窗口中，选中“刘出纳”，选择“业务对象”为“科目”。

（3）单击工具栏上的“授权”功能，弹出“记录权限设置”对话框。

（4）在“禁用”框中选择“1001 库存现金”科目，单击“>”按钮，将“1001 库存现金”科目选入“可用”框中，如图 2-45 所示。

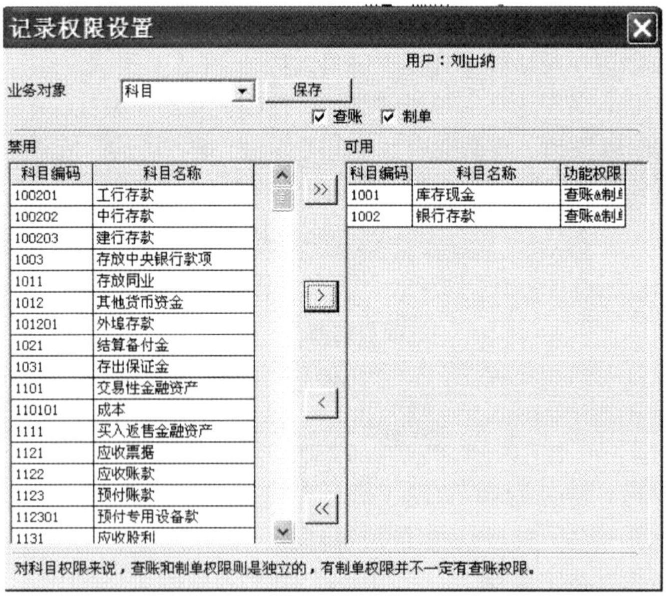

图 2-45

(5) 重复步骤(4)完成“1002 银行存款”的选择。
(6) 单击“保存”按钮，返回“记录权限设置”对话框。

五、实验习题

(一) 机构人员

根据下列资料完成实验二内容的练习。

机构人员(表 2-11)

表 2-11 机构人员

部门编号	部门名称	人员编码	人员名称	是否业务员
01	办公室	001	张建军	是
02	财务部	002	陆明	是
		003	王海	是
		004	吴用	是
03	销售部	005	赵斌	是
		006	刘宏	是
04	制造中心	007	孙健	是

(二) 客商信息

1. 客户及供应商分类(表 2-12)

表 2-12 客户及供应商档案

客户分类编码	客户分类名称	供应商分类编码	供应商分类名称
01	实体代理商	01	原料供应商
02	网络代理商	02	辅料供应商

2. 供应商档案(表 2-13)

表 2-13 供应商档案

供应商编码	名称	简称	所属分类	开户银行	银行账号	发展日期
0101	杭州新丰电子公司	新丰电子	01	中国银行	601382530000985	2011-1-1
0201	上海宜佳科技	宜佳科技	02	工商银行	090302180924502	2011-1-1

3. 客户档案(表 2－14)

表 2－14　客户档案

客户编码	客户名称	客户简称	所属分类	付款条件	税号	发展日期
0101	杭州时代科技资讯网公司	时代科技	01	01	33017732111099	2011－1－1
0201	南京国讯通信公司	国讯通信	02	01	350111154437213	2011－1－1

（三）收付方式

结算方式(表 2－15)。

表 2－15　结算方式

结算方式编号	01	02	03	99
结算方式名称	现金结算	现金支票	转账支票	其他
是否票据管理	否	是	是	否

（四）财务

1. 外币及汇率(表 2－16)

表 2－16　外币及汇率

币符	币名	汇率类别	汇率小数位数	2011 年 1 月记账汇率
USD	美元	固定汇率	2	6.29

2. 会计科目

(1) 科目及余额表(表 2－17)。

表 2－17　科目及余额表

科目编码	科目名称	外币币种	计量单位	辅助账类型	期初余额	受控系统
1001	库存现金			日记账	150 000	
1002	银行存款			日记/银行账	650 000	
100201	工行存款				500 000	
100202	中行存款				150 000	
		美元			23 847.38	
1101	交易性金融资产				1 000 000	
110101	成本				1 000 000	

续表

科目编码	科目名称	外币币种	计量单位	辅助账类型	期初余额	受控系统
1602	累计折旧				80 000	
1121	应收票据			客户	50 000	空行
1122	应收账款			客户	950 000	空行
1221	其他应收款				18 000	
122101	备用金			部门		
122102	个人应收款			个人		
1231	坏账准备					
1401	材料采购					
1402	在途物资					
1403	原材料				420 000	
1405	库存商品				850 000	
1406	发出商品					
1408	委托加工物资				612 000	
1411	周转材料				30 000	
1601	固定资产			部门	800 000	
2001	短期借款				1 250 000	
2201	应付票据			供应商		空行
2202	应付账款			供应商	150 000	空行
2203	预收账款			客户		空行
2211	应付职工薪酬				70 000	
2221	应交税费					
222101	应交增值税					
22210101	进项税额					
22210102	已交税金					
22210103	销项税额					
22210104	进项税额转出					
22210105	转出多交增值税					
22210106	转出未交增值税					
222102	应交营业税					
222103	应交消费税					
222104	城市维护建设税					

续表

科目编码	科目名称	外币币种	计量单位	辅助账类型	期初余额	受控系统
1602	累计折旧				80 000	
222105	未交增值税					
2241	其他应付款				66 000	
4001	实收资本				3 434 000	
4002	资本公积					
400201	资本(或股本)溢价					
4101	盈余公积				180 000	
410101	法定盈余公积					
410102	任意盈余公积					
410103	法定公益金				180 000	
4102	一般风险准备					
4103	本年利润					
4104	利润分配				300 000	
410401	提取法定盈余公积					
410402	提取任意盈余公积					
410403	提取法定公益金					
410404	提取任意盈余公积					
410405	未分配利润				300 000	
410406	其他转入					
6601	销售费用					
660101	工资及福利费			部门		
660102	差旅费			部门		
660103	水电费			部门		
660104	电话费			部门		
6602	管理费用					
660201	工资及福利费			部门		
660202	办公费			部门		
660203	电话费			部门		
660204	差旅费			部门		
660205	水电费			部门		
660206	折旧费			部门		

续表

科目编码	科目名称	外币币种	计量单位	辅助账类型	期初余额	受控系统
6603	财务费用					
660301	利息支出					
660302	银行手续费					
660303	汇兑损益					

(2) 指定科目：指定“1001 库存现金”为现金的总账科目；指定“1002 银行存款”为银行存款总账科目。

3. 凭证类别(表 2－18)

表 2－18　凭证类别

类别字	类别名称	限制类型	限制科目
记	记账凭证	无限制	

第三章 总账系统管理

总账系统的任务是利用建立的基础信息，输入和处理各种记账凭证，完成记账、对账、结账工作，输出各种总分类账、日记账、明细账和有关辅助账。

1. 总账管理功能

总账系统的主要功能包括系统设置、凭证处理、账簿管理、出纳管理和期末转账、结账等基本功能，并提供个人、部门、客户、供应商、项目核算和备查簿等辅助功能。

1）系统设置

通过制单控制保证填制凭证的正确性。提供资金控制、支票控制、预算控制等功能，加强对业务的及时管理与控制。

2）凭证处理

凭证管理功能主要用于完成凭证的输入、修改和删除，对机内凭证进行审核、查询、汇总和打印，并根据已审核的凭证登记明细账、日记账和总分类账。

3）账簿管理

提供多种查询条件查询总账、日记账、明细账和辅助账等，具有总账、明细账和凭证联查及打印各种账簿功能。

4）出纳管理

提供支票登记簿功能，用来登记支票的领用情况；并可完成现金日记账、银行存款日记账和资金日报表的查询；定期将企业银行日记账与银行出具的对账单进行核对，并自动编制银行存款余额调节表。

5）期末处理

自动完成期末分摊、计提、对应结转、汇兑损益、期间损益结转等业务。进行试算平衡、对账、结账等功能。

2. 总账系统与其他系统之间的关系（图 3-1）

总账系统是财务管理系统的一个基本子系统，它概括地反映了企业产供销等全部经济业务的综合信息，是财务管理系统的核心。

总账系统接收薪资系统、固定资产、应收应付系统、资金管理、成本管理、存货核算等系统生成的凭证。

总账系统向 UFO 报表系统、财务分析系统等提供数据生成财务报表及财务分析报表。

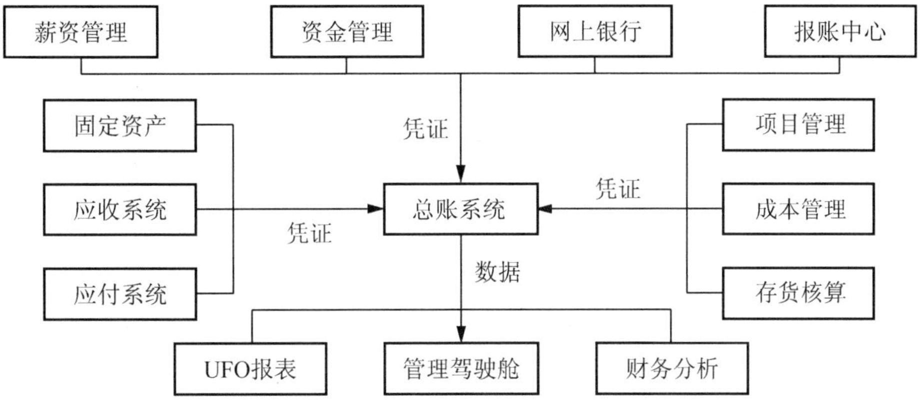

图 3-1

实验一　总账系统管理

一、实验目的

1. 掌握总账系统参数设置及参数对应用的影响；

2. 掌握期初余额的录入。

二、预备知识

总账系统初始化是总账应用的基础工作，是将一个通用的总账系统修改为适应于本企业需求的专用的总账系统。总账系统初始化主要包括参数设置、期初余额的录入、金额、数据权限的设置预分配和账簿清理等功能。

1. 参数设置

总账系统的参数设置是总账系统的基础性工作，它将决定总账系统的输入控制、处理方式、数据流向、输出格式等信息。它主要有：①凭证参数控制，包含“制单控制”“凭证编号控制”“外币核算”“凭证控制”“权限控制”“合并凭证显示、打印”等项目；②账簿参数控制，包括：“打印位数宽度”“明细账(日记账、多栏账)打印输出方式”“凭证、账簿套打”“凭证、正式账每页打印行数”“明细账查询权限控制到科目”“制单、辅助账查询控制到辅助核算”等项目；③会计日历，可查看启用会计年度和启用日期，以及各个会计期间的起始日期与结束日期；④其他参数选项，包括：“数量小数位数”“单价小数位”“本位币精度”“部门、个人、项目排序方式”等项目。

2. 录入期初余额

为了保证新系统的数据能与原系统的衔接，保证账簿数据的连续性、完整性，在总账系统应用前，需要将各账户的年初余额或启用月份的月初余额以及年初到该月份的累计发生额计算清楚，然后录入到总账系统中。

期初余额功能包括输入科目期初余额及核对期初余额，并进行试算平衡。

三、实验内容

1. 总账参数(表 3－1)

表 3－1 总账参数

凭证	制单序时控制 支票控制 自动填补凭证断号 批量审核凭证进行合法性校验 凭证编号方式：系统编号
权限	凭证审核控制到操作员 出纳凭证必须经由出纳签字 不允许修改、作废他人填制的凭证 可以查询他人凭证 制单、辅助账查询控制到辅助核算 明细账查询控制到科目
账簿	明细账(日记账、多栏账)打印方式：按年打印
凭证打印	打印凭证页脚姓名
其他选项默认	

2. 期初余额录入

(1) 期初余额(表 2－9)。

(2) 辅助账明细(表 3－2～表 3－6)。

表 3－2 应收账款

日期	凭证号	客户	摘要	方向	金额	业务员	日期
2010－12－20	转—18	精益商行	产品销售	借	3 510.00	李平	2010－12－20
2010－12－21	转—26	利氏公司	产品销售	借	3 430.00	王军	2010－12－21
2010－12－26	转—30	昌新公司	产品销售	借	11 700.00	赵丽	2010－12－26
2010－12－28	转—32	华宏公司	产品销售	借	23 400.00	章洪	2010－12－28

表 3－3 其他应收款——备用金

部门	方向	金额
运输部	借	1 200
一车间	借	1 200

表 3-4　其他应收款——个人

日期	凭证号	部门	个人	摘要	方向	金额
2010-11-25	付—15	销售一部	李平	借款	借	900

表 3-5　固定资产—生产设备、折旧

部门	方向	生产设备金额	部门	方向	生产设备折旧
一车间	借	150 000.00	一车间	贷	126 000.00
二车间	借	50 000.00	二车间	贷	43 998.90

表 3-6　应付账款

日期	凭证号	供应商	摘要	方向	金额	日期
2010-12-15	转—20	阳光公司	采购欠款	贷	58 500.00	2010-12-15

四、实验步骤

1. 总账参数设置

操作步骤：

（1）选择“开始”→“所有程序”，启动“用友 ERP-U8”下的“企业应用平台”功能。

（2）输入：“操作员：zzg；密码：1；选择账套：100；语言区域：简体中文；操作日期：2011-01-01”，如图 3-2 所示。

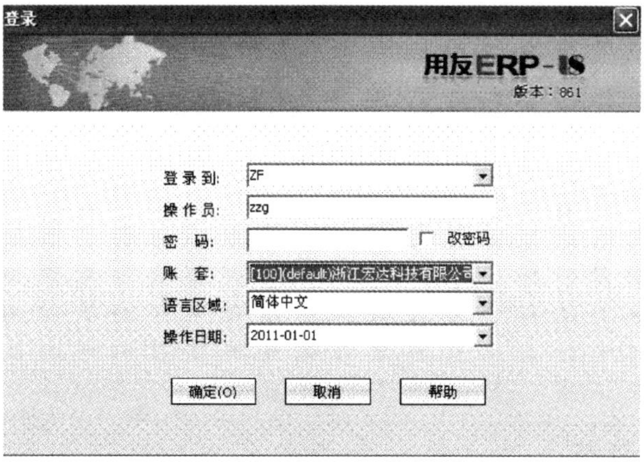

图 3-2

（3）单击“确定”按钮，进入“系统应用平台”窗口。

（4）选择左下角的“业务”选项卡，单击“总账”选项。

（5）单击“设置”→“选项”功能，打开“选项”对话框。

(6) 选择"凭证"选项卡，单击"编辑"按钮，按照实验资料设置凭证参数，如图 3-3 所示。

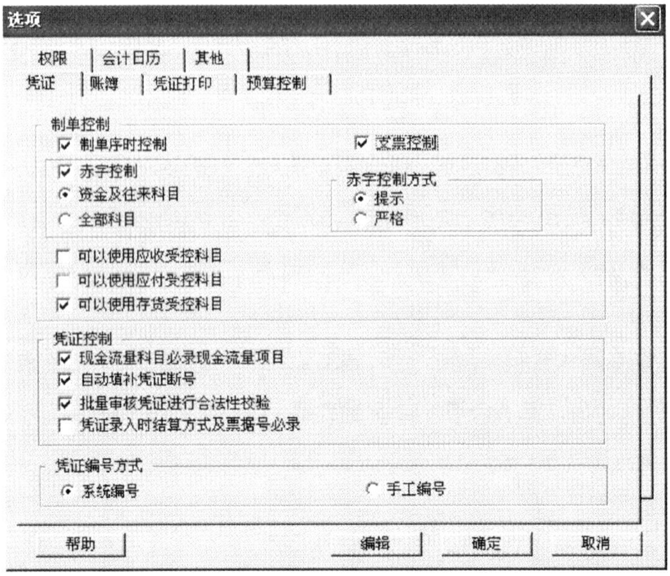

图 3-3

(7) 单击"权限"选项卡，按照实验资料设置权限参数，如图 3-4 所示。

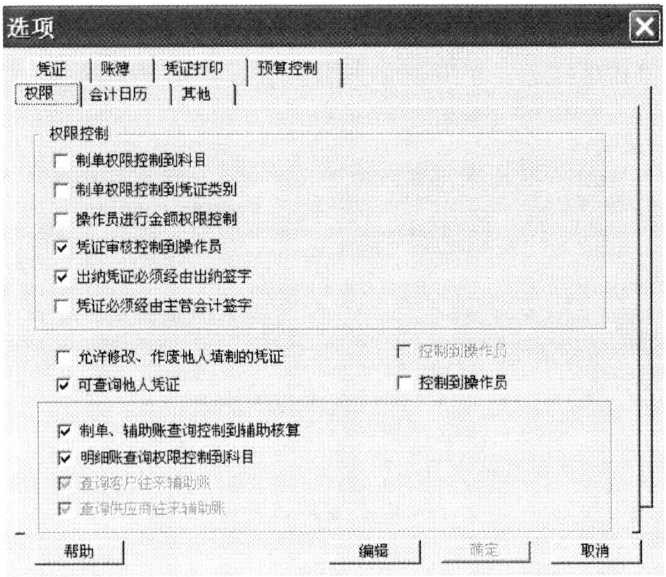

图 3-4

(8) 单击"账簿"选项卡，按照实验资料设置账簿参数，如图 3-5 所示。

(9) 单击"凭证打印"选项卡，按照实验资料设置凭证打印参数，如图 3-6 所示。

(10) 设置完成，单击"确定"保存。

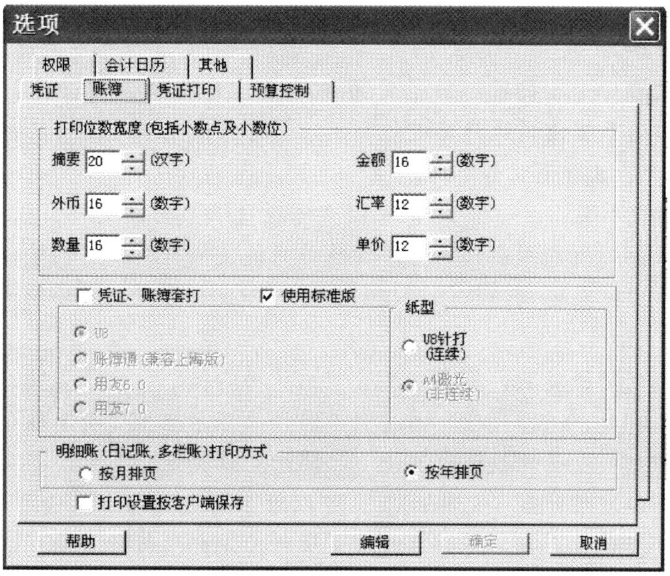

图 3-5

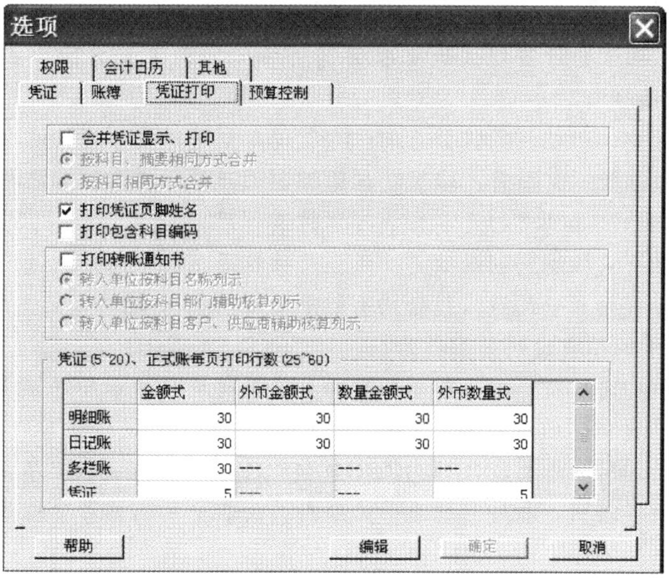

图 3-6

参数说明：

① 凭证选项卡的参数说明如下所示。

制单序时控制：此项和“系统编号”选项联用，制单时凭证编号必须按日期顺序排列。

支票控制：在制单时使用银行科目编制凭证时，系统针对票据管理的结算方式进行登记，如果录入支票号在支票登记簿中已存，系统提供登记支票报销的功能；否则，系统提供登记支票登记簿的功能。

赤字控制：在制单时，当“资金及往来科目”或“全部科目”的最新余额出现负数时，系统将予以提示。

可以使用应收应付受控科目：若科目为应收应付系统的受控科目，为了防止重复制单，只允许应收应付系统使用此科目进行制单，总账系统是不能使用此科目制单的。

② 权限选项卡的参数说明如下所示。

制单权限控制到科目：要在系统管理的“功能权限”中设置科目权限，再选择此项，权限设置有效。选择此项，则在制单时，操作员只能使用具有相应制单权限的科目制单。

允许修改、作废他人填制的凭证：在制单时可修改或作废别人填制的凭证，否则不能修改。

制单权限控制到凭证类别：要在系统管理的“功能权限”中设置凭证类别权限，再选择此项，权限设置有效。选择此项，则在制单时，只显示此操作员有权限的凭证类别。同时在凭证类别参照中按人员的权限过滤出有权限的凭证类别。

操作员进行金额权限控制：选择此项，可以对不同级别的人员进行金额大小的控制。
请凭证审核控制到操作员：如只允许某操作员审核其本部门操作员填制的凭证，则应选择此选项。

出纳凭证必须经由出纳签字：若要求现金、银行科目凭证必须由出纳人员核对签字后才能记账，则选择“出纳凭证必须经由出纳签字”。

凭证必须经由主管会计签字：如要求所有凭证必须由主管签字后才能记账，则选择“凭证必须经主管签字”。

可查询他人凭证：如允许操作员查询他人凭证，则选择“可查询他人凭证”。

明细账查询权限控制到科目：这里是权限控制的开关，在系统管理中设置明细账查询权限，必须在总账系统选项中打开，才能起到控制作用。

制单、辅助账查询控制到辅助核算：设置此项权限，制单时才能使用有辅助核算属性的科目录入分录，辅助账查询时只能查询有权限的辅助项内容。

③ 账簿选项卡的参数说明如下所示。

按月排页：打印时从所选月份范围的起始月份开始将明细账顺序排页，再从第一页开始将其打印输出，打印起始页号为“1 页”。

按年排页：打印时从本会计年度的第一个会计月开始将明细账顺序排页，再将打印月份范围所在的页打印输出，打印起始页号为所打月份在全年总排页中的页号。

2. 期初余额录入

操作步骤：

(1) 单击“设置”→“期初余额”功能，显示“期初余额录入”窗口。

(2) 将光标定位在“1001 库存现金”科目上，输入“期初余额”为“2052”，如图 3-7 所示。

(3) 对于有“辅助核算”的科目，如“应收账款”科目输入期初余额时，双击“应收账款”对应的“期初余额”框，显示“客户往来期初”输入窗口。

(4) 单击工具栏上的“增加”按钮，依次输入“日期、凭证号、客户、摘要、方向和金额”等信息，如图 3-8 所示。

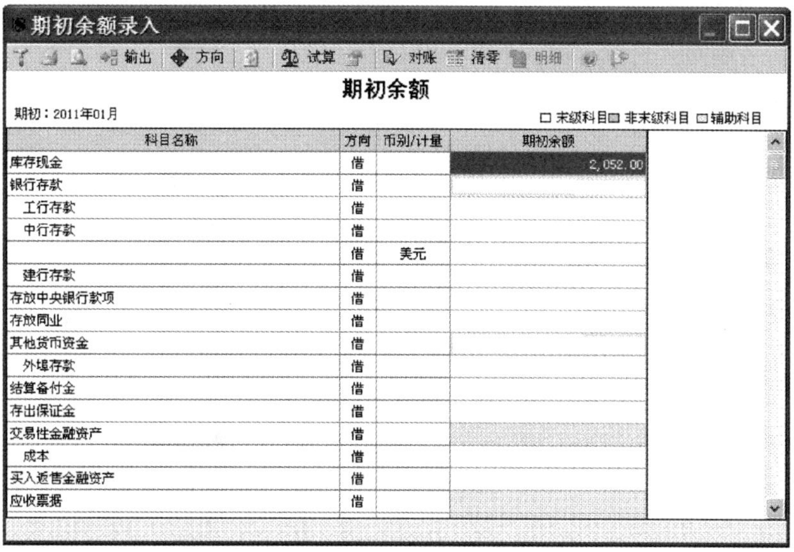

图 3-7

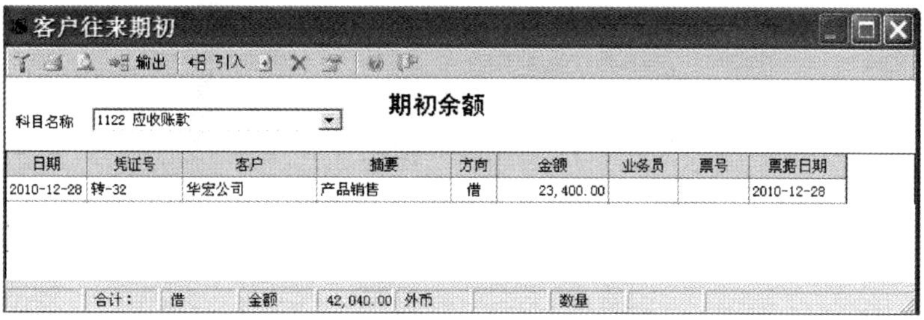

图 3-8

（5）重复上述步骤(4)可以输入应收账款的其他客户往来信息。

（6）输入完成，单击工具栏上的“退出”按钮，返回“期初余额录入”窗口即可。

（7）期初余额输入完成，单击工具栏上的“试算”按钮，检查余额是否平衡，如图 3-9 所示。

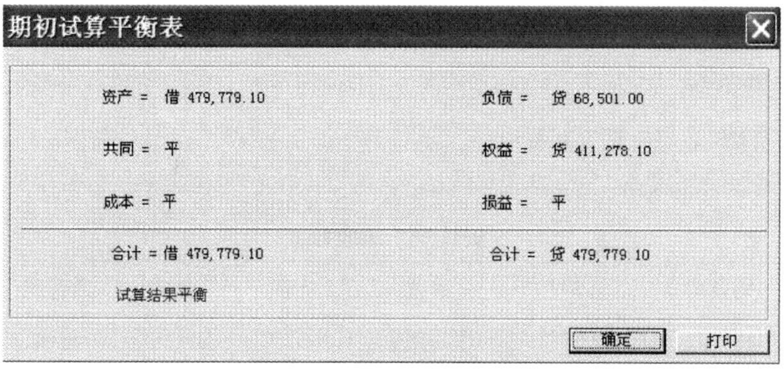

图 3-9

注意：

输入期初余额时，只要求输入最低级科目的余额。

如果在年中开始建账，需要输入启用月份的月初余额以及年初到该月的借贷方累计发生额。

输入期初余额时，如果某科目涉及辅助核算，则必须输入辅助账期初应输入的期初往来未达项。

期初余额试算不平衡，不能记账，但可以填制凭证。

已经记过帐，则不能再输入或修改期初余额，不能单击“结转上年余额”的功能。

五、实验习题

根据下面资料练习实验一的内容。

1. 总账参数(表3-7)

表3-7　总账参数

凭证	制单序时控制 支票控制 自动填补凭证断号 批量审核凭证进行合法性校验 凭证编号方式：系统编号
权限	凭证审核控制到操作员 出纳凭证必须经由出纳签字 不允许修改、作废他人填制的凭证 可以查询他人凭证 制单、辅助账查询控制到辅助核算 明细账查询控制到科目
账簿	明细账(日记账、多栏账)打印方式：按年打印
凭证打印	打印凭证页脚姓名
其他选项默认	

2. 期初余额录入

(1) 期初余额(表2-19)。

(2) 辅助账明细(表3-8～表3-11)。

表3-8　应收账款

日期	凭证号	客户	摘要	方向	金额	业务员	日期
2010-12-20	转—18	时代科技	产品销售	借	500 000	赵斌	2010-12-20
2010-12-26	转—30	国讯通信	产品销售	借	450 000	刘宏	2010-12-26

表 3-9　应收票据

日期	凭证号	客户	摘要	方向	金额	业务员	日期
2010-12-28	转—32	时代科技	产品销售	借	50 000	赵斌	2010-12-28

表 3-10　其他应收款——个人

日期	凭证号	部门	个人	摘要	方向	金额
2010-11-25	付—15	销售部	赵斌	借款	借	10 000
2010-12-10	付—10	销售部	刘宏	借款	借	8 000

表 3-11　应付账款

日期	凭证号	供应商	摘要	方向	金额	日期
2010-12-15	转—10	新丰电子	采购欠款	贷	58 500.00	2010-12-15
2010-12-18	转—15	宜佳科技	采购欠款	贷	91 500.00	2010-12-18

实验二　总账系统日常业务处理

一、实验目的

1. 掌握凭证增加、修改、删除功能；
2. 掌握凭证审核功能；
3. 掌握记账功能；
4. 掌握出纳业务管理功能；
5. 掌握凭证、账簿查询功能。

二、预备知识

总账日常业务处理是通过输入和处理各种记账凭证，完成记账工作，查询和打印输出各种账簿，同时对往来账进行管理。

1. 凭证管理

记账凭证是登记账簿的依据，是总账系统的唯一数据源。凭证管理的内容包括：填制凭证、凭证审核、凭证记账和总账出纳管理功能。

1）填制凭证

在总账中，记账凭证的来源有 3 种：一是根据审核无误的原始单据直接在计算机上编制的记账凭证；二是从其他业务系统自动传递到总账中的凭证；三是从外部导入的凭证。

记账凭证的内容一般包括两部分：一是凭证头部分，包括凭证类别、凭证编号、凭证日期和附件张数等；二是凭证正文部分，包括摘要、会计分录和金额等，如果会计科目有辅助项的，还包括辅助核算内容。

2）修改凭证

尽管在凭证输入过程中提供了多种控制错误的方式，但错误仍是难免的，而记账凭证的错误势必影响系统的账簿、报表等数据。因此，系统提供了两种凭证修改方式：一是无痕迹修改，即是在凭证记账以前进行的修改；二是有痕迹修改，即在凭证记账以后进行的修改。

在凭证记账以前的修改也可以分为两部分，一是审核前的修改，可以对凭证进行直接修改，包括凭证日期、附件张数、摘要、科目、辅助项、金额及方向等。二是审核后的修改，要求取消审核恢复到未审核状态进行直接修改。

对于有痕迹修改，可以通过红字冲销法或补充登记法进行修改。

3）凭证删除

凭证的删除包括两个步骤：一是对凭证进行作废，即可以将不想要或不便进行修改的错误作废；二是进行凭证整理，即对作废的凭证进行删除，并对未记账的凭证重新编号，若本月已有记账凭证，则本月最后一张记账凭证之前的凭证将不能做凭证整理，只能对其后面的未记账凭证进行整理。

2. 凭证审核

为确保登记到账簿的每一笔经济业务的准确性和可靠性，对制单员填制的凭证都需要经过审核员进行审核。凭证审核主要包括出纳签字、主管签字和审核凭证。

1）出纳签字

出纳签字主要针对于凭证带有现金科目、银行存款科目的凭证进行检查核对，主要核对凭证的出纳科目金额是否正确。出纳签字应由具有签字权限的传人员来完成。涉及指定为现金总账科目和银行科目的凭证才需要出纳签字。

2）审核凭证

审核凭证是按照会计制度对制单员填制的记账凭证进行检查核对，主要审核记账凭证是否与原始凭证相符、会计分录是否正确等。审核认为有错误的凭证，应交于填制人修改以后再审核，只有具有审核权限的人才能进行的审核操作。

3. 凭证记账

凭证记账是以会计凭证为依据，经经纪业务全面、系统、连续地记录到具有账户基本结构的账簿中去，即对审核正确的凭证，将其登记到总账、明细账、日记账和辅助账上的过程。登记账簿是由具有记账权限的操作员发出记账指令，由计算机按照预先设计的记账程序自动进行合法性检验、科目汇总、登记账簿等操作。

4. 总账出纳管理

出纳管理是总账系统为出纳人员提供的一套管理工具，包括出纳签字、现金和银行存款日记账的输出、支票登记簿的管理以及银行对账功能。

1）日记账及资金日报

日记账是指现金和银行存款日记账。日记账由计算机登记。日记账要登记时必须是之前在建立会计科目时选择为“日记账”，否则不登记日记账。

资金日报表是反映企业现金、银行存款日发生额及余额的报表。

2）银行对账

企业的结算业务大多数要通过银行进行结算，但由于银行和企业的账务处理和入账时间的不一致，往往会发生双方账面不一致的情况，即“未达账项”。为了能够准确的掌握银行的实际余额，防止记账发生错误，企业必须定期将银行存款日记账与银行出具的对账单进行核对，并编制银行存款余额调节表。

银行对账功能主要包括：输入银行对账期初数据、输入银行对账单、自动对账、手工对账和编制余额调节表。其中，“输入银行对账单期初数据”发生在第一次使用银行对账模块前输入日记账和对账单未达账项上；“输入银行对账单”用于平时输入、引入银行对账单，此功能应用于银行对账单启用日期以后的对账单的录入；“银行对账”可以分为自动对账和手工对账两种，自动对账是计算机根据对账依据自动进行核对、勾销。对账依据主要有“结算方式＋结算号＋方向＋金额”或“方向＋金额”。手工对账是对自动对账的补充，即对自动对账中由于某种原因而不能对上的账进行核对。“编制余额调节表”是完成对账以后，计算机自动整理未达账项和已达账项，生成银行存款余额调节表。

三、实验内容

（一）凭证处理

1. 凭证增加

（1）1月2日，接到银行通知，收到投资者以转账投入的资本300 000.00已入账，转账支票，票号：zzw001。

借：银行存款/工行存款　　300 000.00
　　贷：实收资本(或股本)　　100 000.00
　　　　资本公积/资本(或股本)溢价　　200 000.00

（2）1月3日，从工商银行提取现金5 000.00元以作备用。

借：库存现金　　5 000.00
　　贷：银行存款/工行存款　　5 000.00

（3）1月5日，向南京南瑞公司公司购进B材料，材料金额为75 600.00元；进项税额12 852.00元，，货未到，款未付。

借：材料采购——B材料　　75 600.00
　　应交税费——应交增值税——进项税额　　12 852.00
　　贷：应付账款——南京南瑞公司　　88 452.00

（4）1月6日，由于交易取消，将外埠存款的未用金额收回存入银行。

借：银行存款/工行存款　　2 500.00
　　贷：其他货币资金/外埠存款　　2 500.00

(5) 1月7日，收到浙江恒升公司因不履行合同而赔偿损失的赔款。

借：库存现金　　5 000.00

　　贷：营业外收入/赔偿收入　　5 000.00

(6) 1月8日，以转账支票方式支付所购A材料款项，票号：zzw020，其中材料价款23 000元，增值税3 910元，于当日收到材料并验收入库。

借：材料采购——A材料　　23 000.00

　　应交税费——应交增值税(进项税额)　　3 910.00

　　贷：银行存款/工行存款　　26 910.00

借：原材料——A材料　　26 910.00

　　贷：材料采购——A材料　　26 910.00

(7) 1月9日，收到销售一部李平交回的差旅费剩余款并结算，其中差旅费855.00元，现金45.00元。

借：库存现金　　45.00

　　管理费用/差旅费——销售一部　　855.00

　　贷：其他应收款/个人其他应收款——李平　　900.00

(8) 1月10日，一车间领用A材料用于生产甲产品，价款20 000元。

借：生产成本——基本生产成本　　20 000

　　贷：原材料——A材料　　20 000

(9) 1月10日，公司使用闲置资金在二级市场上购买南强公司的股票，按每股5元，购买了20 000股，另需支付手续费及印花税1 000.00元，转账支票，票号：zzw022。

借：交易性金融资产——成本　　100 000.00

　　投资收益　　1 000.00

　　贷：银行存款/工行存款　　10 1000.00

(10) 1月11日，办公室以现金方式支付本年度订阅的报刊费，共计1 000.00元计入办公费。

借：管理费用——办公费　　1 000.00

　　贷：库存现金　　1 000.00

(11) 1月12日，从工行存款以电汇方式向北京金茂公司支付预付款项150 000.00元用于购买专用设备。

借：预付账款/预付专用设备款　　150 000.00

　　贷：银行存款/工行存款　　150 000.00

(12) 1月13日，收到银行转来自来水公司委托收款结算凭证付款通知，其中：运输处300元，一车间300元，二车间100元，销售一部200元，销售二部100元，财务部100元，办公室100元，以转账支票方式支付，票号：zzw028。

借：制造费用——运输处　　300.00

　　　　　　——一车间　　300.00

　　　　　　——二车间　　100.00

销售费用/水电费——销售一部 200.00

——销售二部 100.00

管理费用/水电费——财务部 100.00

——办公室 100.00

贷：银行存款/工行存款 1 200.00

(13) 1月15日，报销办公费及电话费用，其中：办公费销售一部1 000元，销售二部2 000元；电话费销售一部1 100元，销售二部1 500元，以现金支付。

借：销售费用/办公费——销售一部 1 000.00

——销售二部 2 000.00

销售费用/电话费——销售一部 1 100.00

——销售二部 1 500.00

贷：库存现金 5 600.00

(14) 1月18日，制造中心一车间报废一台设备，价值150 000.00元，其中，折旧126 000.00元。

借：固定资产清理 24 000.00

累计折旧/生产设备折旧 126 000.00

贷：固定资产/生产设备—— 一车间 150 000.00

(15) 1月19日，处理固定资产清理的净损失，其中，用现金支票支付清理费用8 000.00元，票号：xj002；以现金支票回收残料收入6 000.00元，票号：xj003。

借：固定资产清理 8 000.00

贷：银行存款——工行存款 8 000.00

借：银行存款——工行存款 6 000.00

贷：固定资产清理 6 000.00

借：营业外支出/处置固定资产净损失 26 000.00

贷：固定资产清理 26 000.00

(16) 1月20日，收到所购专用设备，同时欠北京金茂公司款项10 000.00元

借：工程物资/专用设备 160 000.00

贷：预付账款/预付专用设备款 150 000.00

应付账款 10 000.00

(17) 1月21日，接到银行通知，收到精益商行汇来的货款3 510.00元、昌新公司汇来的货款11 700.00元及华宏科技公司汇来的货款23 400.00元。(结算方式均为“电汇”)

借：银行存款/工行存款 38 610.00

贷：应收账款——精益商行 3 510.00

——昌新公司 11 700.00

——华宏公司 23 400.00

(18) 1月22日，销售二部向精益商行销售商品，金额为117 000.00元，其中货款

100 000.00 元，销项税额为 17 000.00 元；向利氏公司销售商品，金额 175 500.00 元，其中货款为 150 000.00 元；销项税额 25 500.00 元，款均未收。

借：应收账款——精益商行　　117 000.00

　　　　　——利氏公司　　175 500.00

　贷：主营业务收入——销售二部　　250 000.00

　　　应交税费——应交增值税——销项税额　　42 500.00

（19）1 月 23 日，销售一部向昌新贸易公司销售产品，收到 20 000.00 美元，当天存入中国银行，转账支票，票号：zzw002。

借：银行存款/中行存款　　131 600.00

　贷：主营业务收入　　112 478.63

　　　应交税费/应交增值税/销项税额　　19 121.37

（20）1 月 25 日，结转工资发放的成本。其中：管理人员 10 000 元，销售人员 8 000 元，生产工人 15 000 元。

借：管理费用——工资及福利费——办公室　　3 500

　　　　　　　　　　　　　——财务部　　6 500

　　销售费用——工资及福利费——销售一部　　5 000

　　　　　　　　　　　　　——销售二部　　3 000

　　生产成本——基本生产成本——一车间　　6 000

　　　　　　　　　　　　　——二车间　　5 000

　　制造费用——运输部　　4 000

　贷：应付职工薪酬　　33 000

2. 记账前凭证修改

（1）修改 1 月 7 日业务，收到浙江恒升公司因不履行合同而赔偿损失的赔款的金额为 3 000.00 元。

（2）修改日期，修改业务(9)的日期为 2011.1.8。

3. 凭证删除

删除 2011.1.11 业务，办公室以现金方式支付本年度订阅的报刊费 1 000 元。

4. 出纳签字

以操作员“lcn”的身份对收付款凭证进行出纳签字。

5. 凭证审核

以操作员“zzg”身份对所有凭证进行审核。

6. 记账

以操作员“zzg”身份对所有凭证进行记账。

7. 记账后修改—红字冲销

对于已记账凭证的修改，采用红字冲销法。

借：库存现金 45.00
　　管理费用/差旅费——销售一部 855.00
　　贷：其他应收款/个人应收款——李平 900.00
改为 借：库存现金 45.00
　　　销售费用/差旅费——销售一部 855.00
　　　贷：其他应收款/个人应收款——李平 900.00

8. 账簿查询

（1）查询发生额及余额表：查询余额范围在 1 000～5 000 元之间所有资产类科目的余额表，查看资产小计。

（2）查询应收账款科目的明细账，并且联查凭证。

（3）查询应交增值税多栏账。

（4）查询“李平”个人明细账。

（5）客户往来账龄分析：查询“113 应收账款”账龄分析(自定义账龄分析区间)。

分别为：1～30 天、31～60 天、61～120 天、121～180 天、181～365 天、366 天以上。

（二）出纳管理

1. 以操作员“lcn”的身份完成对日记账、资金日报的查询

2. 银行对账

（1）工行银行对账期初。

浙江宏达科技有限公司工行银行帐的启用日期为 2011.1.1，工行企业日记账调整前余额为 200 000.00 元，银行对账单调整前余额为 168 850.00 元，未达账项一笔，系企业已收，银行未收的 2010.12.28 一笔转账款项为 31 150.00 元。

（2）2011.1.31 的对账单，见表 3－12。

表 3－12　对账单

日期	结算方式	票号	借方金额	贷方金额
1.2	转账支票	zzw001	300 000.00	
1.3				5 000.00
1.6			2 500.00	
1.8	转账支票	zzw020		26 910.00
1.10	转账支票	zzw022		101 000.00
1.12	电汇			150 000.00
1.13	转账支票	zzw028		1 200.00
1.19	现金支票	xj002		8 000.00
1.19	现金支票	xj003	6 000.00	
1.21	电汇		38 610.00	

四、实验步骤

（一）凭证处理

1. 凭证填制

操作步骤：

（1）选择“开始”→“所有程序”，启动“用友 ERP-U8”下的“企业应用平台”功能。

（2）输入：“操作员：wkj；密码：2；选择账套：100；语言区域：简体中文；操作日期：2011－01－25”，如图 3－10 所示。

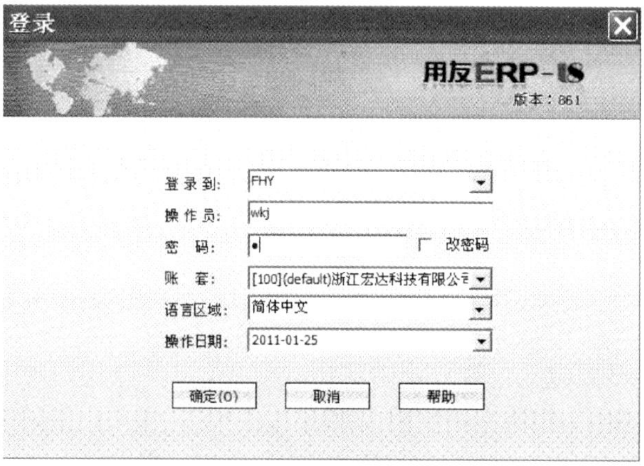

图 3－10

（3）单击“确定”按钮登录企业应用平台。

（4）在“企业应用平台”中，单击“财务会计”→“总账”功能，打开“总账”系统。

（5）单击“凭证”→“填制凭证”功能，弹出“填制凭证”对话框。

（6）单击工具栏上的“增加”按钮，增加一张新凭证。在“凭证类别”下拉列表框中选择“收款凭证”选项；“制单日期”选择“2011 年 1 月 2 日”，如图 3－11 所示。

（7）在“摘要”栏内输入摘要“收到投资款”；输入科目编码：100201；按“Enter”键弹出“辅助项”对话框，在“辅助项”中输入“结算方式：03，票号：zzw001，发生日期：2011.01.02”，如图 3－12 所示。

（8）单击“确定”按钮完成“辅助项”输入。在借方金额中填入“300 000”后，按“Enter”键，进入下一行，继续录入贷方信息，如图 3－13 所示。

（9）贷方输入完成后，单击工具栏上的“保存”按钮即可。

（10）如果借贷方均无“辅助项”科目时，直接输入借贷方内容即可。

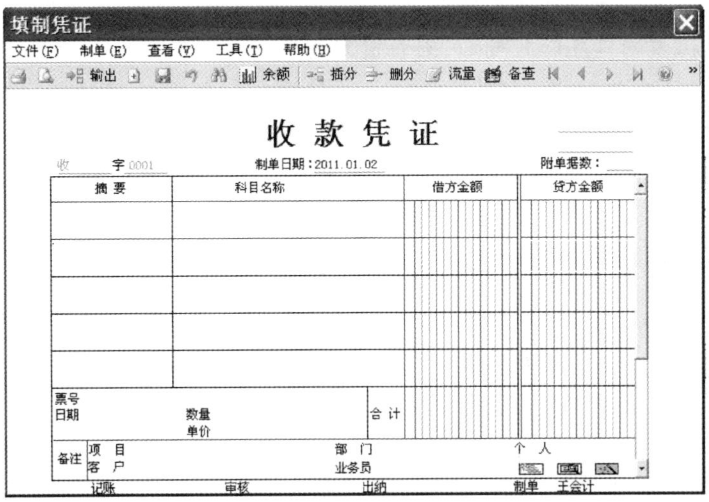

图 3 - 11

图 3 - 12

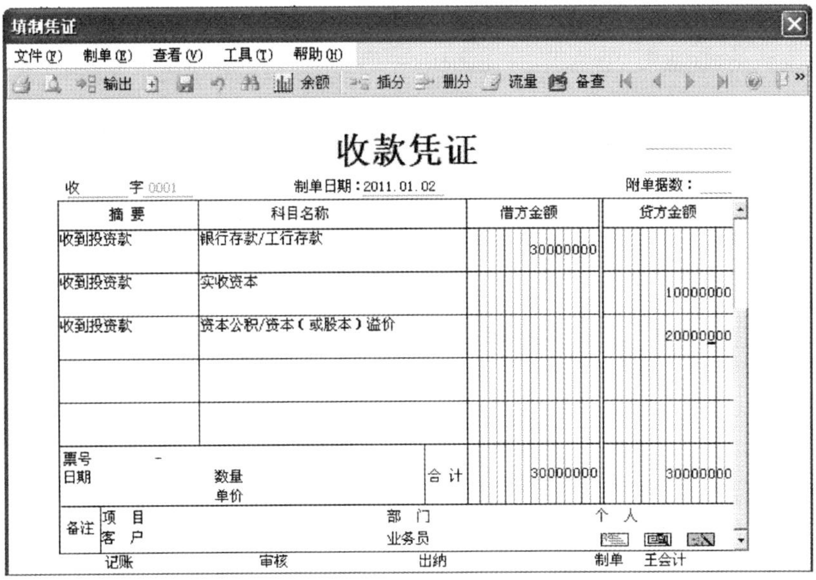

图 3 - 13

参数说明：

凭证编号：如果在“选项”中选择“系统编号”则由系统按时间顺序自动编号。

凭证类别：输入总账系统初始化时定义的凭证类别。

制单日期：系统自动选取登录账务系统时输入的业务日期和未记账凭证的填制日期。如果在选项中选择“制单序时控制”，则当前新增凭证的日期不能小于前一张凭证的日期。

摘要：本凭证所反映的经济业务的内容，凭证每行都必须有摘要，不同行摘要可以不同。

科目：必须输入最末级科目编码。

金额：金额不能为“零”，但可以是红字。

2. 记账前凭证修改

操作步骤：

（1）单击“凭证”→“填制凭证”功能，弹出“填制凭证”对话框。

（2）单击工具栏上的“查询”按钮，弹出“凭证查询”对话框，如图3-14所示。

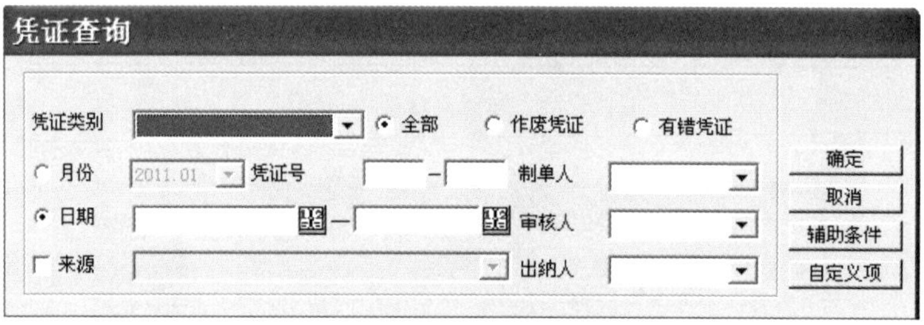

图3-14

（3）在“凭证查询”对话框中填入“日期：2011.01.06～2011.01.06”，单击“确定”按钮，即可找到2011.01.06日的业务，如图3-15所示。

（4）在找到的“2011.01.06”的凭证中，按“Del”键删除金额，然后输入新的金额“3 000”即可。

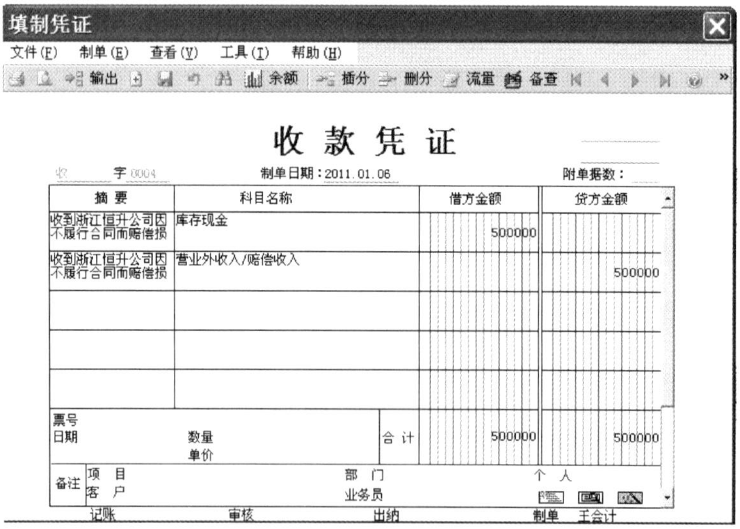

图3-15

3. 凭证删除

操作步骤：

（1）单击“凭证”→“填制凭证”功能，弹出“填制凭证”对话框。

（2）单击工具栏上的“查询”按钮，弹出“凭证查询”对话框。

（3）在“凭证查询”对话框中填入“凭证类别：付款凭证；日期：2011.01.11～2011.01.11”，如图3-16所示。

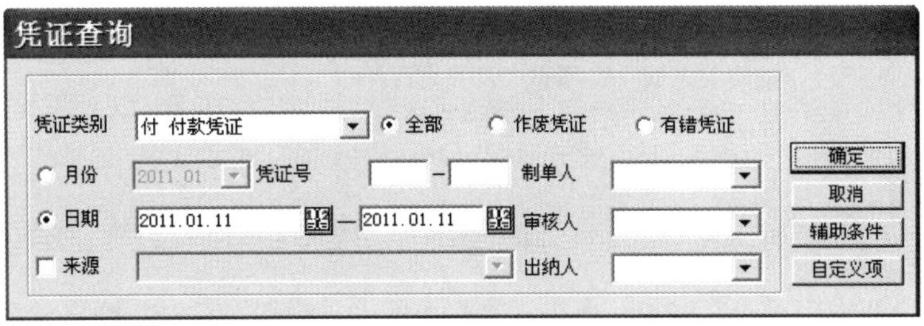

图3-16

（4）单击“确定”按钮，即可以找到2011.01.11的付款凭证。

（5）选择“制单”→“作废/恢复”菜单，即可将选中的凭证作废，如图3-17所示。

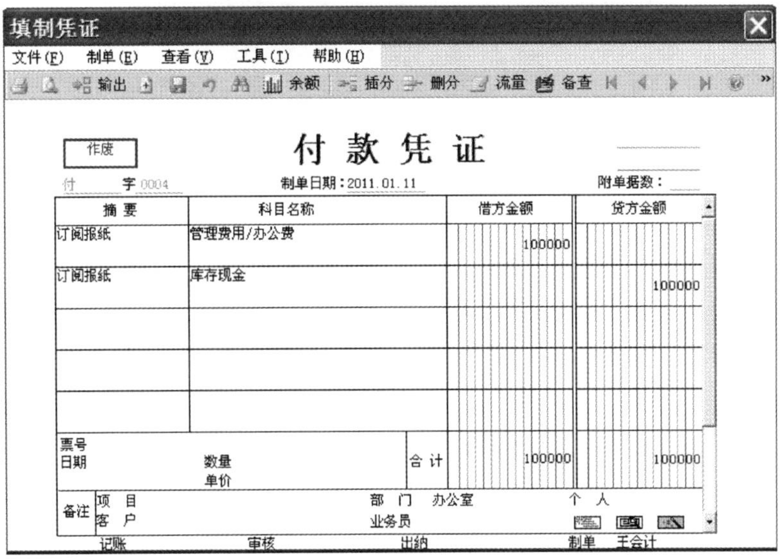

图3-17

（6）选择“制单”→“整理凭证”菜单，弹出“凭证期间选择”对话框。

（7）选择“2011.01”，单击“确定”按钮，弹出“作废凭证表”对话框。

（8）在“作废凭证表”中，选择要删除的凭证，如图3-18所示。

（9）单击“确定”按钮，即可将凭证删除并整理断号。

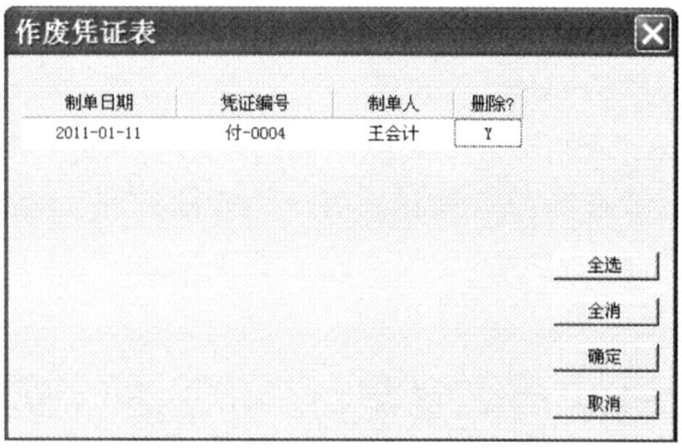

图 3-18

4. 出纳签字

操作步骤：

（1）在“企业应用平台”窗口，单击工具栏上的“重注册”按钮，弹出“登录”对话框。

（2）输入：“操作员：lcn；密码：3；选择账套：100；语言区域：简体中文；操作日期：2011-01-25”，如图 3-19 所示。

（3）单击“确定”按钮，以“lcn”登录“企业应用平台”。

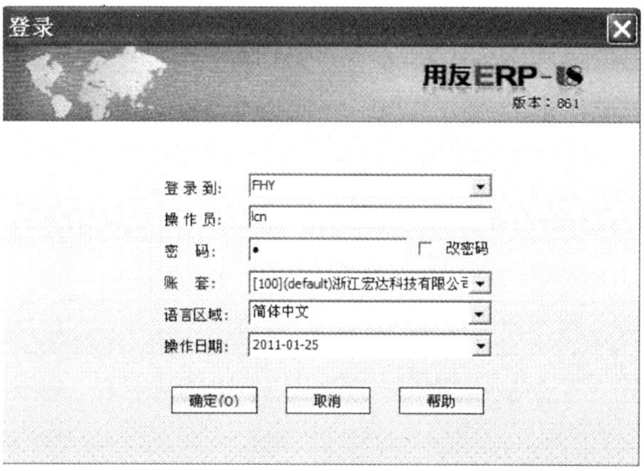

图 3-19

（4）单击“总账”→“凭证”→“出纳签字”功能，弹出“出纳签字”对话框。

（5）根据需要选择要进行出纳签字的凭证，如对收款凭证的签字，则选择“凭证类别：收款凭证”，如图 3-20 所示。

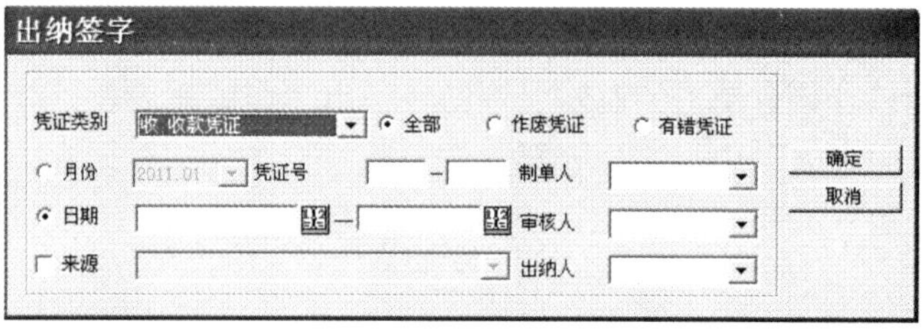

图 3-20

（6）单击“确定”按钮，显示要进行签字的2011年1月的所有收款凭证，如图3－21所示。

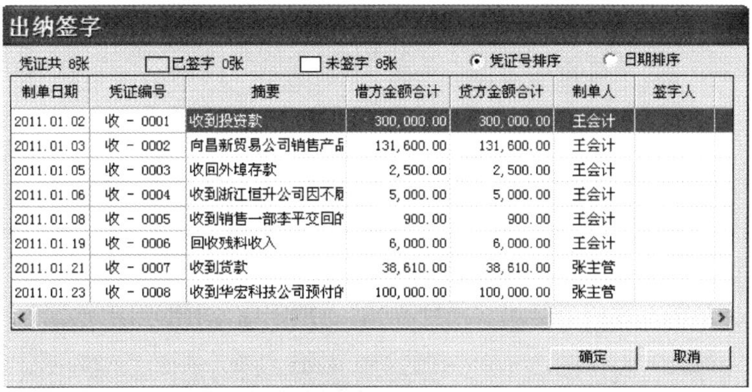

制单日期	凭证编号	摘要	借方金额合计	贷方金额合计	制单人	签字人
2011.01.02	收 - 0001	收到投资款	300,000.00	300,000.00	王会计	
2011.01.03	收 - 0002	向昌新贸易公司销售产品	131,600.00	131,600.00	王会计	
2011.01.05	收 - 0003	收回外埠存款	2,500.00	2,500.00	王会计	
2011.01.06	收 - 0004	收到浙江恒升公司因不履	5,000.00	5,000.00	王会计	
2011.01.08	收 - 0005	收到销售一部李平交回的	900.00	900.00	王会计	
2011.01.19	收 - 0006	回收残料收入	6,000.00	6,000.00	王会计	
2011.01.21	收 - 0007	收到货款	38,610.00	38,610.00	张主管	
2011.01.23	收 - 0008	收到华宏科技公司预付的	100,000.00	100,000.00	张主管	

图3－21

（7）双击“2011.01.02”的业务，弹出“出纳签字”对话框。

（8）单击工具栏上的“签字”按钮，即可在凭证下方出纳处显示“刘出纳”，如图3－22所示。

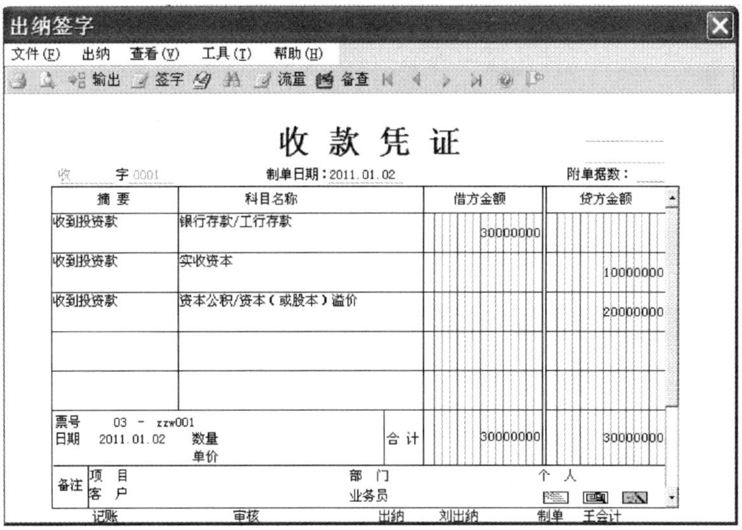

图3－22

（9）如果想对已签字的凭证取消签字，单击工具栏上的“取消”按钮即可。

（10）全部凭证签字完毕，单击工具栏上的“退出”按钮即可。

5. 审核凭证

操作步骤：

（1）在“企业应用平台”窗口，单击工具栏上的“重注册”按钮，弹出“登录”对话框。

（2）输入：“操作员：zzg；密码：1；选择账套：100；语言区域：简体中文；操作日期：2011－01－25”。

（3）单击“总账”→“凭证”→“审核凭证”功能，弹出“凭证审核”对话框，选择“全部”单选按钮对所有凭证进行审核，如图 3－23 所示。

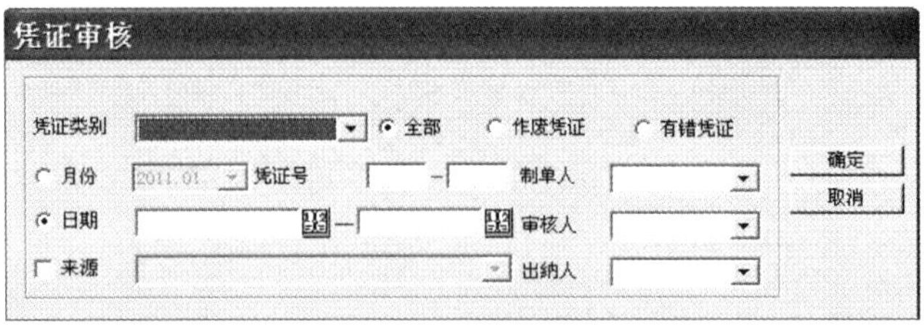

图 3－23

（4）单击“确定”按钮，弹出“凭证审核”对话框，如图 3－24 所示。

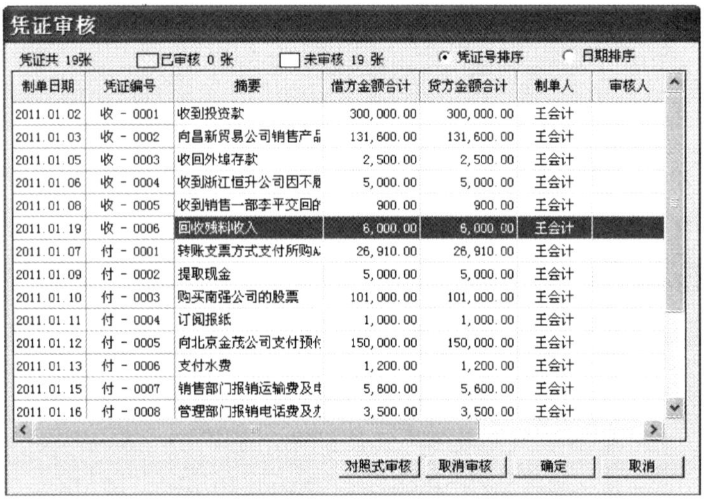

图 3－24

（5）单击“确定”按钮，进入“审核凭证”对话框。

（6）对当前显示的凭证进行检查后，单击工具栏上的“审核”按钮，系统自动在凭证下方的审核处填入“张主管”，如图 3－25 所示。

（7）全部凭证审核完毕，单击工具栏上的“退出”按钮。

注意：

审核人和制单人不能是同一个人。

凭证已经审核，就不能被修改和删除，只有取消审核签字后才能够进行修改和删除。

作废的凭证不能被审核，也不能被标错。

6. 记账

操作步骤：

（1）单击“凭证”→“记账”，显示“记账—选择本次记账范围”对话框，如图 3－26 所示。

（2）输入要进行记账的凭证范围，如“2011.01，收，所对应的记账范围 1—6 后”。

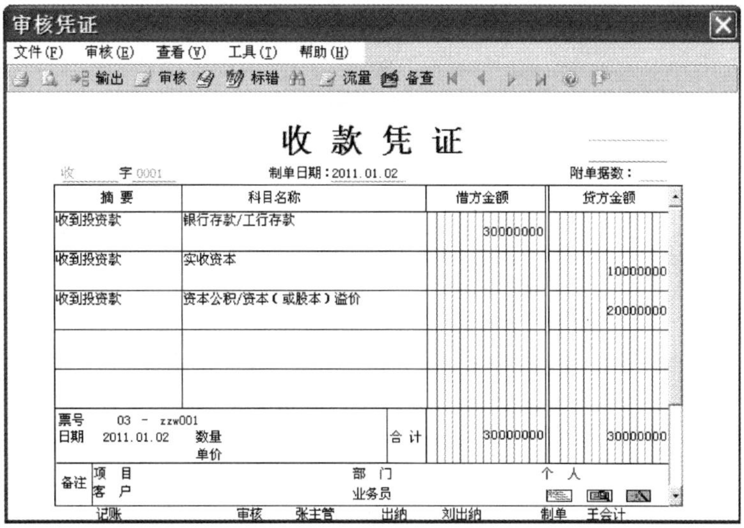

图 3-25

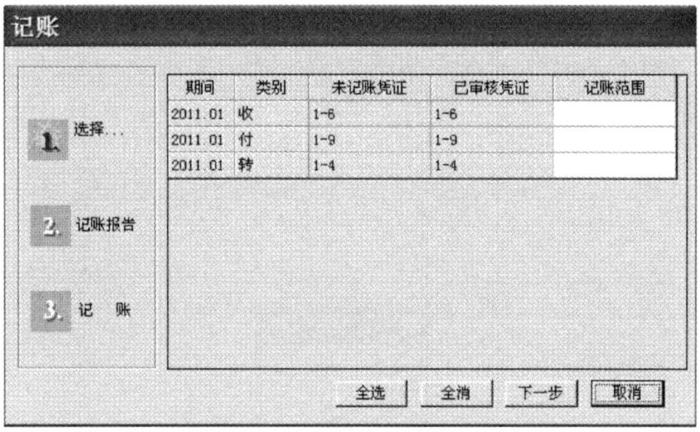

图 3-26

(3) 单击“下一步”按钮，弹出“记账-记账报告”对话框，如图 3-27 所示。

图 3-27

(4) 单击“下一步”按钮，弹出“记账—记账”对话框。

（5）单击“记账”按钮，弹出“期初试算平衡表”对话框，如图 3－28 所示，如果“期初试算平衡表”不平衡的话，是不能记账的。

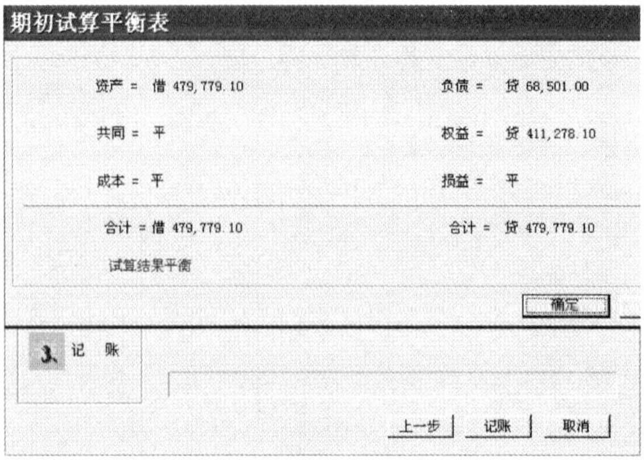

图 3－28

（6）如果“期初试算平衡表”平衡，单击“确定”按钮，系统开始登记总账、明细账和辅助账。

（7）登记完毕，弹出“记账完毕”提示对话框，如图 3－29 所示。单击“确定”按钮，记账完毕。

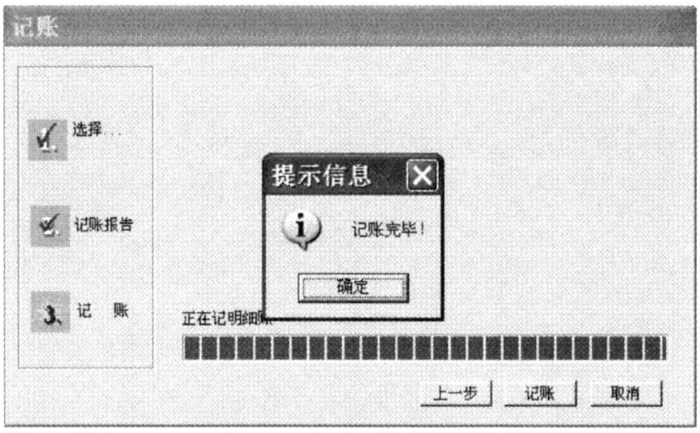

图 3－29

注意：

第一次记账时，期初余额试算不平，不能记账。

如有不平衡的凭证不能记账。

作废的凭证不需审核可以直接记账。

上月未记账，本月不能记账。

7. 记账后修改——红字冲销

操作步骤：

（1）在“企业应用平台”窗口，单击工具栏上的“重注册”按钮，弹出“登录”对话框。

（2）输入：“操作员：wkj；密码：2；选择账套：100；语言区域：简体中文；操作日期：2011－1－25”，单击“确定”按钮。

（3）单击“凭证”→“填制凭证”功能，弹出“填制凭证”对话框。

（4）在“填制凭证”对话框中选择“制单”→“冲销凭证”菜单，弹出“冲销凭证”对话框。

（5）输入需要冲销凭证的信息：“月份：2011.01；凭证类别：收 收款凭证；凭证号：0005”，如图3－30所示。

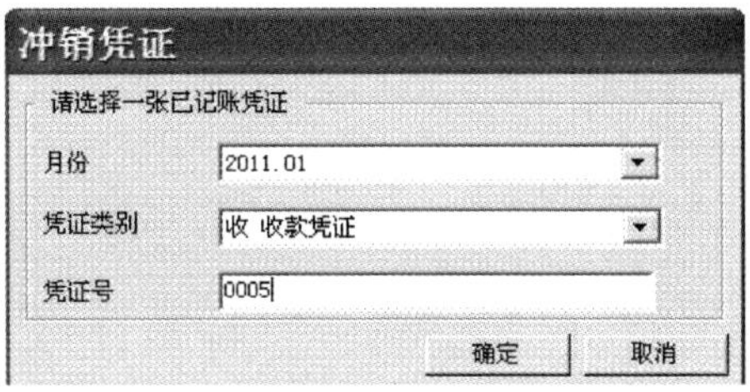

图3－30

（6）单击“确定”按钮，系统自动生成一张红字凭证。

（7）单击工具栏上的“保存”按钮，即可保存红字凭证。

8. 账簿查询

1）余额表

操作步骤：

（1）单击“账表”→“科目账”→“余额表”功能，弹出“发生额与余额查询条件”对话框。

（2）在“月份”框中，输入“2011.01—2011.01”，科目范围为空，余额“1 000—5 000”。

（3）勾选“包含未记账凭证”复选框，如图3－31所示。

图3－31

（4）单击“确定”按钮，显示“发生额与余额表”对话框，如图3－32所示。

发生额及余额表

科目编码	科目名称	期初余额		本期发生		期末余额	
		借方	贷方	借方	贷方	借方	贷方
1001	库存现金	2,052.00		10,000.00	10,100.00	1,952.00	
1221	其他应收款	3,300.00				3,300.00	
1401	材料采购			23,000.00	26,910.00		3,910.00
资产小计		5,352.00		33,000.00	37,010.00	5,252.00	3,910.00
4101	盈余公积		1,269.10				1,269.10
权益小计			1,269.10				1,269.10
6111	投资收益			1,000.00		1,000.00	
6301	营业外收入				5,000.00		5,000.00
6602	管理费用			4,700.00		4,700.00	
损益小计				5,700.00	5,000.00	5,700.00	5,000.00
合计		5,352.00	1,269.10	38,700.00	42,010.00	10,952.00	10,179.10

图 3-32

2）明细账

操作步骤：

（1）单击“账表”→“科目账”→“余额表”功能，弹出“明细账查询条件”对话框。

（2）选择“按科目范围查询：1122—1122”单选按钮，勾选“包含未记账凭证”复选框，如图 3-33 所示。

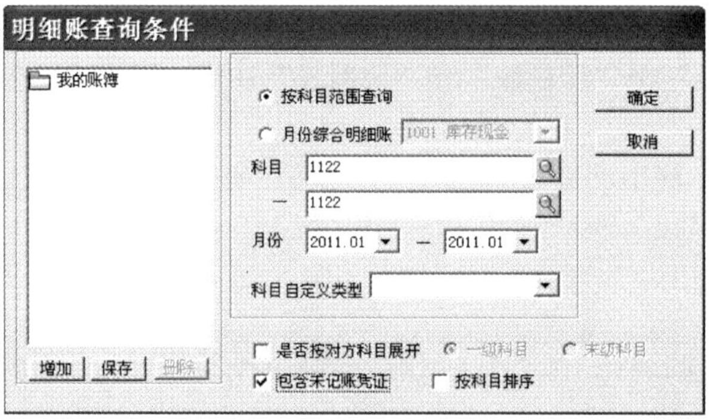

图 3-33

（3）单击“确定”按钮，弹出“应收账款明细账”对话框，如图 3-34 所示。

（4）如果想联查某笔账所对应的凭证时，应选中某笔账，然后单击工具栏上的“凭证”按钮，即可显示对应的凭证。

3）多栏账

操作步骤：

（1）单击“账表”→“科目账”→“多栏账”功能，弹出“多栏账”窗口。

（2）单击工具栏上的“增加”按钮，弹出“多栏账定义”对话框，如图 3-35 所示。

（3）在“核算科目”下拉列表中选择“222101 应交增值税”科目。

2011年 月	日	凭证号数	摘要	借方	贷方	方向	余额
			上年结转			借	42,040.00
01	21	收-0007	收到前欠款_精益商行_2011.01.21		3,510.00	借	38,530.00
01	21	收-0007	收到前欠款_昌新公司_2011.01.21		11,700.00	借	26,830.00
01	21	收-0007	收到前欠款_华宏公司_2011.01.21		23,400.00	借	3,430.00
01	22	转-0005	销售商品_精益商行_2011.01.22	117,000.00		借	120,430.00
01	22	转-0005	销售商品_利氏公司_2011.01.22	175,500.00		借	295,930.00
01			当前合计	292,500.00	38,610.00	借	295,930.00
01			当前累计	292,500.00	38,610.00	借	295,930.00

图 3－34

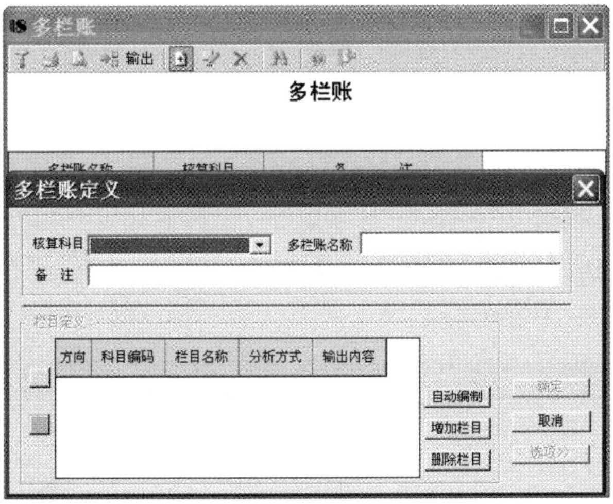

图 3－35

（4）在“栏目定义”选项区域，单击“自动编制”按钮，将根据所选科目的下级科目自动编制多栏账分析栏目，如图 3－36 所示。

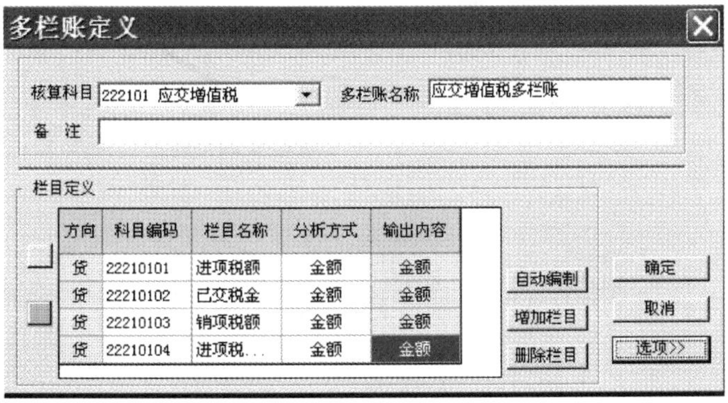

图 3－36

（5）单击“确定”按钮，返回“多栏账”窗口。

（6）单击工具栏上的“查询”按钮，在“多栏账查询”对话框中，输入“多栏账查询条件”。

（7）单击“确认”按钮，即可查到“应交增值税”的多栏账，如图 3－37 所示。

输出 转换 凭证

多栏账

多栏 应交增值税多栏账

2011年 月	日	凭证号数	摘要	借方	贷方	方向	余额	贷方 进项税额	已交税金	销项税额	进项税额转出
			上年结转			贷	8,500.75				
01	03	收-0002	向昌新贸易公司销售产品		19,121.37	贷	27,622.12			19,121.37	
01	07	付-0001	转账支票方式支付所购A材料款	3,910.00		贷	23,712.12				
01	22	转-0005	销售商品		42,500.00	贷	66,212.12			42,500.00	
01	23	收-0008	收到商品销售款		19,121.37	贷	85,333.49			19,121.37	
01			当前合计	3,910.00	80,742.74	贷	85,333.49			80,742.74	
01			当前累计	3,910.00	80,742.74	贷	85,333.49			80,742.74	

图 3－37

4）个人往来辅助账

操作步骤：

（1）单击“账表”→“个人往来账”→“个人往来明细账”→“个人明细账查询”功能，弹出“个人往来 _ 个人往来明细”对话框。

（2）在“个人”选项中选择“李平”；月份“2011.01—2011.01”；选择“包含未记账凭证”复选框，如图 3－38 所示。

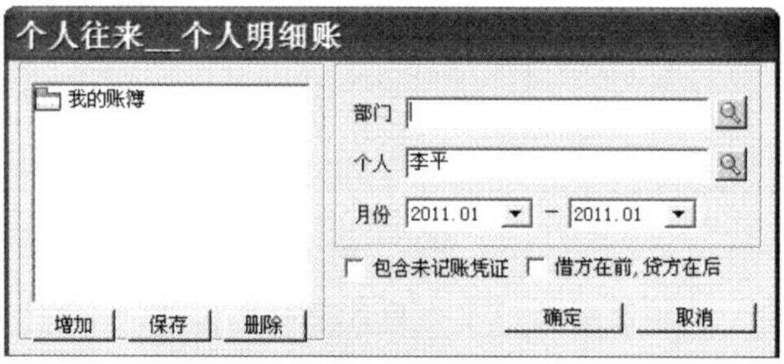

图 3－38

（3）单击“确定”按钮，即可弹出“个人往来明细账”对话框，如图 3－39 所示。

输出 定位 转换 摘要 还原 凭证 总账

个人往来明细账

部门 销售一部

个人 李平

日期	凭证号数	科目编码	科目名称	摘要	借方	贷方	方向	余额
		122102	个人其他应收款	上年结转			借	900.00
2011.01.08	收-0005	122102	个人其他应收款	收到销售一部李平交回的差旅费剩余款并结算		900.00	平	
2011.01.23	收-0009	122102	个人其他应收款	[冲销2011.01.08 收-0005号凭证]收到销售一		-900.00	借	900.00
2011.01.23	收-0010	122102	个人其他应收款	报销差旅费，并收回剩余款项_2011.01.23		900.00	平	
		122102	个人其他应收款	科目小计		900.00	平	
				合计		900.00	平	

图 3－39

5）客户往来账龄分析

操作步骤：

（1）单击“账表”→“客户往来辅助账”→“客户往来账龄分析”功能，弹出“客户往来账龄”对话框，如图 3-40 所示。

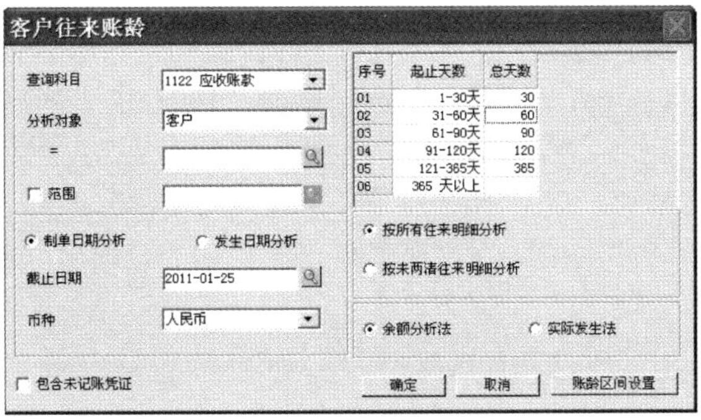

图 3-40

（2）在“客户往来账龄”对话框中，选择“查询科目”为“1122 应收账款”，单击“账龄区间设置”按钮，弹出“账龄区间设置”对话框，修改总天数为“30、60、120、180、365”，如图 3-41 所示。

（3）单击“取消”按钮，返回“客户往来账龄”对话框。

（4）单击“确定”按钮，显示“往来账龄分析”对话框，如图 3-42 所示。

（5）单击工具栏上的“详细”按钮，可以查询各个客户账龄的详细情况。

（6）单击工具栏上的“比率”按钮，可以查询客户各账龄区间段的金额占总额的百分比。

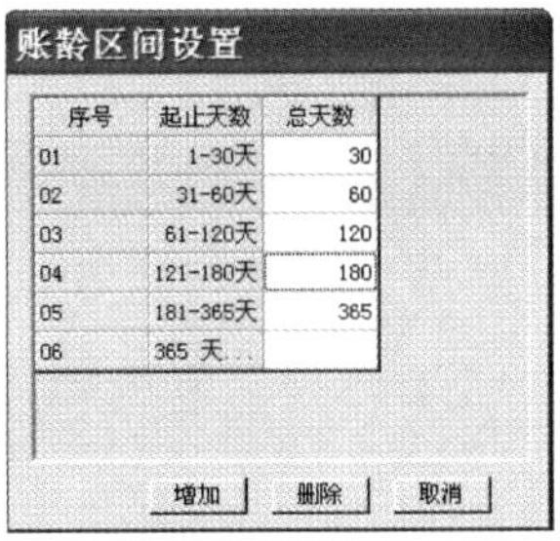

图 3-41

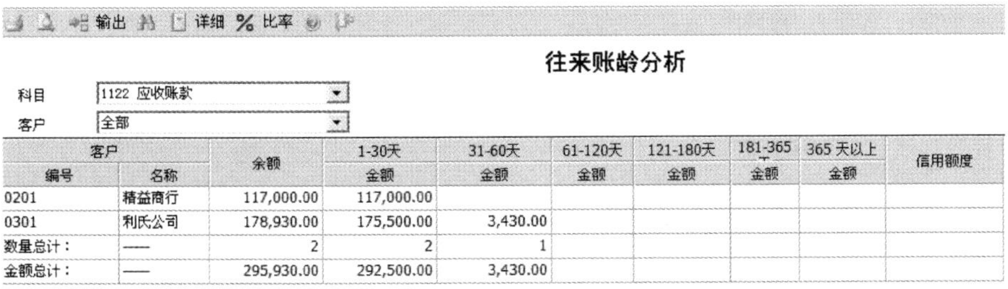

客户		余额	1-30天	31-60天	61-120天	121-180天	181-365	365 天以上	信用额度
编号	名称		金额	金额	金额	金额	金额	金额	
0201	精益商行	117,000.00	117,000.00						
0301	利氏公司	178,930.00	175,500.00	3,430.00					
数量总计：	——	2	2	1					
金额总计：	——	295,930.00	292,500.00	3,430.00					

图 3-42

（二）出纳管理

1. 日记账查询

操作步骤：

（1）在“企业应用平台”窗口，单击工具栏上的“重注册”按钮，弹出“登录”对话框。

（2）输入：“操作员：lcn；密码：3；选择账套：100；语言区域：简体中文；操作日期：2011－01－25”。

（3）单击“确定”按钮，以“lcn”登录“企业应用平台”。

（4）单击“总账”→“出纳”→“现金日记账”功能，弹出“现金日记账查询条件”对话框。

（5）选择“科目”为“1001 库存现金”，“按月查”为“2011.01—2011.01”，如图 3－43 所示。

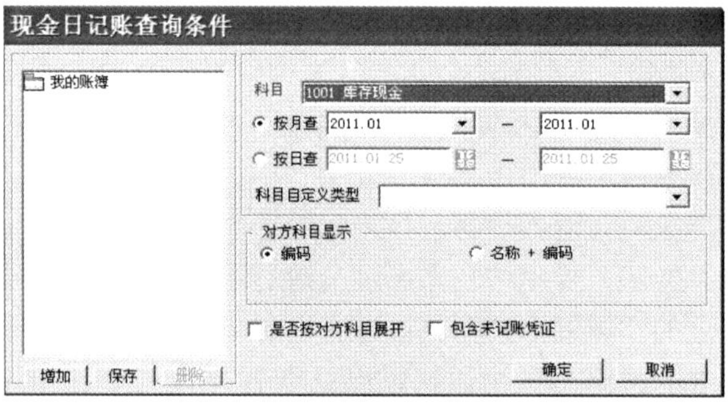

图 3－43

（6）单击“确定”按钮，显示“现金日记账”窗口，如图 3－44 所示。

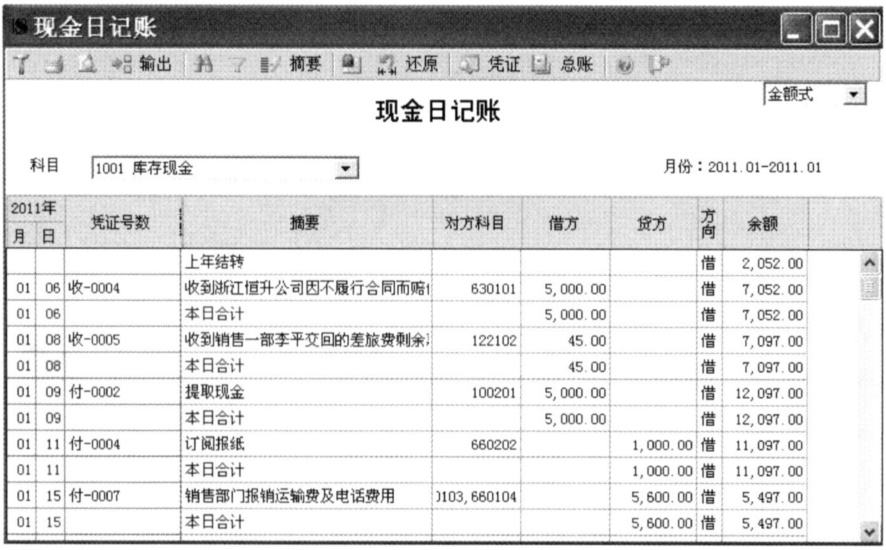

2011年 月	日	凭证号数	摘要	对方科目	借方	贷方	方向	余额
			上年结转				借	2,052.00
01	06	收-0004	收到浙江恒升公司因不履行合同而赔	630101	5,000.00		借	7,052.00
01	06		本日合计		5,000.00		借	7,052.00
01	08	收-0005	收到销售一部李平交回的差旅费剩余	122102	45.00		借	7,097.00
01	08		本日合计		45.00		借	7,097.00
01	09	付-0002	提取现金	100201	5,000.00		借	12,097.00
01	09		本日合计		5,000.00		借	12,097.00
01	11	付-0004	订阅报纸	660202		1,000.00	借	11,097.00
01	11		本日合计			1,000.00	借	11,097.00
01	15	付-0007	销售部门报销运输费及电话费用	103, 660104		5,600.00	借	5,497.00
01	15		本日合计			5,600.00	借	5,497.00

图 3－44

(7) 在“账页格式”下拉列表中可以选择不同的查询格式。

2. 银行对账

1) 银行对账期初录入

操作步骤：

(1) 单击“出纳”→“银行对账”→“银行对账期初录入”功能，弹出“银行科目选择”对话框。

(2) 选择科目为“工行存款(100201)”，单击“确定”按钮，显示“银行对账期初”对话框，如图 3-45 所示。

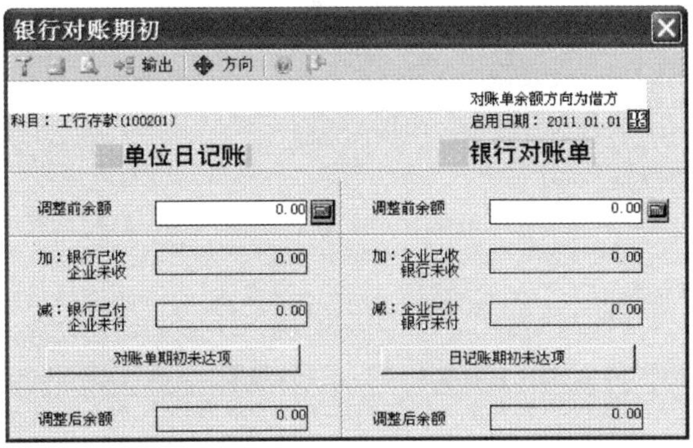

图 3-45

(3) 在确定启用日期为“2011.01.01”后，在“单位日记账调整前余额”中输入“200 000.00”；“银行对账单调整前余额”中输入“168 850.00”。

(4) 单击“日记账期初未达项”按钮，显示“企业方期初”窗口。

(5) 单击工具栏上的“增加”按钮，在新增行中填入“凭证日期：2010.12.28；借方金额：31150.00”，如图 3-46 所示。

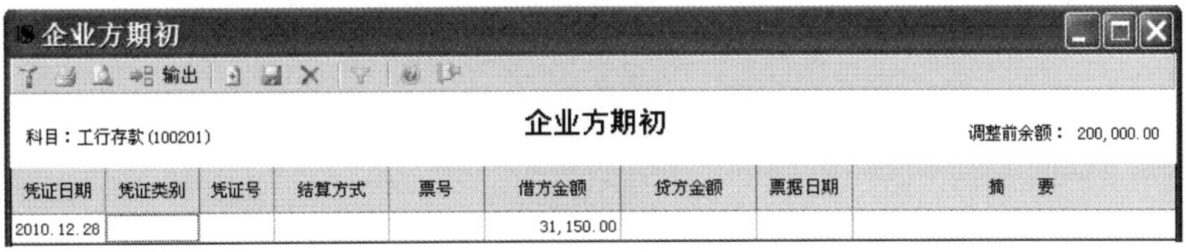

图 3-46

(6) 单击工具栏上的“保存”按钮，单击“退出”按钮，返回“银行对账期初”对话框。

(7) 单击“退出”按钮，银行对账期初录入完成。

2) 银行对账单录入

操作步骤：

(1) 单击“出纳”→“银行对账”→“银行对账单”功能，弹出“银行科目选择”对话框。

(2) 选择科目为“工行存款(100201)”，单击“确定”按钮，显示“银行对账单”窗口。

(3) 单击工具栏上的“增加”按钮，在新增行中输入“日期：2011.01.02；在结算方式下拉列表中选择：转账支票；票号：zzw001；借方金额：300 000”，如图 3-47 所示。

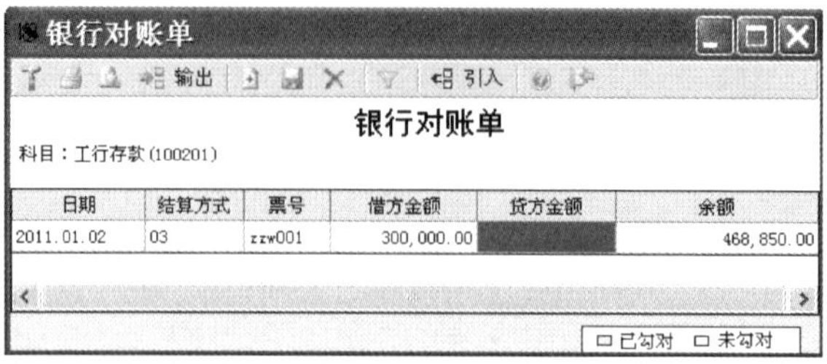

图 3-47

(4) 重复上述步骤(3)，完成银行对账单录入。

(5) 输入完成后，单击“保存”按钮保存数据。

(6) 单击“退出”按钮即可。

3) 银行对账

操作步骤：

(1) 单击“出纳”→“银行对账”→“银行对账”功能，弹出“银行科目选择”对话框。

(2) 选择科目为“工行存款(100201)”，其余默认，单击“确定”按钮，显示“银行对账”窗口，如图 3-48 所示。

图 3-48

(3) 单击工具栏上的“对账”按钮，弹出“自动对账”对话框。

(4) 选择对账条件后，单击“确定”按钮，显示“对账结果”窗口，如图 3-49 所示。

(5) 单击“退出”按钮。

4) 余额调节表查询

操作步骤：

(1) 单击“出纳”→“银行对账”→“余额调节表查询”功能，弹出“银行存款余额调节表”窗口。

(2) 选择“银行存款余额调节表”中“工行存款(100201)”科目，单击工具栏上的“查看”功能，显示“工行存款的银行存款调节表”窗口，如图 3-50 所示。

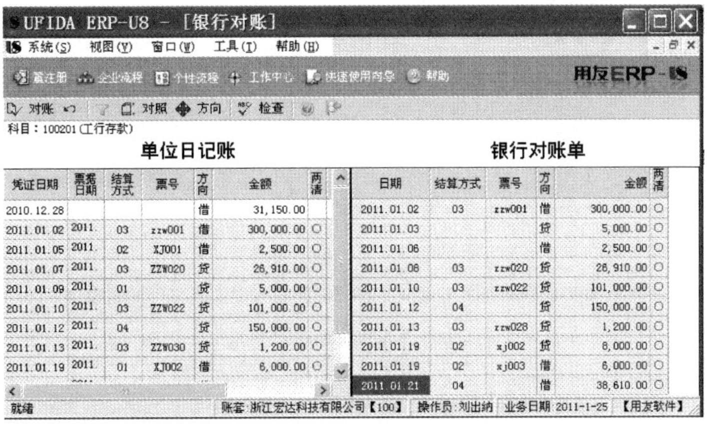

图 3-49

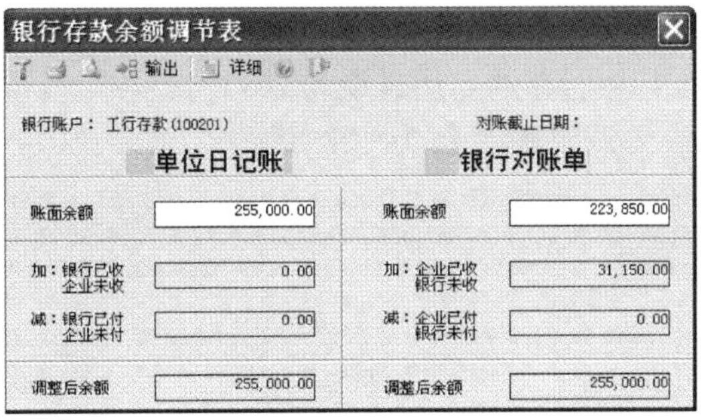

图 3-50

(3) 单击工具栏上的“详细”按钮，显示余额调节表的详细情况。

五、实验习题

依据下列业务练习总账日常业务处理。

1. 日常业务处理

2011 年 1 月发生的业务如下：适用增值税税率 17%，所得税税率 25%。

(1) 1 日，出纳从工行账户提取备用金 10 000 元。(xj001)

(2) 3 日，向新丰电子购买生产用原材料 5 000 件，单价 22 元，以银行转账支票付讫。(zzw001)

(3) 5 日，接工商银行通知，时代科技前欠的银行汇票 50 000 元到期，款项已收讫。

(4) 8 日，向宜佳科技购买生产用辅助材料 3 000 件，单价 8 元，款项未付，于当日到货并验收入库。

(5) 9 日，收到新丰电子发来的原材料 5 000 件，验收入库。

(6) 10 日，办公室购买办公用品，以工商银行现金支票支付 4 500 元。(xj002)

(7) 12 日，从工商银行账户提取现金 128 000 元，用于发放上月工资。

(8) 15 日，销售商品 500 件给时代科技，单价 300 元，款项未收。

(9) 18 日，销售部赵斌报销前欠款，其中 8 500 元差旅费，退回现金 1 500 元。

(10) 20 日，计提固定资产折旧费，其中管理部门用固定资产价值 200 000 元，使用年限为 10 年，制造中心固定资产价值 600 000 元，使用年限为 15 年，折旧均采用直线法。

(11) 22 日，用工商银行转账支票支付欠宜佳科技的材料款 91 500 元。(zzw003)

(12) 23 日，销售商品 200 件给国讯通信，单价 320 元，款项存入中国银行账户。

(13) 26 日，接工行转来电话费结算凭证 2 800 元，其中管理部门 800 元，销售部门 2 000 元。

(14) 30 日，计算分配福利费及工资，其中管理部门工资及福利费为 30 000 元，销售部门工资及福利费 58 000 元，制造中心工资及福利费为 40 000 元。

(15) 30 日，分配制造费用。

要求：填制以上业务的凭证，并对凭证进行出纳签字、审核记账。

2. 出纳管理

(1) 银行对账单余额。

浙江长江电子公司工行银行账的启用日期为 2011.1.1，工行企业日记账调整前余额为 500 000.00 元，银行对账单调整前余额为 488 850.00 元，未达账项一笔，系企业已收，银行未收的 2010.12.28 一笔转账款项为 11 150.00 元。

(2) 2011.1.31 的对账单，见表 3-13。

表 3-13　对账单

日期	结算方式	票号	借方金额	贷方金额
1.1	现金支票	xj001	10 000	
1.3	转账支票	zzw001	110 000	
1.10	现金支票	xj002	4 500	
1.22	转账支票	zzw003		91 500

3. 账簿管理

(1) 查询余额及发生额表。

(2) 查询应收账款明细账。

(3) 查询现金日记账。

(4) 查询管理费用多栏账。

(5) 建立客户账龄分析表。

实验三　总账期末处理

一、实验目的

1. 掌握期末结转业务定义；

2. 掌握期末结转业务凭证生成；

3. 掌握对账业务；

4. 掌握期末结账功能。

二、预备知识

期末业务处理是指将本月所发生的经济业务全部登记入账以后所要做的工作，主要包括计提、分摊、结转、对账和结账。

1. 定义转账凭证

转账分为外部转账和内部转账。外部转账是指将其他专项子系统生成的凭证转入到总账系统中；内部转账是指在总账系统内部把某个或某几个会计科目中的余额或发生额结转到一个或几个会计科目中。

转账定义分为：自定义结转、对应结转、销售成本结转、汇兑损益结转和期间损益结转。

1）自定义结转

自定义结转包括“费用分配”的结转；“费用分摊”的结转；“税金计算”的结转；“提取各项费用”的结转等。

2）对应结转

对应结转不仅可以进行两个科目一对一的结转，也可以进行科目一对多的结转。对应结转的科目可为非末级科目，但其下级科目的结构必须一致，如果有辅助项的，则两个科目的辅助账类也必须一一对应。

3）汇兑损益结转

汇兑损益结转用于期末自动计算外币账户的汇总损益，并在转账生成中自动生成汇总损益转账凭证，汇兑损益只处理以下外币账户：外汇存款户；外币现金；外币结算的各项债权、债务，不包括所有者权益类账户、成本类账户和损益类账户。

为了汇兑损益计算的正确性，填制某月的汇兑损益凭证时必须先将本月的所有未记账凭证先记账。汇兑损益科目不能是辅助账类科目或有数量外币。

4）期间损益结转

期间损益结转用于在一个会计期间终了将损益类科目的余额结转到本年利润科目中，从而及时地反映企业利润的盈亏情况。它主要是管理费用、销售费用、财务费用、销售收入、营业外收支等科目向本年利润的结转。

损益科目结转表中将列出所有的损益科目。如果您希望某损益科目参与期间损益的结转，则应在该科目所在行的本年利润科目栏填写相应的本年利润科目，若不填本年利润科目，则将不转此损益科目的余额；损益科目结转表的每一行中的损益科目的期末余额将转到该行的本年利润科目中去；若损益科目结转表的每一行中的损益科目与本年利润科目都有辅助核算，则辅助账类必须相同；损益科目结转表中的本年利润科目必须为末级科目，且为本年利润入账科目的下级科目。

2. 对账

一般说来，只要记账凭证录入正确，计算机自动记账后各种账簿都应是正确、平衡的，但由于非法操作或计算机病毒或其他原因，有时可能会造成某些数据被破坏，因而引起账账不符，为了保证账证相符、账账相符，用户应经常使用本功能进行对账，至少一个月一次，一般可在月末结账前进行。

3. 结账

每月月底都需要进行结账处理，结账实际上是计算和结转各账簿的本期发生额和期末余额，并终止本月的账务处理工作。

三、实验内容

1. 转账定义

1）自定义结转

假定公司根据生产经营需要，向银行借款，期限 9 个月，年利率 6.5%，按月计提，到期依次还本付息。

2）对应结转

将当月发生的应交未交增值税额自“应交增值税”转入“未交增值税”，或者将多交的增值税自“应交增值税”转入“未交增值税”。

借：应交税费——应交增值税(销项税额)。

贷：应交税费——未交增值税。

借：应交税费——未交增值税。

贷：应交税费——应交增值税(进项税额)。

3）期间损益结转

将收入、成本费用类科目结转到本年利润科目。

2. 转账生成

3. 对账

4. 结账

四、实验步骤

1. 期末转账

1）自定义转账

操作步骤：

(1) 在“企业应用平台”窗口，单击工具栏上的“重注册”按钮，弹出“登录”对话框。

(2) 输入：“操作员：wkj；密码：2；选择账套：100；语言区域：简体中文；操作日期：2011－01－30”，单击“确定”按钮。

（3）单击“总账”→“期末”→“转账定义”→“自定义转账”功能，弹出“自定义转账设置”对话框。

（4）单击工具栏上的“增加”按钮，弹出“转账目录”对话框，如图 3－51 所示。

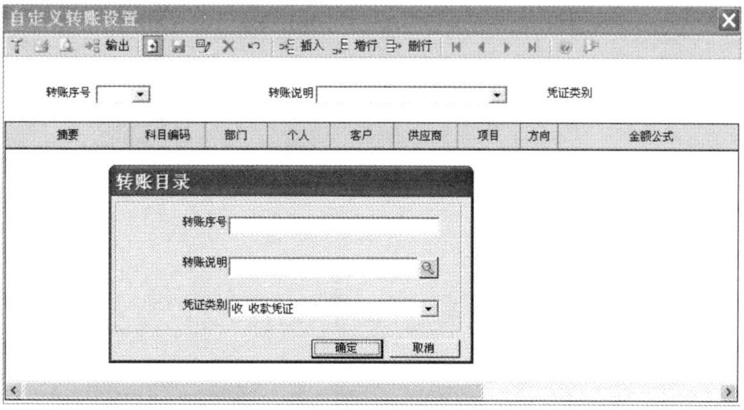

图 3－51

（5）依次填入“转账序号：0001；转账说明：计提短期借款利息；凭证类别：转账凭证”。

（6）单击“确定”按钮，返回“自定义转账设置”对话框。

（7）依次在文本框中输入“科目编码：6430301；部门：财务部；方向：借；金额公式：JG()”。

（8）单击工具栏上的“增行”按钮，在对应的位置输入贷方信息“科目编码：2231；方向：贷；金额公式：QM(2231，月，贷)＊0.065/12”，如图 3－52 所示。

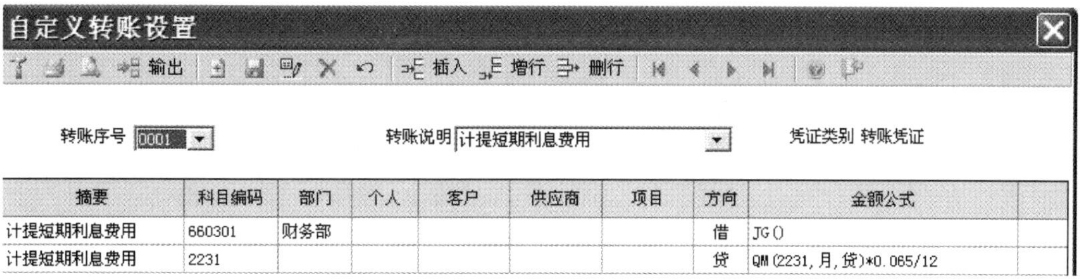

图 3－52

（9）输入完成后，单击“保存”按钮。

2）对应结转

操作步骤：

（1）单击“期末”→“转账定义”→“对应结转”功能，弹出“对应结转设置”对话框。

（2）依次输入“转账序号：0001；凭证类别：转账凭证；转账凭证；摘要：转出未交增值税；转出科目：22210103(应交税费——应交增值税——销项税额)”。

（3）单击工具栏上的“增行”按钮，在新增行中依次输入“转入科目编码：222105；结转系数：1.00”，如图 3－53 所示。

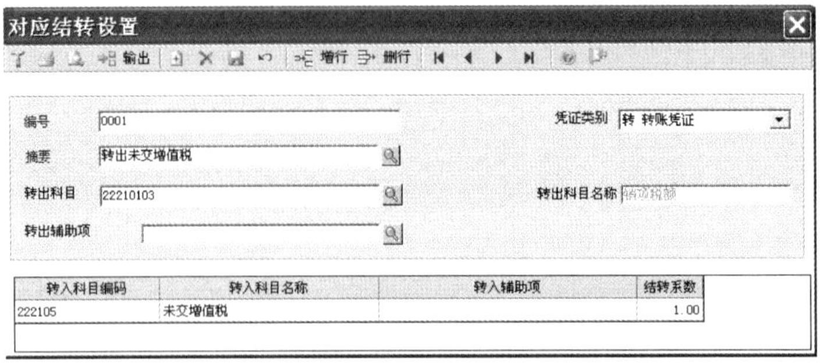

图 3－53

（4）单击“保存”按钮。

（5）重复上述步骤(1)～(4)可以完成其他对应结转定义。

3）期间损益结转

操作步骤：

（1）单击“期末”→“转账定义”→“期间损益”功能，弹出“期间损益结转设置”对话框。

（2）在“凭证类别”下拉列表中选择“转账凭证”。

（3）选择“本年利润科目”为“4103”，如图 3－54 所示。

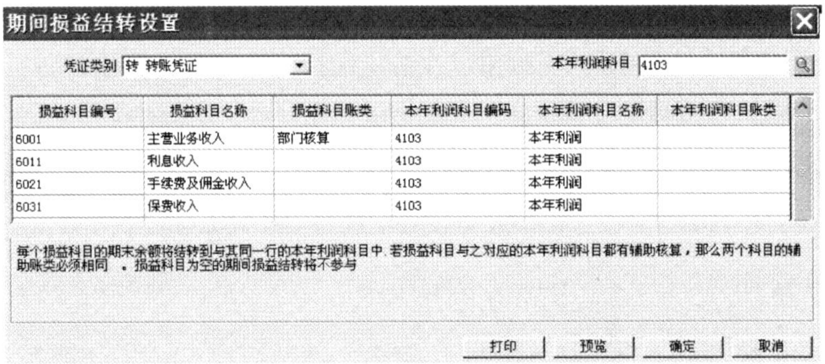

图 3－54

（4）单击“确定”按钮，设置完毕。

2. 转账生成

1）自定义结转生成

操作步骤：

（1）单击“期末”→“转账生成”，弹出“转账生成”对话框，选择“自定义转账”单选按钮，如图 3－55 所示。

（2）双击“是否结转”对应的空白框，“0001 自定义转账”分录变为黄色，“是否结转”显示“Y”。

（3）单击“确定”按钮，即可生成凭证。

（4）单击工具栏上的“保存”按钮，系统自动保存当前凭证到未记账凭证中。

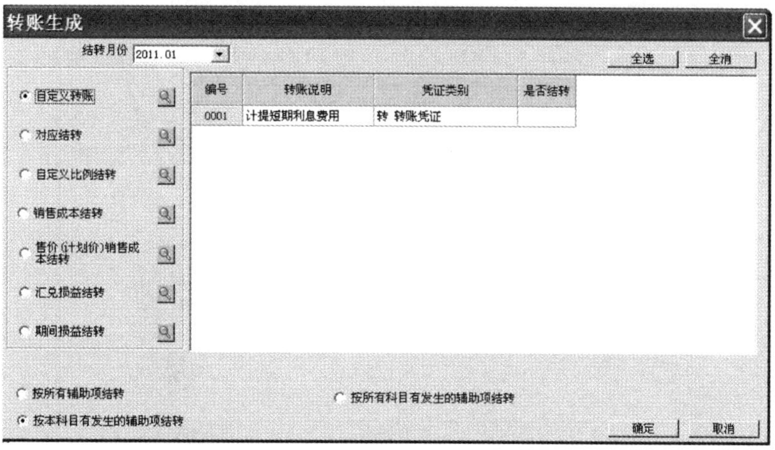

图 3-55

(5) 重复上述步骤(2)～(4)可以完成对应结转生成。

2) 期间损益结转生成

操作步骤：

(1) 单击“期末”→“转账生成”，弹出“转账生成”对话框，选择“期间损益结转”单选按钮。

(2) 选择“结转月份”为：2011.01；“类型”为：支出。

(3) 单击“全选”按钮，“期间损益结转”分录一览表变为黄色，“是否结转”显示“Y”，如图 3-56 所示。

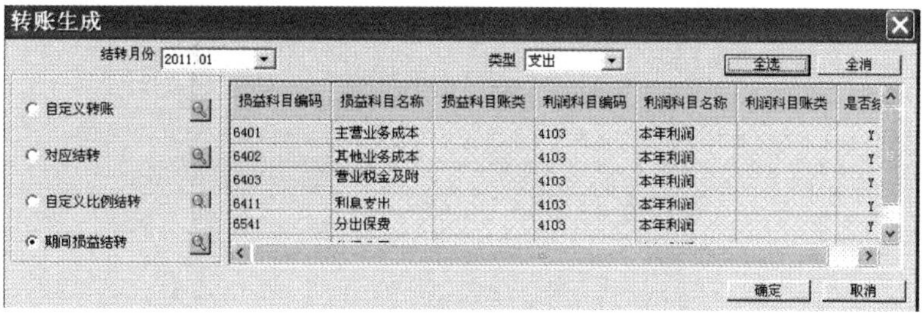

图 3-56

(4) 单击“确定”按钮，即可生成凭证，如图 3-57 所示。

(5) 单击工具栏上的“保存”按钮，系统自动保存当前凭证到未记账凭证中。

(6) 重复上述步骤(2)～(5)，可以完成“支出”科目的结转。

3. 期末结账

操作步骤：

(1) 在“企业应用平台”窗口，单击工具栏上的“重注册”按钮，弹出“登录”对话框。

(2) 输入：“操作员：zzg；密码：1；选择账套：100；语言区域：简体中文；操作日期：2011-01-31”，单击“确定”按钮。

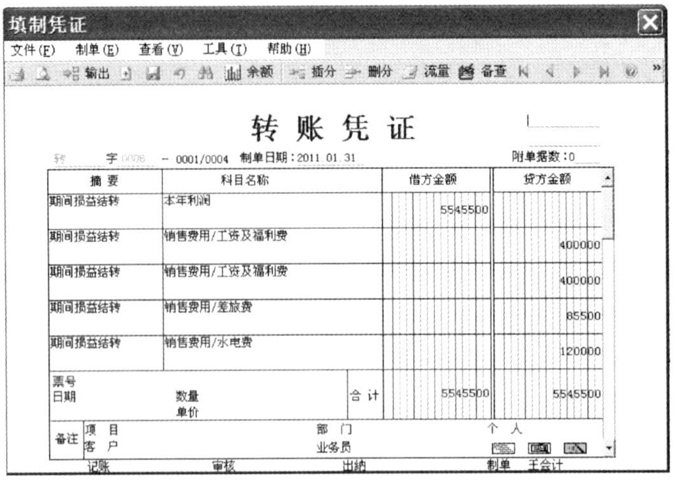

图 3-57

(3) 单击“总账”→“期末”→“结账”功能，弹出“结账-开始结账”对话框，如图 3-58 所示。

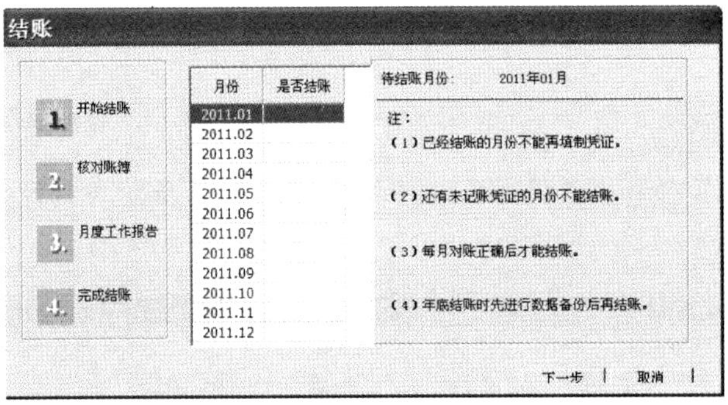

图 3-58

(4) 选择“结账月份”为“2011.01”，单击“下一步”按钮，弹出“结账-核对账簿”对话框，如图 3-59 所示。

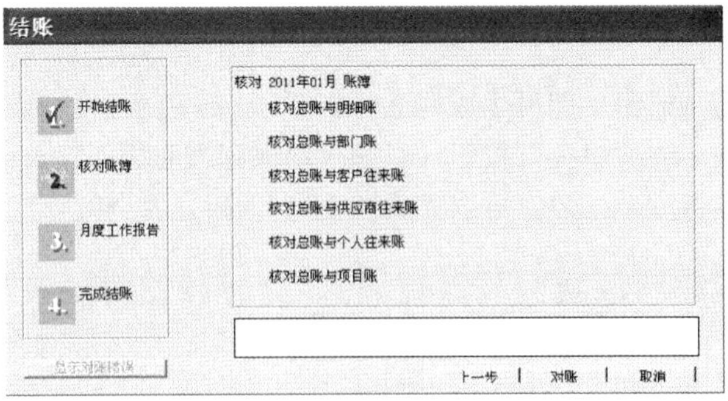

图 3-59

(5) 单击“对账”按钮，系统进行 2011.01 的账簿核对。

（6）对账完毕，单击“下一步”按钮，弹出“结账-月度工作报告”对话框，如图 3－60 所示。

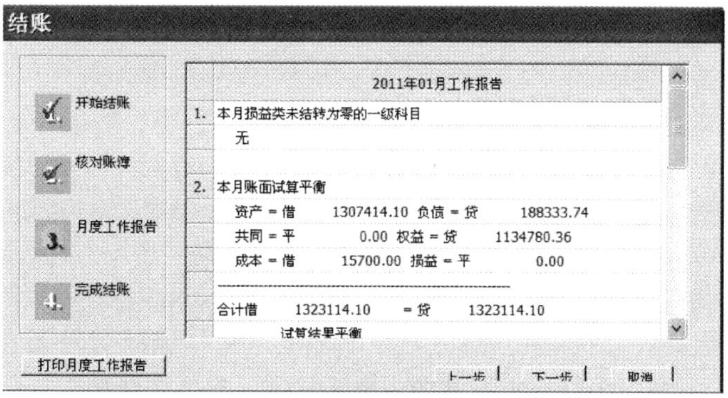

图 3－60

（7）查看月度工作报告后，单击“下一步”按钮，弹出“结账-完成结账”对话框，如图 3－61 所示。

（8）单击“结账”按钮，若符合要求，系统进行结账，否则不予结账。

图 3－61

五、实验习题

根据下面的要求练习总账期末业务处理。

1. 期末处理

（1）转账定义中定义对应结转，根据应交增值税明细账，计算本月应交的增值税并转至“应交税费—未交增值税”账户。

（2）假定期末结账汇率为 6.35，结算汇兑损益。

（3）定义期间损益结转。

2. 转账生成

3. 结账

第四章　UFO 报表

会计报表管理系统是会计信息系统中一个独立的子系统，它为企业内部各个管理部门及外部相关部门提供综合反映企业一定时期财务状况、经营成果和现金流量的会计信息。

UFO 报表系统是报表事务处理的工具，利用它既可以编制对外报表，又可以编制各种内部报表。它的主要功能包括文件管理、格式管理、数据管理和工具。

文件管理：对报表文件的创建、读取、保存和备份进行管理。它能够进行不同文件格式的转换，如文本文件、.MDB 文件、.DBF 文件、Excel 文件等。它支持多窗口同时显示和处理。它提供了标准财务数据的“导入”和“导出”功能。

格式管理：提供了丰富的格式设计功能，如画表格线，定义组合单元、设置字体和颜色、调整行高和列宽等。

数据管理：UFO 报表以固定的格式管理大量不同的表页，并且在每张表页之间建立有机联系。数据管理提供了排序、审核、舍位平衡、汇总等功能；提供了绝对单元和相对单元公式，可以方便、迅速地定义公式；提供了种类丰富的函数。

图表功能：将数据表以图形的形式进行标识。采用图文混排，可以方便地进行图形数据组织，制作各种图形分析数据。

实验一　自定义利润表编制

一、实验目的

1. 掌握利润表的格式设计；
2. 掌握关键自定义；
3. 掌握单元公式、审核公式及舍位公式的编辑；
4. 掌握数据处理。

二、预备知识

（一）UFO 报表系统的格式设计

1. 基本术语

1）报表结构

按照报表结构的复杂性，可将报表分为简单表和复合表两类。简单表是规则的二维表，由若干行和列组成。复合表可以由简单表嵌套而成，也可以由多个简单表拼合而成。

简单表一般由 4 个基本要素组成：标题、表头、表体和表尾。

（1）标题：用来描述报表的名称。

（2）表头：用来描述报表的编制单位名称、日期等辅助信息和报表栏目。

（3）表体：报表的核心，决定报表的横向组成。表体是报表数据的表现区域，也是报表的主体。

（4）表尾：指表体以下进行辅助说明的部分以及编制人、审核人等内容。

2）UFO 报表的状态

UFO 将含有数据的报表分为两部分：一是报表格式设计工作；二是数据处理工作。两部分分别在不同的状态下完成。

（1）格式状态：在格式状态设计报表的格式，如表尺寸、单元属性、报表公式等；在格式状态下，报表的数据全部被隐藏；在格式状态下，报表的格式操作对本报表的所有表页都发生作用；格式状态下不能进行数据录入、计算等操作。

（2）数据状态：在数据状态下管理报表数据，如输入数据、增加或删除表页、审核、舍位平衡和汇总等功能；在数据状态下，可以看到报表的全部内容，包括数据和格式；在数据状态下能进行报表格式修改。

3）二维表与三维表

确定某一数据位置的要素称为“维”。通过行和列可以找到一张表的任何位置数据的表称为二维表；如果将多个二维表叠在一起，找到某一个数据需增加一个要素，即表页，这样的一叠表称为一个三维表。如果将多个不同的三维表放在一起，要从多个三维表中找到一个数据，又需要增加一个要素，即表名。

4）报表文件及表页

一个或多个报表以文件的形式保存在存储介质中称为报表文件，每个报表文件都有一个名字。

表页是由若干行和若干列组成的一个二维表，一个报表中的所有表页具有相同的格式，但其中的数据不同，每一张表页由许多单元组成。在报表文件中，确定一个数据所在的位置，其要素是“表页号”“行号”和“列号”。

5）单元及单元属性

表中由表行和表列确定的方格称为单元，专门用于填制各种数据。单元是组成报表的最小单位，每个单元都可用一个名字来标识，称为单元名。单元名用所在的行和列的坐标表示。

单元属性包括：单元类型、对齐方式、字体颜色、表格边框等。

单元类型有数值型、字符型和表样型。数值单元是报表的数据单元，在数据状态下输入。数值单元必须是数字，可直接输入也可由单元中存放的公式运算生成；字符单元是报表的数据，在数据状态下输入，内容可以是汉字、字母、数字及各种字符串；表样单元是报表的格式，是在格式状态下输入的所有文字、符号和数字，表样单元对所有表页都有效。表样单元在格式状态下输入和修改，在数据状态下只能显示而无法修改。

6）区域与组合单元

区域由一张表页上的一组单元组成，自起点单元至终点单元是一个完整的矩形框。

组合单元是由相邻的两个或更多的单元组成，这些单元必须是同一单元类型，UFO在处理报表时将组合单元视为一个单元。

7）固定区和可变区

固定区中组成一个区域的行数和列数的数量是固定的数目。一旦设定好以后，在固定区域内其单元总数是不变的。

可变区中屏幕显示一个区域的行数或列数是不固定的数字，可变区的最大行数或最大列数是在格式设计中设定的。在一个报表中只能设置一个可变区，或是行可变区或列可变区，行可变区是指可变区的行数是可变的；列可变区是指可变区中的列数是可变的。

有可变区的报表称为可变表，没有可变区的表称为固定表。

8）关键字

关键字是除单元之外的特殊单元，可以唯一标识一个表页，用于大量表页中快速选择表页。UFO提供6种关键字：单位名称、单位编码、年、季、月和日。

2. UFO报表公式

报表公式是指报表或报表数据单元的计算规则，主要包括单元公式、审核公式和舍位平衡公式。

1）单元公式

单元公式是指为报表数据单元进行赋值的公式，单元公式的作用是从账簿、凭证、本表或其他报表调用运算所需的数据，并填入相应的报表单元格中。

单元公式一般由目标单元、运算符、函数和运算符序列组成。其中，目标单元是指用行号、列号表示的用于放置运算结果的单元；运算符序列是指采集数据并进行运算处理的次序。

常用报表数据一般来源于总账系统或报表系统本身，取自于报表的数据又可以分为从本表取数和从其他报表的表页取数。

（1）账务取数公式。账务取数是会计报表数据的主要来源，账务取数函数可实现报表系统从账簿、凭证中采集各种会计数据生成报表，实现账表一体化。

账务函数的基本格式：函数名（“科目编码”，会计期间，[“方向”]，[账套号]，[会计年度]，[编码1]，[编码2]）。其中：科目编码也可以是科目名称，且必须用双引号括起来；会计期间可以是“年”、“季”、“月”等变量，也可以是具体数字表示的年、季、月；方向即“借”或“贷”；账套号为数字，缺省时默认为第一账套；会计年度即数据取数的年度；＜编码1＞和＜编码2＞与科目编码的核算类账有关，可以取科目的辅助账。

UFO报表系统中的账务函数见表4-1。

表 4-1 账务函数表

函数名	金额式	数量式	外币式
期初额函数	QC()	SQC()	WQC()
期末额函数	QM()	SQM()	WQM()
发生额函数	FS()	SFS()	WFS()
累计发生额函数	LFS()	SLFS()	WLFS()
条件发生额函数	TFS()	STFS()	WTFS()
对方科目发生额函数	DFS()	SDFS()	WDFS()
净额函数	JE()	SJE()	WJE()
汇率函数	HL		

(2) 本表他页取数公式。报表可由多个表页组成，并且表页之间具有极其密切的联系。一个表页中的数据可能取自上一会计期间表页的数据。

确定页号表页的数据：＜目标区域＞=＜数据源区域＞@＜页号＞

如：B2=C5@1

本表他页取数函数：SELECT(＜区域＞[，＜页面筛选条件＞])

其中，区域：绝对地址表示的数据来源区域，不含页号和表名。页面筛选条件：确定数据源所在表页，格式为：＜目标页关键字 @｜目标页单元 @｜变量｜常量＞＜关系运算符＞＜数据源表页关键字｜数据源表页单元｜变量｜常量＞，默认为与目标页在同一表页。

如：D=C+SELECT(D，年@=年 and 月@=月+1)

(3) 报表间取数公式。报表间取数公式用于从另一报表某期间某页中某个或某些单元中采集数据。

取他表确定表页数据：＜目标区域＞= "＜他表表名＞" -＞ ＜数据源区域＞[@＜页号＞]

如：D5= "Y" -＞D5@4

用关联条件从他表取数：

RELATION ＜单元｜关键字｜变量｜常量＞ WITH "＜他表表名＞" -＞ ＜单元｜关键字｜变量｜常量＞

如：A1= "FYB" -＞A1 FOR ALL RELATION 月 WITH "FYB" -＞月

2) 审核公式

为了确保报表数据的准确性，经常用这种报表之间或报表之内的勾稽关系对报表进行勾稽关系检查，人们称这种检查为数据的审核。

审核公式由验证关系公式和提示信息组成。定义报表审核公式，首先要分析报表中各个单元之间的关系，来确定审核关系，然后根据确定的审核关系定义审核公式。

审核公式是把报表中某一单元或某一区域与另外某一单元或其他字符之间用逻辑运算符连接起来。

审核公式格式：<算术表达式 > <逻辑运算符> <算术表达式>

[FOR <页面筛选条件 >[；< 可变区筛选条件 >]]

[RELATION < 页面关联条件 >[，< 页面关联条件 >] *]

MESSAGE "<提示信息>"

3）舍位平衡公式

在报表汇总时，各报表的数据计量单位有可能不统一，需要将报表的数据进行位数转换，将报表的数据单位由个位转换为百位、千位等。这种操作以后，有可能会因为小数位数的四舍五入而破坏平衡，因此需要对进位后的数据平衡关系重新调整，使舍位后的数据符合指定的平衡公式。这种用于对报表数据舍位及重新调整报表舍位之后平衡关系的公式称之为舍位平衡公式。

（三）UFO 报表数据处理

报表的数据包括报表单元的数值和字符，以及单元之外的关键字。报表数据处理主要包括生成报表数据、审核报表数据和舍位平衡操作等工作。数据处理工作必须在数据状态下进行，处理时计算机会自动根据已定义的单元公式、审核公式和舍位平衡公式进行自动取数、审核及舍位等操作。报表数据处理一般是针对某一特定表页进行的，因此，数据处理还包括表页的增加、删除等操作。

三、实验内容

自定义利润表

四、实验步骤

1. 利润表格式定义

1）表尺寸定义

操作步骤：

（1）选择"开始"→"所有程序"，启动"用友 ERP-U8"下的"企业应用平台"功能。

（2）输入："操作员：zzg；密码：1；选择账套：100；语言区域：简体中文；操作日期：2011－01－31"。

（3）单击"确定"按钮，进入"UFIDA _ ERP 工作中心"。

（4）单击"财务会计"→"UFO 报表"菜单，弹出"UFO 报表"窗口。

（5）选择"文件"→"新建"菜单，显示空白"UFO 报表"格式状态，如图 4－1 所示。

（6）选择"格式"→"表尺寸"，弹出"表尺寸"对话框。

（7）在"行数"文本框输入"20"，在"列数"文本框输入"4"，如图 4－2 所示。

（8）单击"确认"按钮，即可定义完成表尺寸定义。

图 4-1

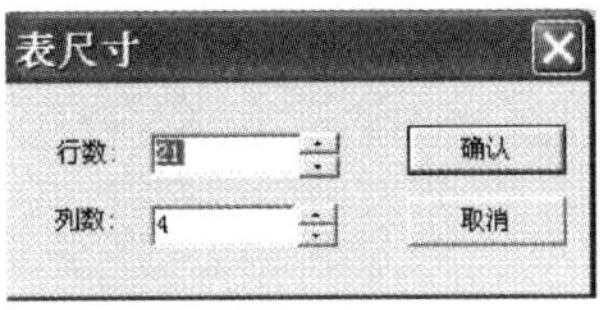

图 4-2

2）画表格线

操作步骤：

(1) 选中报表“A3：D20”单元格。

(2) 选择“格式”→“区域画线”菜单，弹出“区域画线”对话框，如图 4-3 所示。

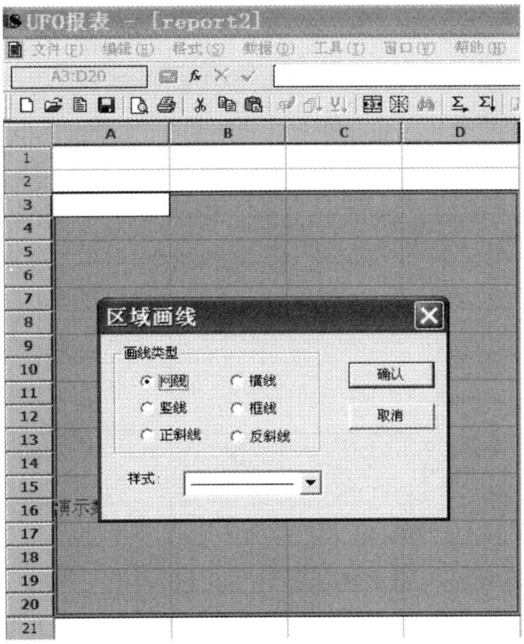

图 4-3

(3) 选择“网线”单选按钮。

(4) 单击“确认”按钮，完成区域画线。

3) 定义组合单元

操作步骤：

(1) 选中“A1：D1”单元格。

(2) 选择“格式”→“组合单元”菜单，弹出“组合单元”对话框，如图 4-4 所示。

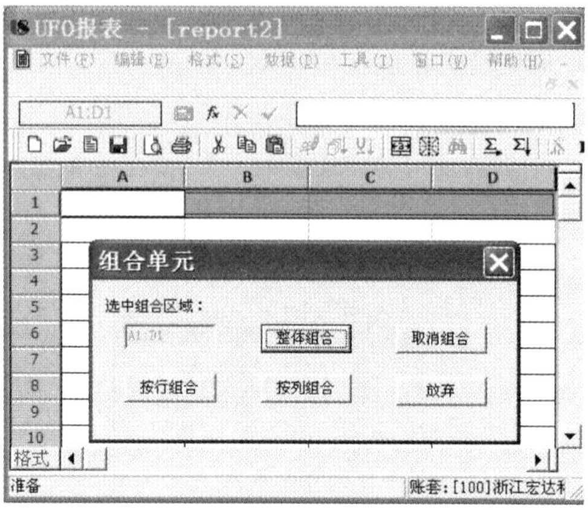

图 4-4

(3) 单击“整体组合”或“按行组合”按钮，完成组合单元定义。

4) 输入表项目内容

操作步骤：

(1) 双击“A1：D1”组合单元，输入“利润表”。

(2) 重复上述步骤(1)，完成“利润表”内容的输入，如图 4-5 所示。

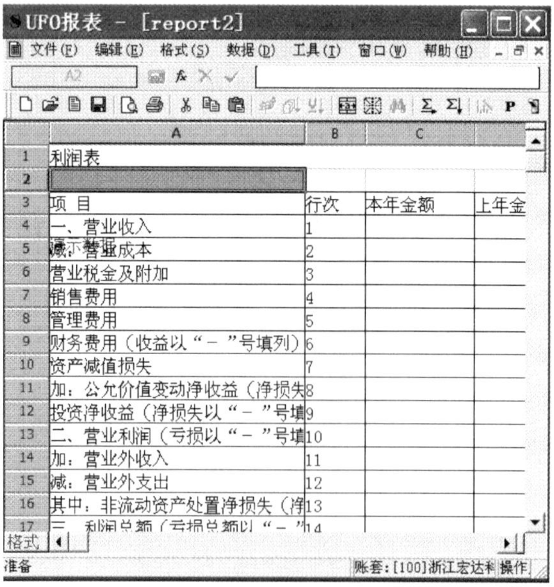

图 4-5

5）设置单元属性

操作步骤：

(1) 选中“A1：D1”单元格，选择“格式”→“单元属性”菜单，弹出“单元格属性”对话框，如图 4－6 所示。

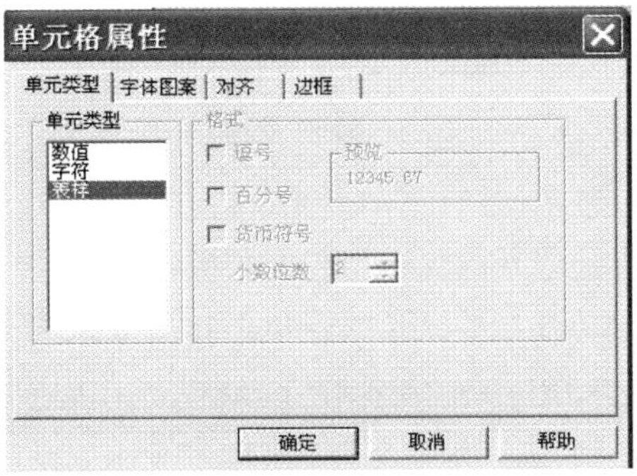

图 4－6

(2) 单击“字体图案”选项卡，选择“字体：宋体；16”。

(3) 单击“对齐”选项卡，选择“水平方向和垂直方向：居中”。

(4) 单击“确定”按钮，完成“A1：D1”单元格属性设置。

(5) 重复上述步骤(1)～(3)可完成其他项目内容的设置，如图 4－7 所示。

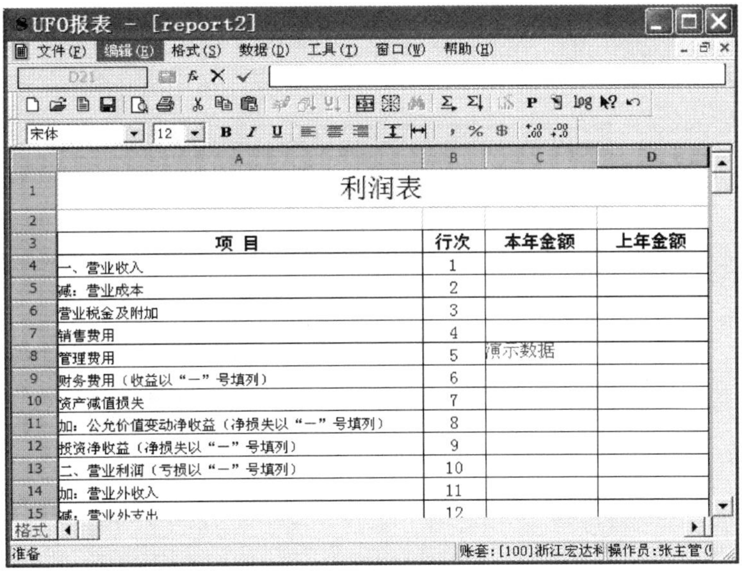

图 4－7

6）设置关键字

操作步骤：

(1) 选中“A2”单元格，选择“数据”→“关键字”→“设置”菜单，弹出“设置关键字”对话框，如图 4－8 所示。

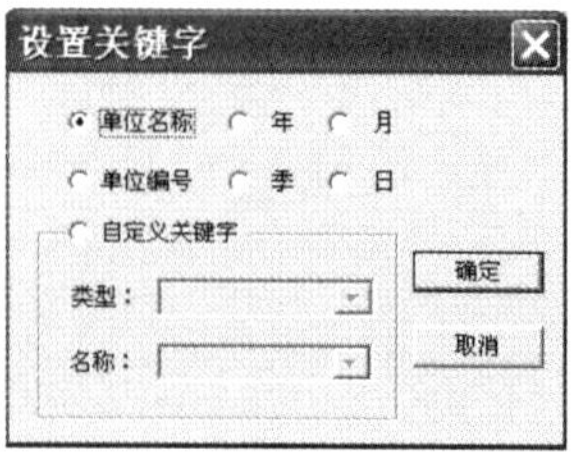

图 4－8

（2）选择“单位名称”单选按钮。

（3）单击“确定”按钮，即可设置单位名称关键字。

（4）重复上述步骤(1)～(3)，可以完成“年、月”等关键字设置，如图 4－9 所示。

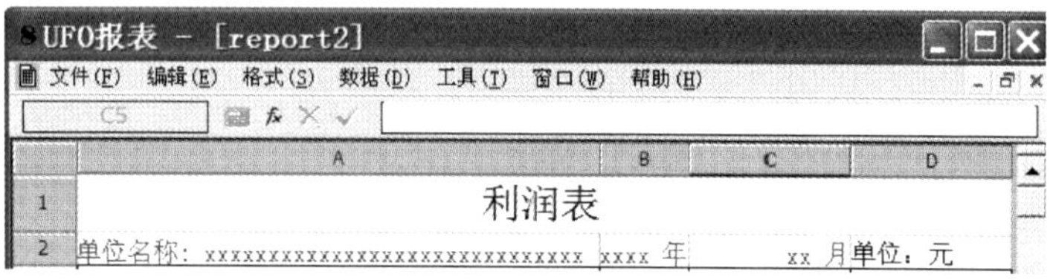

图 4－9

7）编辑单元公式——本期金额的定义

操作步骤：

（1）选中“C4”单元格，选择“数据”→“编辑公式”→“单元公式”菜单，弹出“定义公式”对话框，如图 4－10 所示。

图 4－10

（2）单击“函数向导”按钮，弹出“函数向导”对话框，如图 4－11 所示。

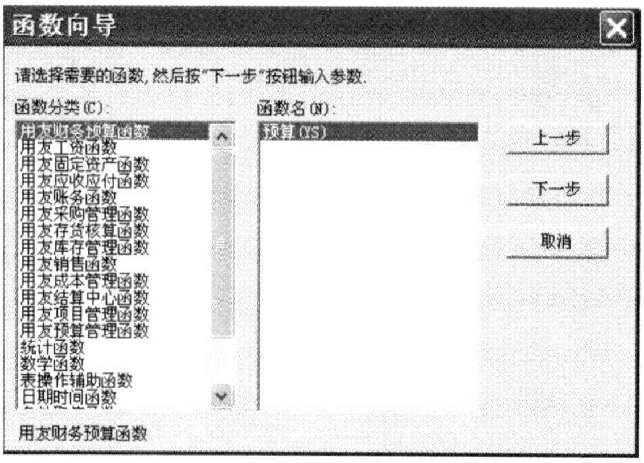

图 4－11

(3) 在“函数分类”中选择“用友财务预算函数”后，在函数名中选择“预算(YS)”函数。

(4) 单击“下一步”，弹出“用友账务函数-业务函数”对话框，如图 4－12 所示。

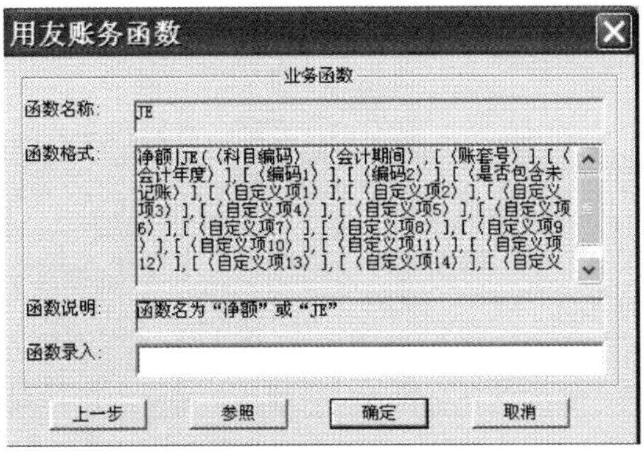

图 4－12

(5) 单击“参照”按钮，弹出“账务函数”对话框。

(6) 选择会计“科目”为“主营业务收入(6001)”，“期间”为“月”，选择“包含为记账凭证”复选框，如图 4－13 所示。

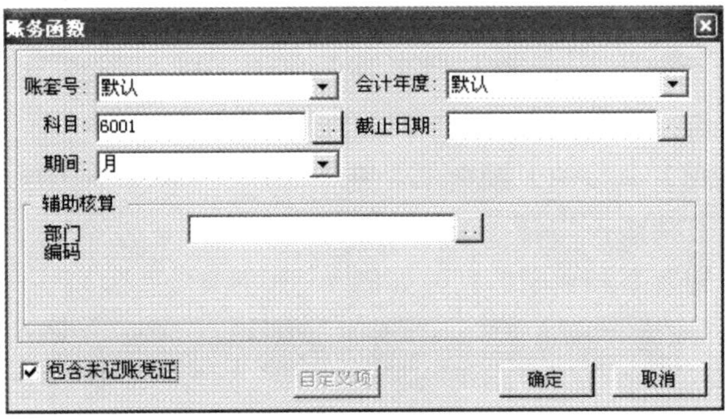

图 4－13

(7) 输入完成后，单击“确定”按钮，返回到“用友账务函数-业务函数”对话框。

(8) 单击“确定”按钮，返回到“定义公式”对话框。

(9) 在公式编辑栏的公式后输入“＋”。

(10) 重复上述步骤(2)～(8)，根据需要完成 DFS 函数借方的定义。

(11) 在公式编辑栏的公式后输入“－”。

(12) 重复上述步骤(2)～(8)，根据需要完成 DFS 函数贷方的定义。

(13) 重复上述步骤(2)～(12)，完成“营业收入中其他业务收入”的单元公式定义，如图 4－14 所示。

(14) 重复上述步骤(2)～(12)，完成利润表中其余项目“本期金额”的定义。

(15) 对于“营业利润”项目的本期金额，选中“C13”单元格，单击工具栏上的“*fx*”按钮后，在文本框中直接输入“c4－c5－c6－c7－c8－c9－c10＋c11＋c12”即可。

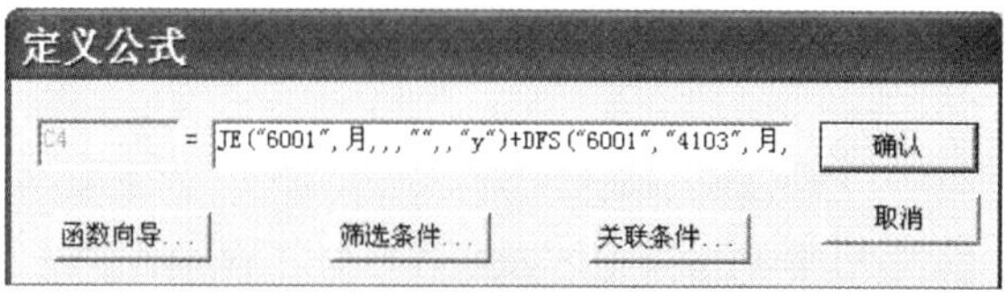

图 4-14

(16) 对于“利润总额”项目的本期金额，选中“C17”单元格，单击工具栏上的“fx”按钮后，在文本框中直接输入“c13+c14-c15”即可。

(17) 对于“净利润”项目的本期金额，选中“C19”单元格，单击工具栏上的“fx”按钮后，在文本框中直接输入“c17-c18”即可。

8）编辑单元公式——上期金额的定义

操作步骤：

(1) 选中“C4”单元格，单击菜单“数据”→“编辑公式”→“单元公式”功能，弹出“定义公式”对话框。

(2) 在文本框中直接输入“SELECT(D4，年@=年 and 月@=月+1)”。

(3) 重复上述步骤(1)～(2)完成上期金额其他项目定义。

(4) 对于“营业利润”项目的上期金额，选中“D13”单元格，单击工具栏上的“fx”按钮后，在文本框中直接输入“d4-d5-d6-d7-d8-d9-d10+d11+d12”即可。

(5) 对于“利润总额”项目的上期金额，选中“D17”单元格，单击工具栏上的“fx”按钮后，在文本框中直接输入“d13+d14-d15”即可。

(6) 对于“净利润”项目的上期金额，选中“D19”单元格，单击工具栏上的“fx”按钮后，在文本框中直接输入“d17-d18”即可。

(7) 编辑完成本期数据和上期数据，如图 4-15 所示。

图 4-15

9）利润表保存

操作步骤：

（1）选择“文件”→“保存”菜单，弹出“另存为”对话框。

（2）在“文件名”文本框输入“利润表”，如图 4-16 所示。

（3）单击“另存为”按钮，即可保存利润表。

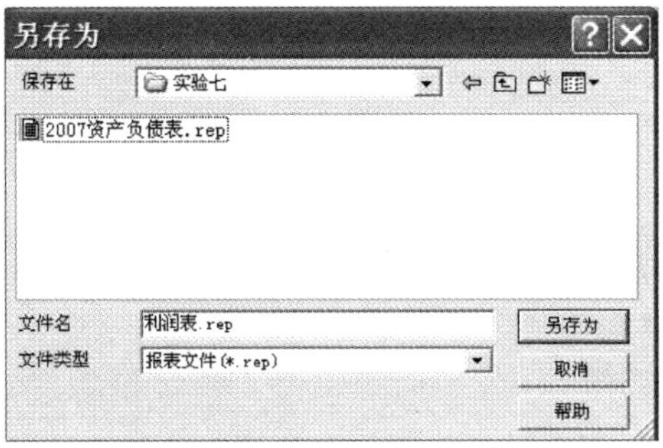

图 4-16

10）审核公式定义

操作步骤：

（1）选择“数据”→“编辑公式”→“审核公式”菜单，弹出“审核公式”对话框，如图 4-17 所示。

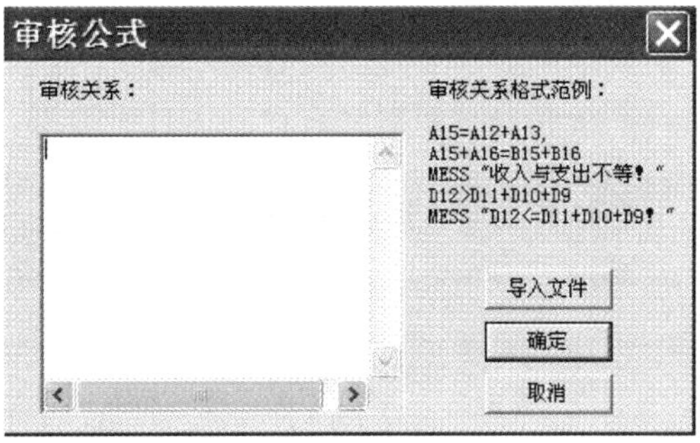

图 4-17

（2）在“审核关系”文本框中输入：

c13＝c4－c5－c6－c7－c8－c9－c10＋c11＋c12

mess“本期营业利润计算有误!”

c17＝c13＋c14－c15

mess“本期利润总额计算有误!”

c19＝c17－c18

mess“本期净利润计算有误”

c19＝“2007 资产负债表”－＞g33－“2007 资产负债表”h33 RELATION 年 WITH “2007 资产负债表”－＞年，月 WITH“2007 资产负债表”－＞月，RELATION 年 WITH“2007 资产负债表”－＞年，月 WITH“2007 资产负债表”－＞1

mess“利润表净利润和资产负债表未分配利润期末减年初不等”

（3）输入完成后，单击“确定”按钮。

2. 报表数据处理

1）关键字录入

操作步骤：

（1）选择“编辑”→“格式/数据状态”菜单，弹出“利润表”的数据状态。

（2）选择“数据”→“关键字”→“录入”菜单，弹出“录入关键字”对话框，如图 4－18 所示。

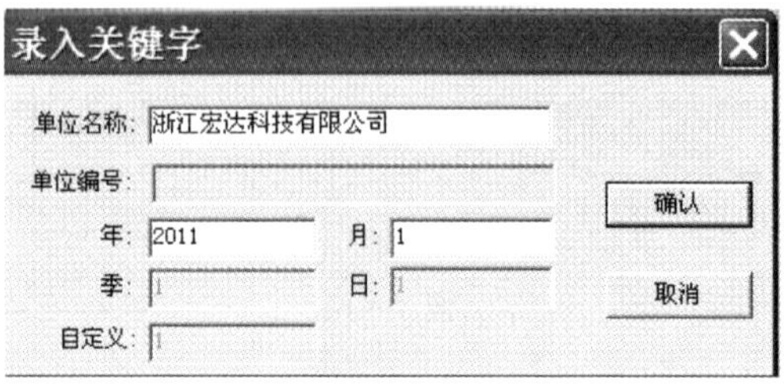

图 4－18

（3）在“单位名称”文本框中输入“浙江宏达科技有限公司”。

（4）在“年”文本框中输入“2011”。

（5）在“月”文本框中输入“1”。

（6）单击“确认”按钮，系统显示“是否重算第 1 页?”提示框。

（7）单击“是”按钮，系统会自动根据公式计算 1 月份数据，如图 4－19 所示。

利润表

单位名称：浙江宏达科技有限公司 年 1 月单位：元

项 目	行次	本期金额	上期金
一、营业收入	1	474957.26	
减：营业成本	2		
营业税金及附加	3		
销售费用	4	14755.00	
管理费用	5	14700.00	
财务费用	6		
资产减值损失	7		
加：公允价值变动净收益	8		
投资净收益	9	-1000.00	
二、营业利润	10	444502.26	

图 4－19

2）报表审核

操作步骤：

（1）在 UFO 数据状态下，单击“数据”→“审核”功能。

（2）如果审核结果不符合审核定义，则显示“提示信息”，否则不提示。

实验二　利用模板编制资产负债表

一、实验目的

1. 掌握报表模板的调用；
2. 掌握关键字运用；
3. 掌握数据处理。

二、实验内容

利用报表模板编制资产负债表。

三、实验步骤

1. 调用报表模板

操作步骤：

（1）在 UFO 报表系统中，弹出“文件”→“新建”菜单，显示空白“UFO 报表”格式状态。

（2）选择“格式”→“报表模板”菜单，弹出“报表模板”对话框，如图 4－20 所示。

（3）在“您所在的行业”下拉列表中选择“工业企业”。

（4）在“财务报表”下拉列表中选择“资产负债表”。

（5）单击“确认”按钮，显示“资产负债表”模板，如图 4－21 所示。

2. 数据生成及保存

（1）选择“编辑”→“格式/数据状态”菜单，显示“利润表”的数据状态。

（2）选择“数据”→“关键字”→“录入”菜单，弹出“录入关键字”对话框。

（3）在“单位名称”文本框中输入“浙江宏达科技有限公司”。

（4）在“年”文本框中输入“2011”。

（5）在“月”文本框中输入“1”。

（6）在“日”文本框中输入“31”。

（7）单击“确认”按钮，系统显示“是否重算第 1 页?”提示框。

（8）单击“是”按钮，系统会自动根据公式计算 1 月份数据，如图 4－22 所示。

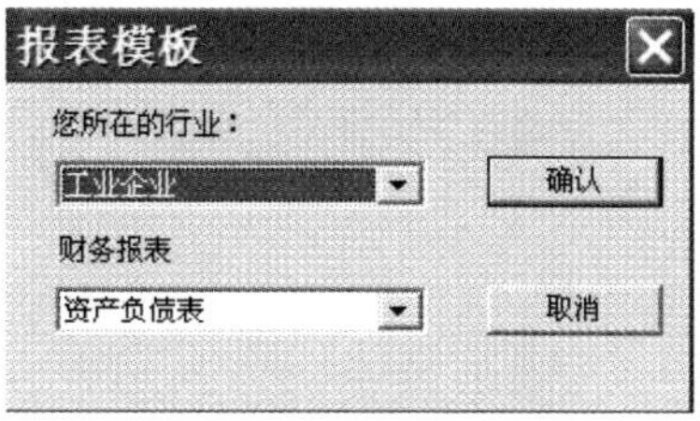

图 4－20

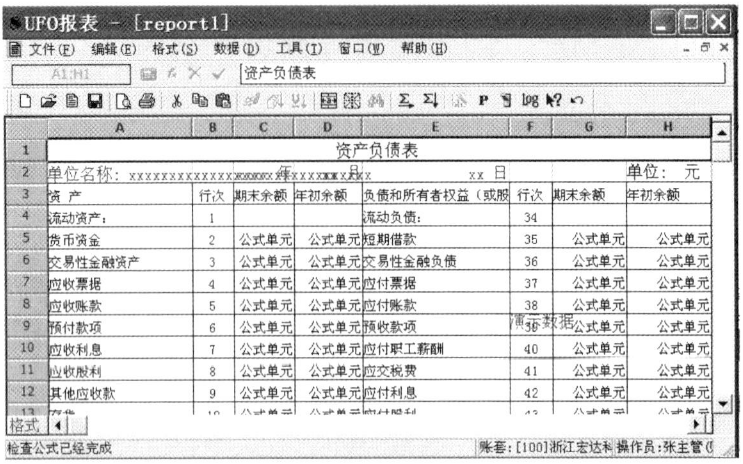

图 4－21

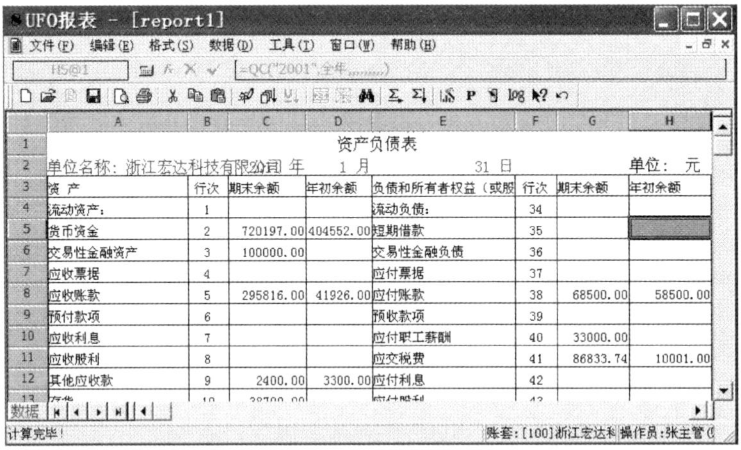

图 4－22

（9）选择“文件”→“保存”菜单，弹出“另存为”对话框。

（10）在“文件名”文本框输入“资产负债表”。

（11）单击“另存为”按钮，即可保存资产负债表。

四、实验习题

1. 请根据前面 3 次实验练习的结果编制资产负债表、利润表；要求资产负债表平衡、利润表列出本期金额和本年累计数，建立两表之间勾稽关系的审核公式。

2. 以应收账款、应付账款的辅助账为依据，建立报表取出应收账款、应付账款辅助账的借贷方发生额和余额。

第二部分　基于Excel的会计信息分析实验

Excel是一种功能强大的电子表格软件，它能够使企业的财务管理工作变得轻松和高效，熟练掌握运用Excel建立各种财务管理模型，有助于帮助财务管理人员在复杂多变的理财环境中迅速做出判断，科学进行决策。

本部分实验主要介绍了基于Excel的会计数据的获取、企业财务报表的分析、Excel函数、Excel工具在财务分析中的应用。

第五章　Excel基础知识

一、Excel 2003概述

Excel是Microsoft公司推出的办公软件Office中的一个重要组成成员，也是目前最流行的关于电子表格处理的软件之一。它具有强大的计算、分析和图表等功能，是公司目前最常用的办公数据表格软件。

1. Excel 2003的启动与退出

在使用Excel之前，首先要启动Excel程序，使其处于工作状态。启动Excel的方法主要分为：①在Windows操作环境下，单击“开始”→“程序”→“Microsoft Excel”选项，即可打开Excel文件，启动Excel后，系统自动创建一个名为book.xls的新工作簿。②双击任意一个扩展名为“.xls”的Excel文件，系统自动打开Excel文件。

2. Excel 2003的窗口结构

在启动Excel之后，屏幕显示工作窗口。Excel的窗口主要包括菜单栏、常用工具栏、格式工具栏、编辑栏、工作表格区、工作表标签和状态栏等窗口，如图5-1所示。

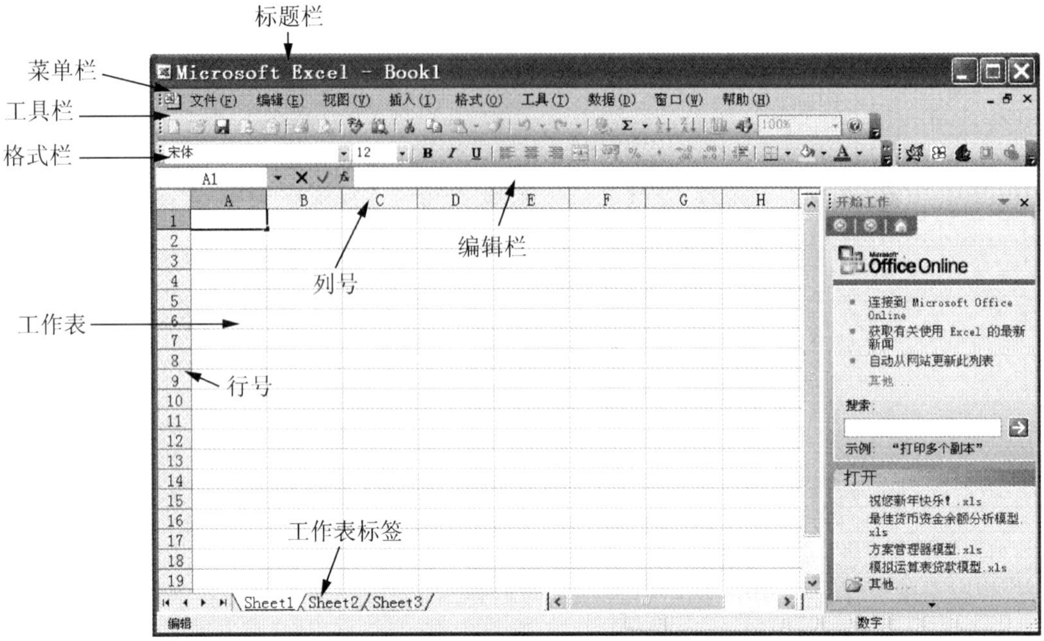

图 5-1

3. Excel 2003 的退出

退出 Excel 工作窗口的方法分为以下几种。

(1) 选择 Excel“文件”→“退出”命令即可。

(2) 单击 Excel 窗口右上角的“关闭”命令按钮。

(3) 按快捷键 Alt+F4。

二、工作簿管理

工作簿是在 Excel 2003 中用来运算和存储数据的文件，其扩展名为“.xls”。一个工作簿可以包含多张具有不同类型的工作表，用户可以将若干相关工作表组成一个工作簿，操作时可直接在同一文件的不同工作表中方便的切换。在一个工作簿中最多可以有 255 个工作表。默认情况下，每个工作簿中有 3 个工作表，分别以 Sheet1、Sheet2、Sheet3 来命名。

1. 工作表

工作表又称为电子表格，是 Excel 完成一项工作的基本单位，可用于对数据进行组织和分析，每个工作表最多由 256 列和 65535 行组成。行的编号由上到下从“1”到“65535”编号；列的编号由左到右，用字母从“A”到“IV”编号。

2. 单元格

在工作表中行与列相交形成单元格，它是存储数据的基本单位，这些数据可以是字符串、数字、公式、图形、声音等，单元格里还可以有附加信息、自动计算结果等内容。在工作表中，每一个单元格都有自己的唯一地址，这就是它的名称。同时，一个地址也唯一地表示一个单元格。单元格的地址由单元格所在的列号和行号组成，且列号在前，行号写在后。如，C3 就表示单元格在第 C 列的第 3 行。由于一个工作簿文件中可能有多个工作表，为了区分不同工作表的单元格，可在单元格地址前面增加工作表名称。工作表与单元格地址之间用“!”分开。例如 Sheet3！B5，表示该单元格是“Sheet3”工作表中的“B5”单元格。

3. 新建工作簿

在 Excel 中，创建工作簿的方法有多种，比较常用的有以下 3 种。

(1) 利用菜单命令新建工作簿。

利用菜单栏创建工作簿非常简单，具体操作步骤如下。

① 选择“文件”→“新建”菜单命令，窗口内部右侧会出现“新建工作簿”的任务窗格，选定再单击“空白工作簿”选项即可。

② 选中选项卡上的“空白工作簿”选项，单击“确定”按钮，即可新建一个空工作簿。

(2) 利用“新建”按钮创建工作簿。

通过“新建”按钮创建工作簿，方法是直接单击常用工具栏上的“新建” 按钮。

(3) 利用快捷键创建工作簿。

按 Ctrl+N 键，也可以创建新的工作簿。

4. 保存工作簿

单击工具栏中的“保存”或“另存为”按钮或菜单中的“文件”→“保存或另存为”命令即可实现工作簿的保存。

执行上述保存命令后，系统会弹出“另存为”对话框，如图 5－2 所示，用户应在“保存位置”下拉列表框中选择相应目录，进入对应的文件夹，在“文件名”中输入文件名，单击“保存”按钮，文件即可保存。

图 5－2

5. 关闭工作簿

在对工作簿中的工作表编辑完成以后，可以将工作簿关闭掉。如果工作簿经过了修改还没有保存，那么Excel在关闭工作簿之前会提示是否保存现有的修改，如图5-3所示。

图5-3

在Excel 2003中，关闭工作簿主要有以下几种方法：

(1) 单击Excel窗口右上角的“关闭”按钮。

(2) 双击Excel窗口左上角的“Office”按钮。

(3) 单击Excel窗口左上角的“Office”按钮，再从弹出的菜单中选择“关闭”命令。

(4) 按下键盘上的快捷键Alt+F4。

三、输入和编辑数据

对单元格进行操作时，首先要选定单元格。用户根据要编辑的内容，可以选定一个单元格、选择多个单元格，也可以一次选定一整行或整列，还可以一次将所有的单元格都选中。熟练地掌握选择不同范围内的单元格，可以加快编辑的速度，从而提高效率。下面介绍选定单元格的方法。

1. 选定区域

1) 选定单个单元格

选定单个单元格主要有两种方法，一是用鼠标单击所需编辑的单元格即可。当选定了某个单元格后，该单元格所对应的行列号或名称将会显示在名称框内。二是当工作表中的数据非常多时，通过利用“定位”命令选取。

通过定位命令选取单元格的步骤如下。

(1) 选择“编辑”→“定位”菜单命令，弹出“定位”对话框，如图5-4所示。

图5-4

(2) 在“引用位置”栏中输入要定位的单元格，如“H80”。

(3) 单击“确定”按钮，则输入的单元格“H80”被选择，并显示为活动单元格。

如果选取的单元格要求满足特定条件时，可以在“定位”对话框中打开“定位条件”，如图 5－5 所示。然后按照要求选择条件后，单击“确定”按钮即可。

图 5－5

2）选定整个工作表

要选定整个工作表，单击行标签及列标签交汇处的“全选”按钮(A 列左侧的空白框)即可。

3）选定整行或整列

选定整行或整列单元格可以通过拖动鼠标来完成，还可以通过单击行首的行标签或列首的列标签选定整行或整列。

4）选定多个相邻的单元格

如果用户想选定连续的单元格，可通过单击起始单元格，按住鼠标左键不放，然后再将鼠标拖至需连续选定单元格的终点即可；也可以用名称框输入法，即在名称框中输入要选择范围单元格的左上角与右下角的坐标，如名称框中输入：A1∶F15，然后按回车即可。

5）选定多个不相邻的单元格

用户不但可以选择连续的单元格，还可选择间断的单元格。方法是：先选定一个单元格，然后按住 Ctrl 键，再选定其他单元格即可；选定多个不相邻的单元格也可通过键盘选择，如在名称框内输入：A1∶C3，C5∶D9，A6∶A11，然后按回车即可。其中的逗号把几个相邻区域并联起来，而如果在名称框内输入：A1∶C10　B3∶D9，回车确认后选择区域为“B3∶C9”，这里的空格是取相邻区域的交集。

2. 数据输入

用户输入的内容都出现在单元格内，当用户选定某个单元格后，即可在该单元格内输入内容。在 Excel 中，用户可以输入文本、数字、日期和时间及逻辑值等。

1）数值型数据

在 Excel 中，数值型数据使用得最多，它由数字 0～9、正号、负号、小数点、顿号、分数号“/”、百分号“%”、指数符号“E”或“e”、货币符号“￥”或“$”、千位分隔号“,”等组成。输入数值型数据时，Excel 自动将其沿单元格右边对齐。

需要注意的是，如果输入的是分数(如 1/5)，应先输入“0”和一个空格，然后输入“1/5”。否则 Excel 会把该数据当作日期格式处理，存储为“1 月 5 日”。此外负数的输入有两种方式：一是直接输入负号和数，如输入“－5”；二是输入括号和数，如输入

“(5)”，最终两者效果相同。输入百分数时，先输入数字，再输入百分号即可。

当用户输入的数值过多而超出单元格宽时，会产生两种结果：当单元格格式为默认的常规格式时会自动采用科学记数法来显示；若列宽已被规定，输入的数据无法完整显示时，则显示为“####”，用户可以通过调整列宽使之完整显示。

2）文本型数据

文本型数据是由字母、汉字和其他字符开头的数据，如表格中的标题、名称等。默认情况下，文本型数据沿单元格左边对齐。在 Excel 中，每个单元格最多可包含 32 000 个字符。

如果数据全部由数字组成，如电话号码、邮编等，输入时应在数据前输入单引号“’”，Excel 就会将其看作文本型数据。

当用户输入的文字过多，超过了单元格宽度，会产生两种结果：①如果右边相邻的单元格中没有数据，则超出部分会显示在右边相邻单元格中；②如果右边相邻的单元格已有数据，则超出部分不显示，但超出部分内容依然存在，只要扩大列宽就可以看到全部内容。

3）日期和时间数据

在 Excel 中，日期的形式有多种，如年/月/日，年-月-日等。2011 年 11 月 25 日；2011/11/25；2011－11－25。

默认情况下，日期和时间项在单元格中右对齐。如果输入的是 Excel 不能识别的日期或时间格式，输入的内容将被视为文字，并在单元格中左对齐。

在 Excel 中，时间分 12 和 24 小时制，如果要基于 12 小时制输入时间，首先在时间后输入一个空格，然后输入 AM 或 PM(也可 A 或 P)，用来表示上午或下午。否则，Excel 将以 24 小时制计算时间。例如，如果输入 12：00 而不是 12：00 PM，将被视为 12：00 AM。如果要输入当天的日期，按 Ctrl＋；(分号)键；如果要输入当前的时间，按 Ctrl＋Shift＋；或 Ctrl＋：(冒号)键。时间和日期还可以相加、相减，并可以包含到其他运算中。如果要在公式中使用日期或时间，可用带引号的文本形式输入日期或时间值。例如，＝" 2011－12－25" －" 2011－10－18" 的差值为 68 天。

4）逻辑型数据

Excel 中的逻辑值只有两个：False(逻辑假)和 True(逻辑真)，默认情况下，逻辑值在单元格中居中对齐，另外，Excel 公式中的关系表达式的值也为逻辑值。

5）自动填充

Excel 为用户提供了强大的自动填充数据功能，通过这一功能，用户可以非常方便地填充数据。自动填充数据是指在一个单元格内输入数据后，与其相邻的单元格可以自动地输入一定规则的数据。它们可以是相同的数据，也可以是一组序列(等差或等比)。自动填充数据的方法有两种：利用菜单命令和利用鼠标拖动。

通过菜单命令填充数据的操作步骤如下。

(1）选定含有数值及需要填充的单元格。

(2）选择“编辑”→“填充”菜单命令。

(3）从中选择“向下、向右、向上、向左、填充序列”等命令即可。

通过鼠标拖动填充数据的操作步骤如下。

（1）在单元格中输入数值，如“8”。

（2）将鼠标放到单元格右下角的实心方块上，鼠标变成实心十字形状。

（3）拖动鼠标，即可在选定范围内的单元格内输入相同的数值。

6）自定义序列

系统可以根据工作表中已存在的数据，自动建立序列。自定义序列的操作步骤如下。

（1）选择“工具”→“选项”菜单命令，打开“选项”对话框，选定对话框上的“自定义序列”选项卡，如图 5-6 所示。

（2）在“输入序列”栏内输入“北京、上海、天津、重庆”。

（3）单击“导入”按钮，选定的数据即成为自定义的序列。

（4）如果需要在工作表中输入“自定义序列”，只需要在工作表的某个单元格中输入“北京”，然后采用复制填充的办法，就可以将自定义序列的数据填充到相应的表格。

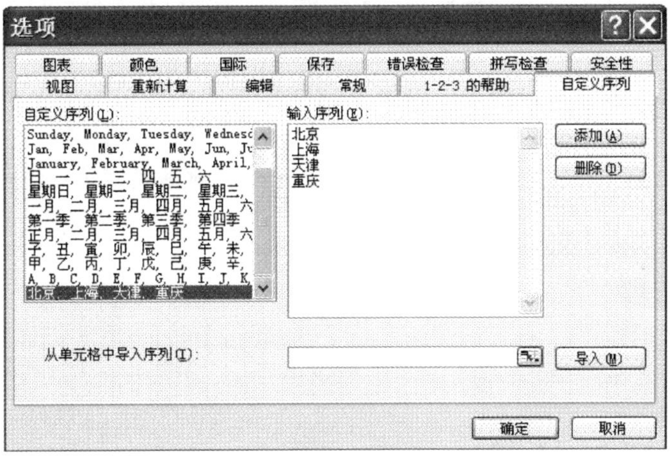

图 5-6

在单元格数据输入中，如果想重新输入内容，把当前单元格设为活动单元格后，则直接输入新内容；若只是修改部分内容，按 F2 功能键或用鼠标双击活动单元格，用左、右光标或 Del 等键对数据进行编辑，按 Enter 键或 Tab 键表示编辑结束。

3. 编辑数据

编辑数据主要包括修改数据、移动数据、复制数据、清除数据等操作。

1）修改数据

修改单元格的数据主要有两种方法：

（1）在公式编辑栏中修改数据。具体是：选取拟修改数据的单元格，单击公式编辑栏，使光标定位在公式编辑栏中，然后在公式编辑栏中修改数据，最后按回车键确认修改的内容。

（2）在单元格中修改数据。具体是：将鼠标指针对准拟修改数据的单元格后，双击鼠标左键，这时光标会出现在所选取的单元格中，在对数据进行修改，最后按回车键进行确认。

2）移动数据

移动数据主要有两种方法：

（1）利用剪切和粘贴命令。具体是：选取要移动数据的单元格区域，单击“编辑”→“剪切”命令，然后把光标移到目标单元格，单击“编辑”→“粘贴”命令即可。

（2）直接用鼠标拖动。具体是：选取要移动数据的单元格，将鼠标指向所选单元格的黑色边框，按住鼠标左键并拖动鼠标至目标单元格位置，然后释放鼠标左键。

3）复制数据

复制数据的方法有两种：

（1）利用复制和粘贴命令。具体是：选取要复制数据的单元格区域，单击“编辑”→“复制”命令，然后把光标移到目标单元格，单击“编辑”→“粘贴”命令即可。

（2）Office 剪贴板。具体是：单击“编辑”→“Office 剪贴板”命令，在系统打开剪贴板任务窗格后，选取要复制数据的单元格，单击工具栏上的“复制”按钮，则要复制的数据就会复制在剪贴板上，然后选取目标单元格，单击剪贴板上要粘贴的数据即可。

4）清空数据

清除单元格数据的具体做法是，选取要清除数据的单元格或单元格区域，单击“编辑”→“清除”命令，再根据需要选择“清除”子菜单中的不同项目。一般的清除的子菜单可供选择的方式有 4 种：“全部”表示清除单元格的数据及格式；“格式”表示仅清除“格式”而保留数据；“数据”表示仅清除“数据”而保留格式；“批注”表示仅清除批注。

四、工作表的管理

1. 工作表使用

1）工作表的切换

由于一本工作簿具有多张工作表，且它们不可能同时显示在一个屏幕上，所以要不断地在工作表中切换来完成不同的工作。例如第一张表格是学生课程表，第二张表格是学生信息表，第三张表格是学生成绩表，第四张表格是考试情况分析图表等。

关于工作表的切换，主要有两种方法：

（1）利用工作表标签进行切换。在切换过程中，如果该工作表的名字在选项卡中，可以在该选项卡上单击鼠标，即可切换到该工作表中。如果该工作表的名字不在选项卡中，可以利用滚动按钮快速切换到需要切换的工作表标签。

（2）利用快捷键。如果要切换到当前工作表的前一张工作表，单击组合键“Ctrl+PageUp”键即可；如果要切换到当前工作簿的后一张工作表，单击组合键“Ctrl+PageDown”键即可。

2）重命名工作表

为了使工作表看上去一目了然，更加形象，可以让别人一看上去就知道工作表中有什么，用户可以为工作表重新命名。重命名工作表的方法有 3 种：

（1）菜单“重命名”命令。具体是：①选定需要重命名的工作表标签。②选择“格式”→“工作表”→“重命名”菜单命令，这时工作表名称高亮度显示，直接输入名称，即可更改工作表名。

（2）快捷菜单。具体是①选定需要重命名的工作表标签。②单击鼠标右键，显示快捷菜单。③选择快捷菜单的“重命名”命令后，工作表名称高亮度显示，直接输入名称，即可更改工作表名。

（3）利用双击工作表标签。具体是：①选定需要重命名的工作表标签。②双击鼠标左键后，工作表名称高亮度显示，直接输入名称，即可更改工作表名。

3）移动、复制和删除工作表

对于工作表的移动和复制，用户可以在同一个工作簿上移动或复制工作表，也可以将工作表移动到另一个工作簿中。在移动或复制工作表时要特别注意，因为工作表移动后与其相关的计算结果或图表可能会受到影响。移动和复制工作表的方法主要步骤是：

（1）打开源工作簿和目标工作簿。

（2）切换至源工作簿，选定需要移动或复制的工作表。

（3）单击菜单中的“编辑”→“移动或复制工作表”命令，打开“移动或复制工作表”对话框，如图5－7所示。

（4）单击“工作簿”右端的向下三角按钮，选择目标工作簿，然后再选择指定位置，如果选择Sheet1工作表，那么工作表将移动或复制到Sheet1前面。

（5）如果要复制工作表，而不移动，则选定“建立副本”复选框。

（6）单击“确定”按钮即可完成复制或移动工作表。

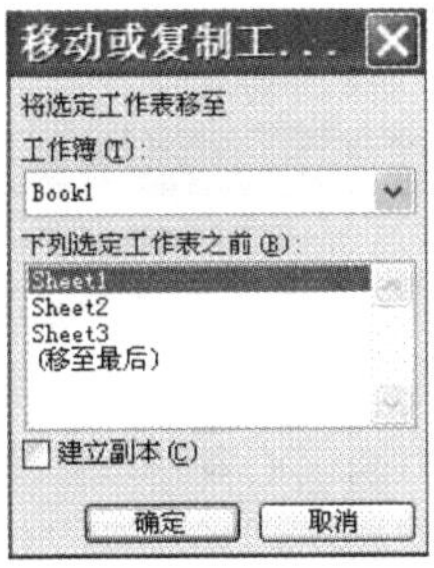

图5－7

如果用户觉得工作表没用了，可以随时将它删除，但被删除的工作表不能还原。删除工作表的方法有两种：

（1）利用菜单“删除工作表”命令。具体是：①选定一个或多个工作表。②单击菜单中的“编辑”→“删除工作表”命令，如果需要删除的工作表中有数据，则显示如图5－8所示的对话框。③单击“确定”按钮即可完成删除工作表。

（2）利用快捷菜单。具体是：①选定一个或多个工作表。②单击鼠标右键，选择快捷菜单上的“删除”命令即可删除工作表。

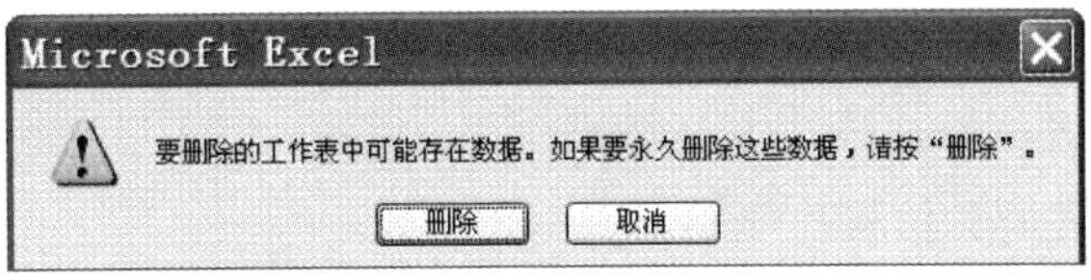

图5－8

4）工作表的拆分与冻结

如果要查看工作表中相隔较远的内容，来回拖动鼠标很是麻烦。可以用多窗口来进行比较，即进行工作表的拆分。工作表的拆分具体步骤是：①选择要拆分的工作表。②单击菜单中的“窗口”→“拆分”命令，Excel便以选定的单元格为中心自动拆分成4个窗口。如果窗口已冻结，将在冻结处拆分窗口。如果要取消拆分窗口，双击拆分条或者依次单击菜单中的“窗口”→“取消拆分”命令即可。

5）保护工作表

对工作表设置保护可以防止未授权用户对表内容的访问，避免工作表中数据受到破坏和信息发生泄露。

保护工作表功能是可以对工作表上的各元素(例如含有公式的单元格)进行保护，以禁止个别用户对指定的区域进行访问。

保护工作表的情况有以下两种：

(1) 设定工作表保护。①选择要保护的工作表。②单击菜单的“工具”→“保护”→“保护工作表”命令，弹出“保护工作表”对话框，如图5-9所示。③选定“保护工作表及锁定的单元格内容”复选框。④在“取消工作表保护时使用的密码”文本框中输入密码。⑤在“允许此工作表的所有用户进行”列表框中选择允许用户进行的操作。⑥单击“确定”按钮，即可设定对“图表”工作表的保护。

(2) 如果需要对保护的工作表进行撤销，则需要：①单击菜单中的“工具”→“保护”→“撤销工作表保护”命令，打开“撤销工作表保护”对话框。②在对话框中的“密码”文本框中输入之前定义的密码，单击“确定”按钮，即可撤销对工作表的保护。

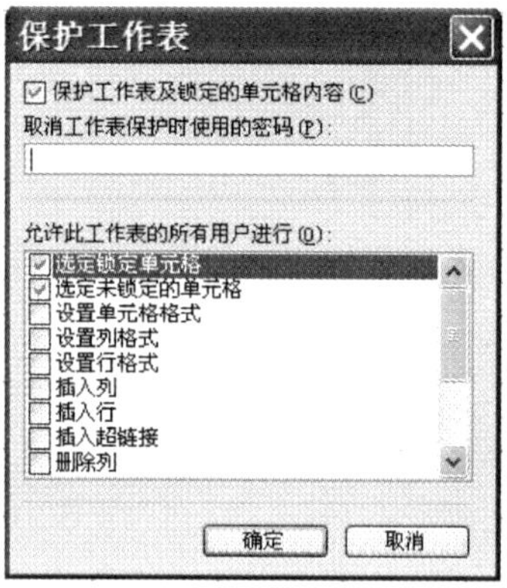

图5-9

6）隐藏/显示工作表

如果用户不想让别人看到自己编辑的内容，可以将工作表隐藏起来。用到的时候可以随时将其显示出来。另外，隐藏工作表还可以减少屏幕上显示工作表的数量。

隐藏工作表的具体操作步骤是：

(1) 选择要隐藏的工作表。

(2) 单击菜单中的“格式”—“工作表”—“隐藏”命令，工作表即从窗口中消失。

显示隐藏的工作表的具体操作步骤是：

(1) 单击菜单中的“格式”→“工作表”→“取消隐藏”命令，打开“取消隐藏”对话框。对话框中显示出了所有被隐藏的工作表。

(2) 选择要显示的工作表，单击“确定”按钮。

7) 为工作表添加链接

有时用户需要在一个工作簿的多个工作表中储存了一些相同的数据，并且希望这些数据具有联动效应，即对一个工作表中的数据修改以后，其他工作表的数据也自动随之修改。

如需要将 Sheet1 的 B2 单元格中的数据连接到 Sheet2 的 C5 单元格中，具体步骤是：

(1) 选择工作表 Sheet1 中的 B2 单元格，单击工具栏上的“复制”按钮。

(2) 选择工作表 Sheet2 的 C5 单元格，选择“编辑”→“选择性粘贴”命令，弹出“选择性粘贴”对话框，如图 5－10 所示。

(3) 在对话框的“粘贴”选项区域中选择“全部”，“运算”选项区域中选择“无”后，单击“粘贴链接”按钮，则 B2 与 C5 链接了起来。

图 5－10

2. 行列调整

以单元格为对象常用的操作为插入、删除、移动以及调整单元格大小等操作。

1) 插入行或列

插入行或列可分为一次插入一行或一列和一次插入多行或多列。

一次插入一行或列的方法主要有：

(1) 选择某一行(列)或该行(列)中的任意一个单元格，然后单击“插入一行(列)”命令即可。

(2) 在某一行(列)的行(列)号上单击鼠标右键，从弹出的快捷菜单中选择“插入”命令。

(3) 在某一行(列)的任意一个单元格上单击鼠标右键，从弹出的快捷菜单上选择“插入”命令，在“插入”对话框中选择“整行(整列)”命令，单击“确定”即可。

一次插入多行或多列的方法主要有：

(1) 选择多行(列)或在同一列(行)中选择多个单元格，然后单击“插入一行(列)”命令，则插入与所选的行(列)或单元格数量相同的行(列)。

(2) 选择多行(列)，单击鼠标右键，从弹出的快捷菜单中选择“插入”命令，则插入与所选的行(列)数量相同的行(列)。

（3）在同一列(行)的选择多个单元格，单击鼠标右键，从弹出的快捷菜单上选择“插入”命令，在“插入”对话框中选择“整列(整行)”命令，单击“确定”即可。

2）删除行或列

删除行、列的方法主要有两种：

（1）选择要删除的行或列，单击“编辑”→“删除”命令即可。

（2）选择要删除的行或列，单击鼠标右键，从弹出的快捷菜单中选择“删除”命令即可。

3）行高和列宽调整

系统默认的行高和列宽有时并不能满足需要，这时用户可以自定义调整行高和列宽。

修改行高的方法主要有3种：

（1）设置行高数值。具体步骤是：选择要调整行高的单元格或单元格区域，单击“格式”→“行”→“行高”命令，在其中输入拟设置的行高数值，单击“确定”按钮即可。

（2）设置最合适的行高。具体步骤是：选择要调整行高的单元格或单元格区域，单击“格式”→“行”→“最合适的行高”命令，则会根据单元格的内容自动调整所选行的行高。

（3）利用鼠标进行操作。具体步骤是：将鼠标指针对准拟调整行高的行号数值的下边框，当鼠标指针变成一条水平黑线和两个反向垂直箭头时，按住鼠标左键不放，上下拖动鼠标，就可以相应调整行高。

修改列宽的方法主要有3种：

（1）设置列宽数值。具体步骤是：选择要调整列宽的单元格或单元格区域，单击“格式”→“列”→“列宽”命令，在其中输入拟设置的列宽数值，单击“确定”按钮即可。

（2）设置最合适的列宽。具体步骤是：选择要调整列宽的单元格或单元格区域，单击“格式”→“列”→“最合适的列宽”命令，则会根据单元格的内容自动调整所选列的列宽。

（3）利用鼠标进行操作。具体步骤是：将鼠标指针对准拟调整列宽的列号数值的右边框，当鼠标指针变成一条垂直黑线和两个反向水平箭头时，按住鼠标左键不放，左右拖动鼠标，就可以相应调整列宽。

3. 单元格的格式设置

在Excel中，对工作表中的不同单元格数据，可以根据需要设置不同的格式，如设置单元格数据类型、文本的对齐方式、字体以及单元格的边框和底纹等。

1）设置数字格式

设置数字格式的具体步骤是：首先选取拟设置数字格式的单元格或单元格区域，其次选择“格式”→“单元格”菜单命令，打开“单元格格式”对话框，如图5－11所示。在该对话框中选择要设置的数字格式。

Excel提供了多种数字格式，在对数字格式化时，可以设置不同小数位数、百分号、货币符号等来表示同一个数，这时屏幕上的单元格表现的是格式化后的数字，编辑栏中表现的是系统实际存储的数据。如果要取消数字的格式，可以选择“编辑”→“清除”→“格式”菜单命令。

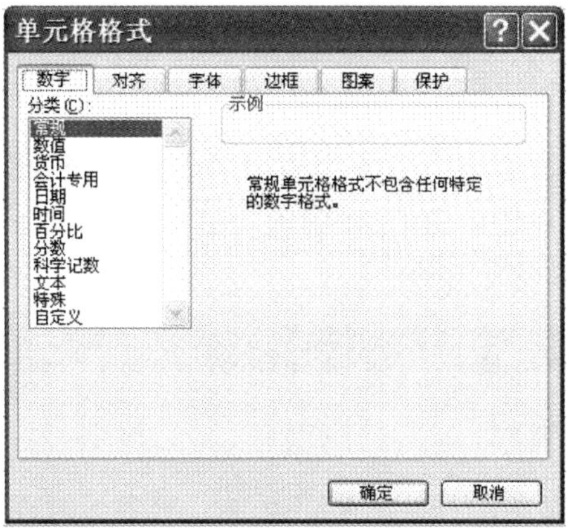

图 5-11

2）设置对齐格式

设置对齐格式的具体步骤是：首先选取拟设置对齐格式的单元格或单元格区域，其次选择“格式”→“单元格”菜单命令，打开“单元格格式”对话框，选择“对齐”选项卡。如图 5-12 所示。在该选项卡中选择要设置的对齐方式。

系统在默认的情况下，输入单元格的数据是按照文字左对齐、数字右对齐、逻辑值居中对齐的方式来进行的。可以通过有效地设置对齐方法来使版面更加美观。

在“单元格格式”对话框的“对齐”选项卡上，可设定所需的对齐方式。

“水平对齐”的格式有：常规(系统默认的对齐方式)、左(缩进)、居中、靠右、填充、两端对齐、跨列居中、分散对齐。

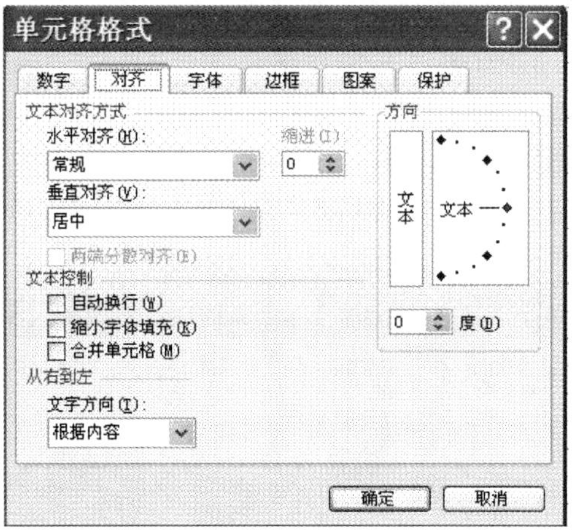

图 5-12

“垂直对齐”的格式有：靠上、居中、靠下、两端对齐、分散对齐。

“方向”列表框中可以将选定的单元格内容完成从－90°～＋90°的旋转，这样就可将表格内容由水平显示转换为各个角度的显示。

“自动换行”复选框：选中，则当单元格中的内容宽度大于列宽时会自动换行。

“合并单元格”复选框：当需要将选中的单元格合并时，选中它；当需要将选中的合并单元格拆分时，取消选中。

3）设置字体

设置字体的具体步骤是：首先选取拟设置字体的单元格或单元格区域，其次选择“格式”→“单元格”菜单命令，打开“单元格格式”对话框，选择“字体”选项卡，如图 5 - 13 所示。在该选项卡中选择要设置的字体。

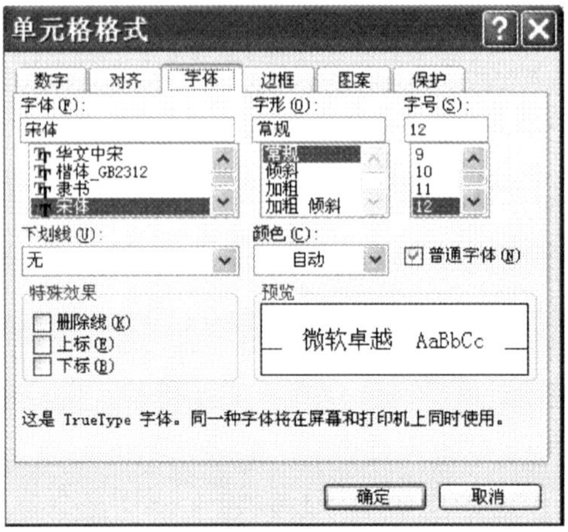

图 5 - 13

Excel 在默认的情况下，输入的字体为“宋体”，字形为“常规”，字号为“12(磅)”。可以根据需要通过工具栏中的工具按钮很方便地重新设置字体、字形和字号，还可以添加下划线以及改变字的颜色。也可以通过菜单方法进行设置。如果需要取消字体的格式，可选择“编辑”→“清除”→“格式”菜单命令。

4）设置边框

设置边框的具体步骤是：首先选取拟设置边框的单元格或单元格区域，其次单击“格式”→“单元格”命令，打开“单元格格式”对话框，选择“边框”选项卡，如图 5 - 14 所示。在该选项卡中选择要设置的边框。

图 5 - 14

在该选项卡上设置单元格边框时，除了边框线外，还可以为单元格添加对角线。不一定添加四周边框线，可以仅仅为单元格的某一边添加边框线。

5）设置背景图案

设置背景图案的具体步骤是：首先选取拟设置背景图案的单元格或单元格区域，其次选择“格式”→“单元格”菜单命令，打开“单元格格式”对话框，选择“图案”选项卡，如图 5－15 所示。在该选项卡中选择要设置的背景图案。

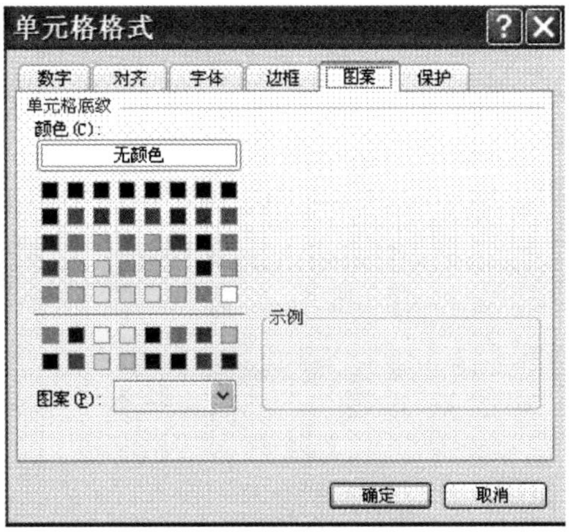

图 5－15

6）条件格式

条件格式是指当指定条件为真时，Excel 自动应用于单元格的格式，例如，单元格底纹或字体颜色。如果想为某些符合条件的单元格应用某种特殊格式，使用条件格式功能可以比较容易实现。如果再结合使用公式，条件格式就会变得更加有用。例如，在图 5－16 所示的工作表中，要求将管理费用小于 500 元的以蓝色背景颜色显示；大于 500 元小于 600 元的数据以黄背景颜色显示；大于 600 元的数据红色背景颜色显示。

	A	B	C	D	E
1	季度	1	2	3	4
2	营业收入	15000	13500	14000	16000
3	营业成本	9000	8500	9200	10000
4	销售费用	800	700	850	1000
5	管理费用	620	450	550	700
6	营业利润	4580	3850	3400	4300

图 5－16

具体操作步骤是：

（1）选取单元格区域 B5：E5。

（2）单击“格式”→“条件格式”命令，弹出“条件格式”对话框，如图 5－17 所示。

（3）在“条件 1”框中选择“单元格数值”，在条件运算符中选择“小于”，数值栏中输入“500”。

（4）单击“格式”按钮，弹出“单元格格式”对话框，单击“图案”选项卡，选择颜色为“蓝色”。

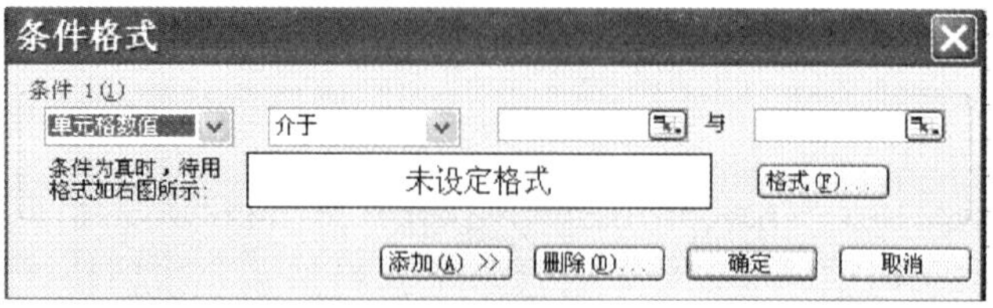

图 5-17

（5）单击“确定”按钮，完成一个条件的设置。

（6）再单击“条件格式”对话框的“添加”按钮，重复上述步骤(3)～(5)，可以完成“条件 2”和“条件 3”的设置，如图 5-18 所示。

（7）单击“确定”按钮，得到使用条件格式后的数据，如图 5-19 所示。

图 5-18

	A	B	C	D	E
1	季度	1	2	3	4
2	营业收入	15000	13500	14000	16000
3	营业成本	9000	8500	9200	10000
4	销售费用	800	700	850	1000
5	管理费用	620	450	550	700
6	营业利润	4580	3850	3400	4300

图 5-19

五、公式定义与使用

1. 公式的输入与编辑

Excel 工作表的核心是公式与函数。公式是用户为了减少输入或方便计算而设置的计算式子，它可以对工作表中的数据进行加、减、乘、除等运算。公式可以由值、单元格引用、名称、函数或运算符组成，它可以引用同一个工作表中的其他单元格，同一个工作簿不同工作表中的单元格，或者其他工作簿的工作表中的单元格。使用公式有助于分析工作表中的数据。当改变了工作表内与公式有关的数据，Excel 会自动更新计算结果。输入公式的操作类似于输入文本，不同之处在于，输入公式时要以等号(＝)或(＋)开头。对公式中包含的单元格或单元格区域的引用，可以直接用鼠标拖动进行选定，或单击要引用的单元格输入引用单元格的标志或名称，如“＝(C2＋D2＋E2)/3”表示将C2、D2、E2三个单元格中的数值求和并除以3，把结果放入当前列中。

如果公式中含有函数，当输入函数时则可按照以下步骤操作。

(1) 直接输入公式、函数名称、格式文本，或在“函数”下拉列表框中选中函数名称，即出现公式选项板，选择所用到的函数名，如“SUM()”。

(2) 输入要引用的单元格或单元格区域，添加好函数的各个参数。

(3) 单击“确定”按钮。

2. 公式中的运算符

运算(表5-1)用于对公式中的元素进行特定类型的运算。Excel包含4种类型的运算符：算术运算符、比较运算符、文本运算符和引用运算符。算术运算符可以完成基本的数学运算，包括“＋”(加号)、“－”(减号)、“*”(乘号)、“/”(除号)、“%”(百分号)和“^”(乘幂)，还可以连接数字并产生数字结果。比较运算符也称关系运算符，可以比较两个数值并产生逻辑值True或False，包括“＝”(等号)、“＞”(大于号)、“＜”(小于号)、“＞＝”(大于等于号)、“＜＝”(小于等于号)和“＜＞”(不等于号)。文本运算符“&”(连字符)将两个文本值连接起来产生一个连续的文本值。引用运算符有“:”(冒号)、“,”(逗号)和空格。其中，冒号为区域运算符，逗号为联合运算符，可以将多个引用合并为一个引用，空格为交叉运算符，产生对同时属于两个引用的单元格区域的引用，如SUM(B5:E10 C2:D8)是对C5:D8区域求和。

表5-1 公式中常用的运算符

运算符	说明	示例
＝、＜、＞、＞＝、＜＝、＜＞	比较运算符可以比较两个数值，并产生逻辑真或假	A1＝B1、A1＞＝B1、A1＜＞B1
&(文本串联符)	将两个文本串起来产生一个连续的文本。若数值型数据用文本运算符，将按文本型数据对待。	" Nor" &" th" 等于 " North"、 12&34 等于“1234”
:(冒号)	区域运算符，对两个引用之间，包括两个引用在内的所有单元格进行引用	B5:B15，表示B5～B15之间的一个矩形单元格区域
,(逗号)	联合操作符将多个引用合并为一个引用	SUM(B5:B15，D5:D15)
＋(加号)、-(减号)	加、减(负号)	3＋3、3－1、－1
*(星号)、/(斜杠)	乘、除	3*3、3/3
%(百分号)	百分比	20%
^(脱字符)	乘方	3^2(与3*3相同)

3. 单元格引用

每个单元格在工作表中都有一个固定的地址，这个地址一般通过指定其坐标来实现。

如在一个工作表中，C5 指定的单元格就是第“5”行与第“C”列交叉位置上的那个单元格，这是相对地址。指定一个单元格的绝对位置只需在行、列号前加上符号“＄”，例如：“＄C＄5”。由于一个工作簿文件可以有多个工作表，为了区分不同的工作表中的单元格，要在地址前面增加工作表的名称，有时不同工作簿文件中的单元格之间要建立连接公式，前面还需要加上工作簿的名称，例如：[Book1]Sheet1！C5 指定的就是“Book1”工作簿文件中的“Sheet1”工作表中的“C5”单元格。

单元格引用是对工作表的一个或一组单元格进行标识，通过引用可以在一个公式中使用工作表不同部分的数据，或者在几个公式中使用同一单元格中的数值。同样，可以对工作簿的其他工作表中的单元格进行引用，甚至对其他工作簿或其他应用程序中的数据进行引用。

单元格的引用可分为相对地址引用、绝对地址引用和混和引用，如 C5 是相对引用；＄C＄5 是绝对引用；＄C5 是混和引用，＄C5 中的 C 列是绝对引用，5 行是相对引用，相对引用的值在公式复制过程中的坐标值会根据目标位置自动发生变化。

4. 函数及应用

1） 函数的分类与常用函数(表 5－2)

函数是预定义的内置公式。它有其特定的格式与用法，通常每个函数由一个函数名和相应的参数组成。参数位于函数名的右侧并用括号括起来，它是一个函数用以生成新值或进行运算的信息，大多数参数的数据类型都是确定的，而其具体值由用户提供。

在 Excel 中，函数按其功能可分为财务函数、日期时间函数、数学与三角函数、统计函数、查找与引用函数、数据库函数、文本函数、逻辑函数以及信息函数，这里主要介绍常用函数 SUM、AVERAGE、COUNT、MAX 和 MIN 的功能和用法。

表 5－2 常用函数表

运算符	说　明	示　例
SUM	＝SUM(number1，number2，…)	求出并显示括号或括号所示区域中所有数值或参数的和
AVERAGE	＝AVERAGE(number1，number2，…)	求出并显示括号或括号所示区域中所有数值或参数的算术平均值
COUNT	＝COUNT(value1，value2，…)	计算参数表中的数字参数和包含数字的单元格的个数
MAX	＝MAX(number1，number2，…)	求出并显示一组参数的最大值，忽略逻辑值及文本字符
MIN	＝MIN(number1，number2，…)	求出并显示一组参数的最小值，忽略逻辑值及文本字符

2） 输入函数

在 Excel 中，函数可以直接输入，也可以使用命令输入。

当用户对函数非常熟悉时，可采用直接输入法，首先单击要输入的单元格，再依次输入等号、函数名、具体参数(要带左右括号)，并回车确认即可。

但在多数情况下，用户对函数不太熟悉，因此要利用“粘贴函数”命令，并按照提示一一按需选择，其具体步骤如下：

（1）选定要输入的单元格。

（2）选择“插入”→“函数”菜单命令，或单击“常用”工具栏中的“自动求和”按钮Σ下的“其他函数”后，弹出用以选择函数的对话框。

（3）选定所需函数后单击“确定”按钮，弹出“函数参数”对话框。

（4）输入完参数后，单击“确定”按钮即可完成函数输入。

六、数据图表

图表是 Excel 比较常用的对象之一。与工作表相比，图表具有十分突出的优势，它具有使用户看起来更清晰、更直观的显著特点：不仅能够直观地表现出数据值，还能更形象地反映出数据的对比关系。图表是以图形的方式来显示工作表中的数据。

图表的类型有多种，分别为柱形图、条形图、折线图、饼图、XY 散点图、面积图、圆环图、雷达图、曲面图、气泡图、股价图、圆柱图、圆锥图和棱锥图，共 14 种类型。Excel 的默认图表类型为柱形图。

1. 图表的组成元素

图表的基本组成包括：

（1）图表区：整个图表及其包含的元素。

（2）绘图区：在二维图表中，以坐标轴为界并包含全部数据系列的区域。在三维图表中，绘图区以坐标轴为界并包含数据系列、分类名称、刻度线和坐标轴标题。

（3）图表标题：一般情况下，一个图表应该有一个文本标题，它可以自动与坐标轴对齐或在图表顶端居中。

（4）数据分类：图表上的一组相关数据点，取自工作表的一行或一列，图表中的每个数据系列以不同的颜色和图案加以区别，在同一图表上可以绘制一个以上的数据系列。

（5）数据标记：图表中的条形、面积、圆点、扇形或其他类似符号，来自于工作表单元格的单一数据点或数值，图表中所有相关的数据标记构成了数据系列。

（6）数据标志：根据不同的图表类型，数据标志可以表示数值、数据系列名称、百分比等。

（7）坐标轴：为图表提供计量和比较的参考线，一般包括 X 轴、Y 轴。

（8）刻度线：坐标轴上的短度量线，用于区分图表上的数据分类数值或数据系列。

（9）网格线：图表中从坐标轴刻度线延伸开来并贯穿整个绘图区的可选线条系列。

（10）图例：是图例项和图例项标示的方框，用于标示图表中的数据系列。

（11）图例项标示：图例中用于标示图表上相应数据系列的图案和颜色的方框。

（12）背景墙及基底：三维图表中包含在三维图形周围的区域。用于显示维度和边角尺寸。

（13）数据表：在图表下面的网格中显示每个数据系列的值。

2. 创建图表

如果用户要创建一个图表，可以使用图表向导，具体操作步骤如下：

(1) 选定要创建图表的数据区域。

(2) 单击常用工具栏中的“图表向导”按钮或单击菜单中的“插入”→“图表”命令，弹出“图表向导—4 步骤之 1—图表类型”对话框，在此对话框中选择图表类型。

(3) 单击“下一步”按钮，打开“图表向导—4 步骤之 2—图表数据源”对话框。

该对话框中包含两个标签：“数据区域”和“系列”。“数据区域”标签用于修改创建图表的数据区域，如果区域不对，则在“数据区域”框中输入正确的单元格区域；如果要指定数据系列所在行，选定“系列产生在”框下的“行”复选框。对话框上的“系列”标签用于修改数据系列名称和数值及分类轴标志。

(4) 单击“下一步”按钮，打开“图表向导—4 步骤之 3—图表选项”对话框。

在此对话框中有 6 个标签项，“标题”标签：用于确定是否在图表中添加图表标题、分类(X)轴标题和数值(Y)轴标题；“坐标轴”标签：用于确定是否在图表中显示分类(X)轴和数值(Y)轴；“网格线”标签：用于确定是否在图表中显示网格线；“图例”标签：用于确定是否在图表中显示图例及图例所在的位置；“数据标志”标签：用于确定是否在图表中显示数据标志及显示数据标志的方式；“数据表”标签：用于确定是否在图表下面的网格中显示每个数据系列的值。

(5) 单击“下一步”按钮，打开“图表向导—4 步骤之 4—图表位置”对话框。

在此对话框中确定图表的位置，作为新图表工作表的插入，作为其中的对象插入。

(6) 单击“完成”按钮，结果如图 4-82 所示。

七、图表打印

在制作完一张工作表后，根据需要可将它打印出来。在打印之前，首先要设置页面区域和做好分页的工作。

1. 打印区域页面设置

1) 设置页面区域

用户在打印前，首先要对打印的区域进行设置，否则，系统会把整个工作表作为打印区域。设置页面区域，可以使用户控制只将工作表的某一部分打印出来，设置页面区域的常用方法一般有以下 3 种：

(1) 先选定打印区域所在的工作表，选定需要打印的区域，然后单击菜单中的“文件”→“打印区域”命令，在弹出菜单中选取“设置打印区域”项，Excel 就会把选定的区域作为打印的区域。

(2) 首先选定工作表，选择需要打印的区域，单击菜单中的“文件”→“打印”命令，就会弹出一个打印设置对话框。在“打印”对话框中的“打印”框内，选择“选定区域”，就可控制在打印时只打印指定的区域。

(3) 单击菜单中的“文件”→“页面设置”命令，就可激活“页面设置”对话框，选中“工作表”选项卡，在打印区域中选择需要打印的区域，这样也可以控制打印指定的区域 。

2）分页

一个 Excel 工作表可能有很大，而能够用来打印的纸张面积都是有限的，对于超过一页信息的工作表，系统能够自动设置分页符，在分页符处将文件分页。而用户有时需要对工作表中的某些内容进行强制分页，因此，用户需要在打印工作表之前，先对工作表进行分页。对工作表进行人工分页，一般就是在工作表中插入分页符，插入的分页符包括垂直的人工分页符和水平的人工分页符。插入分页符的方法是先选定要开始新页的单元格，然后选择“插入”菜单的“分页符”命令，以进行人工分页。

在插入分页符时，应注意开始新页的那个单元格的选定。如果是进行垂直分页，选定的单元格应属于列；如果是进行水平分页，选定的单元格应属于行。当要删除一个人工分页符时，应选定人工分页符下面的第一行单元格(垂直分页符)或右边的第一列单元格(水平分页符)，然后单击“插入”→“分页符”→“删除分页符”命令，单击此命令就可删除这个人工分页符。如果要删除全部人工分页符，则应选中整个工作表，然后单击菜单中的“插入”→“重设所有分页符”命令。

2. 页面设置

工作表在打印之前，要进行页面的设置。单击菜单中的“文件”→“页面设置”命令，就可激活“页面设置”对话框，在该对话框中可以对页面、页边距、页眉/页脚和工作表进行设置。

1）“页面设置”对话框中的选项

选择“页面设置”对话框中的“页面”选项卡。在这个选项卡中，用户可以将“方向”调整为纵向或横向；调整打印的“缩放比例”，可选择 10％～400％尺寸的效果打印，100％为正常尺寸；设置“纸张大小”，从下拉列表中可以选择用户需要的打印纸的类型；“打印质量”列表中有高、中、低和草稿四个选项供选择。如果用户只打印某一页码之后的部分，可以在“起始页码”中设定。

2）页边距的设置

打开“页边距”选项卡，分别在“上”“下”“左”“右”编辑框中设置页边距。在“页眉”、“页脚”编辑框中设置页眉、页脚的位置；在“居中方式”中，可选“水平居中”和“垂直居中”两种方式。

3）页眉/页脚的设置

打开“页眉/页脚”选项卡，在“页眉/页脚”选项卡中单击“页眉”下拉列表可选定一些系统定义的页眉，同样，在“页脚”下拉列表中可以选定一些系统定义的页脚。单击“自定义页眉”或“自定义页脚”按钮就可以进入下一个对话框，进行用户自己定义的页眉、页脚的编辑。

单击“自定义页眉”或“自定义页脚”按钮后，系统会弹出一个对话框。在这个对话框中，用户可以在“左”“中”“右”框中输入自己期望的页眉、页脚。

4）工作表的设置

选择“工作表”选项卡。如果要打印某个区域，则可在“打印区域”文本框中输入要打印的区域。如果打印的内容较长，要打印在两张纸上，而又要求在第二页上具有与第一页相同的行标题和列标题，则在“打印标题”框中的“顶端标题行”、“左端标题列”指定标题行和标题列的行与列，还可以指定打印顺序等。

3. 打印预览与输出

1）打印预览

在打印前，一般都会先进行预览，因为打印预览看到的内容和打印到纸张上的结果是一模一样的，这样就可以防止由于没有设置好报表的外观使打印的报表不合要求而造成浪费。单击“文件”→“打印预览”命令，或直接单击工具栏中的“打印预览”按钮，屏幕就会显示打印预览状态。

2）打印

预览完后，当设置符合用户要求时，可以单击“打印”按钮，屏幕会显示打印对话框。

用户可以在“打印机”栏的“名称”框中选择打印机类型。在“范围”栏中选择“全部”，打印整张工作表，在“页”中设定需要打印的页的页码。在“份数”栏中选择打印的份数。在“打印”栏中选择“选定区域”“选定工作表”或“整个工作簿”。

第六章 会计信息获取及报表分析模型

实验一 基于 Excel 的会计信息获取技术

一、实验目的

1. 掌握 Excel 的数据获取技术；
2. 掌握 Excel 的表格分析技术。

二、实验内容

1. 文本文件数据导入(表 6 - 1)

表 6 - 1

姓　　名	性　　别	班　　次
龚伟　　男　　2011	10	30
蒋华　　女　　2010	10	30
金宝明　　男　　2010	10	30
杨磊　　男　　2010	10	30
白亮　　男　　2010	10	30

2. Excel 表格文件导入(表 6 - 2)

表 6 - 2

年收入/千美元	家庭人口	信用卡支付数额/美元
54	3	4 016
30	2	3 159
32	4	5 100
50	5	4 742
31	2	1 864
55	2	4 070

续表

年收入/千美元	家庭人口	信用卡支付数额/美元
37	1	4 731
40	2	3 348
66	4	4 746
51	3	4 100
25	3	4 208
48	4	4 219
27	1	2 477
33	2	2 514

3. 导入下列网站的沪 A 涨幅数据的第一页(图 6－1)

http://quote.stockstar.com/stock/external_rank_list/60-1-sort-desc-page-1.xhtml

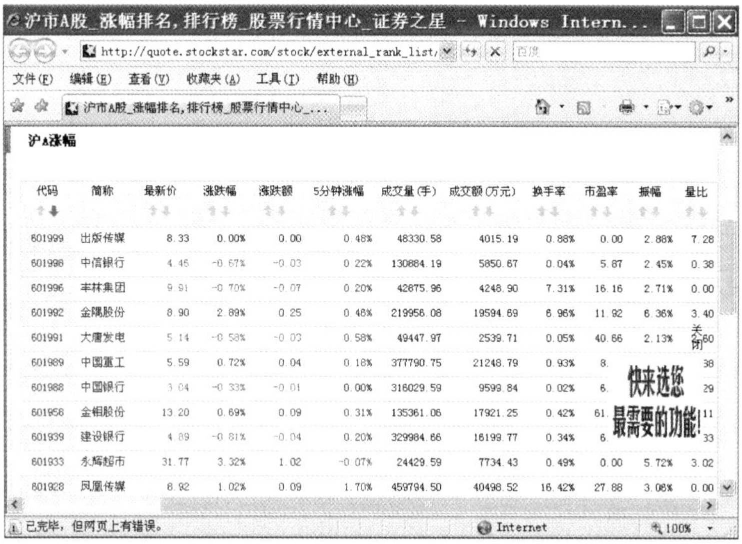

图 6－1

4. 数据库数据的查询

通过 Microsoft Query 获取外部数据库，如 Access 数据库中数据等。

三、实验步骤

1. 文本文件导入

操作步骤：

(1) 选择“文件”→“打开”菜单，选择文件类型为“文本文件”，选中要引入的文本文件名称，单击“打开”后，弹出“文本导入向导”对话框。

（2）根据需要选择最合适的文件类型、起始行，单击“下一步”按钮，如图 6－2 所示。

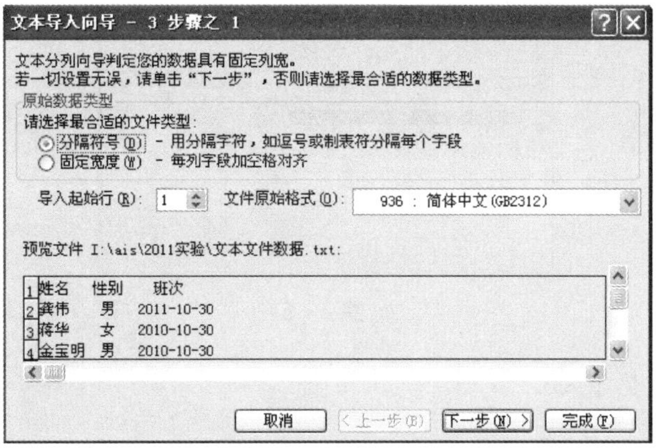

图 6－2

（3）设置分列数据所包含的分隔符号后，单击“下一步”按钮，如图 6－3 所示。

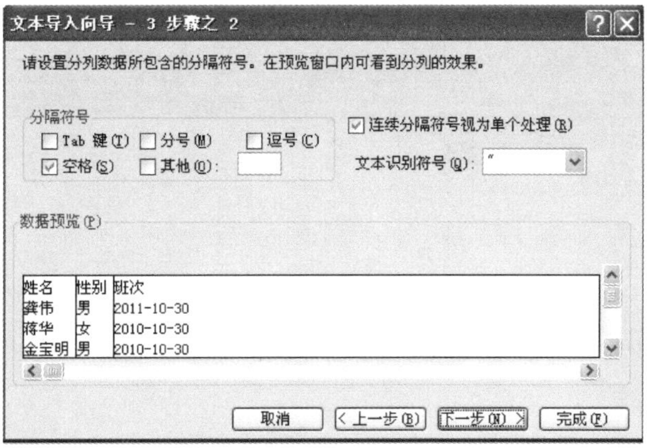

图 6－3

（4）设置每列数据类型后，单击“完成”按钮，如图 6－4 所示。弹出“导入数据”对话框，如图 6－5 所示。

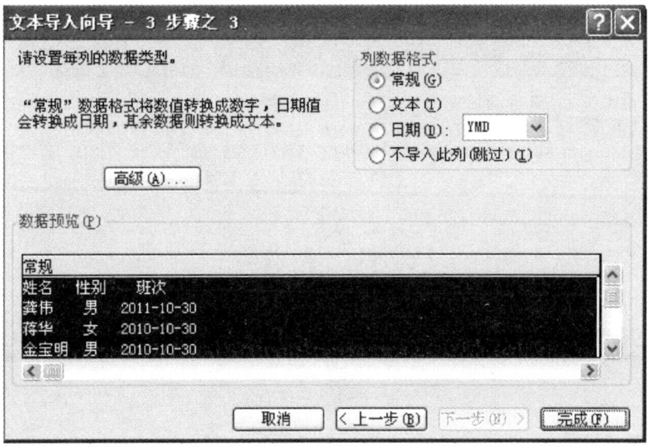

图 6－4

（5）选择数据存放位置后，单击“确定”按钮，数据引导输入完成。

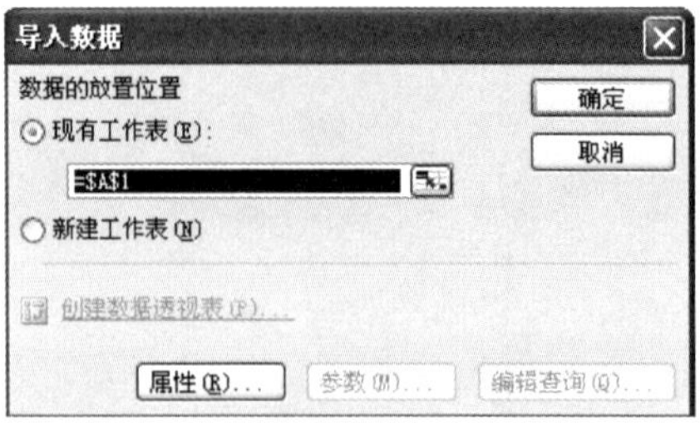

图 6-5

2. Excel 表格数据导入

操作步骤：

（1）选择“数据”菜单，依次单击“导入外部数据”→“导入数据”菜单选项。这时会出现一个“选择数据源”的对话框，在该对话框中找到数据源，然后直接双击即可，如图 6-6 所示。

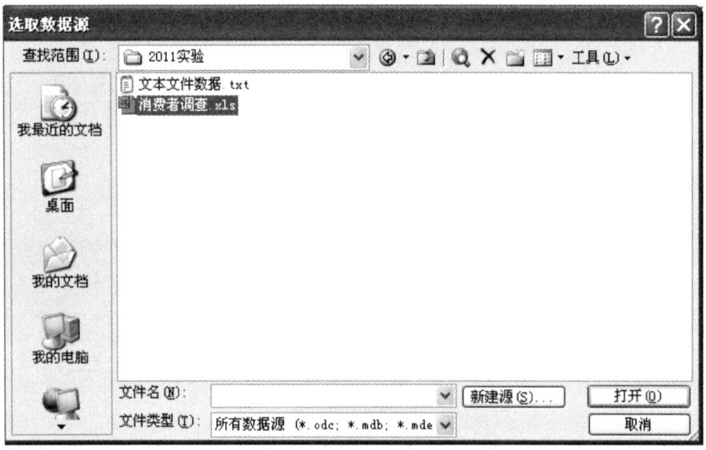

图 6-6

（2）在“选择表格”对话框中选中“Sheet1”，单击“确定”按钮，如图 6-7 所示。

图 6-7

(3) 在“导入数据”对话框中，选择数据存放位置后，单击“确定”按钮，数据引导输入完成。

3. 网站数据导入

操作步骤：

(1) 选择“数据”菜单，依次单击“导入外部数据”→“新建Web查询”菜单选项。这时出现“新建 Web 查询”对话框，在地址栏中输入 Web 地址：http://quote.stockstar.com/stock/external_rank_list/60-1-sort-desc-page-1.xhtml，然后单击“转到”按钮即可，如图6-8所示。

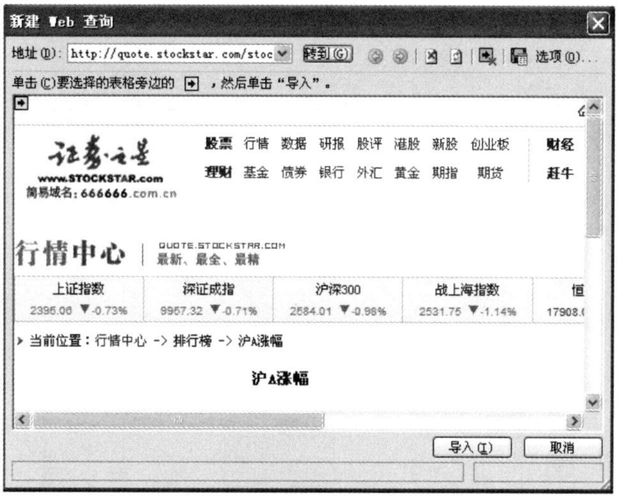

图6-8

(2) 单击要引入“沪A涨幅”表格旁边的→，所选数据显示为蓝色，变为√。

(3) 单击“导入”按钮，弹出“导入数据”对话框。

(4) 选择数据存放位置：“现有工作表”，其余默认。

(5) 单击“确定”按钮，数据导入完成。

4. 数据库数据查询

操作步骤：

(1) 单击“数据”→“导入外部数据”→“新建数据库查询”命令，弹出“选择数据源”对话框，如图6-9所示。

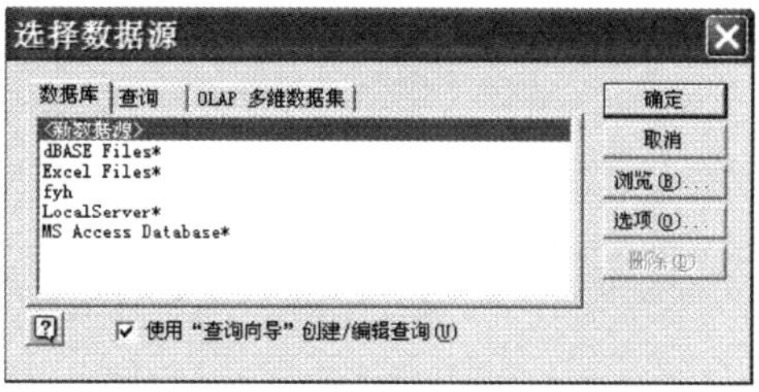

图6-9

（2）根据需要选择数据源，如选择“MS Access Database”数据源。如果没有所需要的数据源，则需要新建数据源。

（3）单击“确定”按钮，弹出“选择数据库”对话框。

（4）选择“e：\ mis”中选择“xtgl. mdb”数据库，如图 6 - 10 所示。

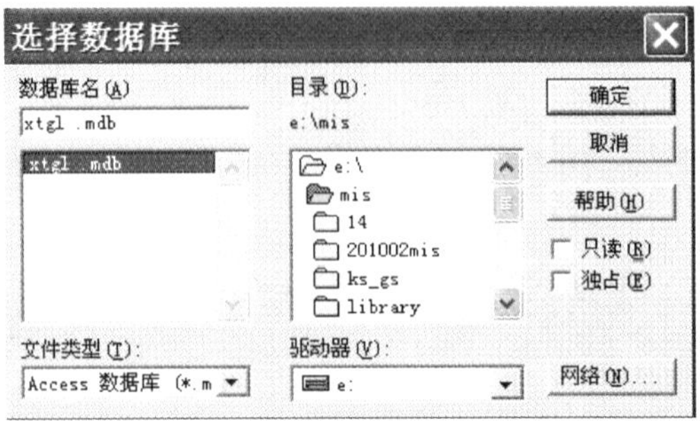

图 6 - 10

（5）单击“确定”按钮，弹出“查询向导-选择列”对话框。

（6）将“Customer”表中的所有列从“可用表和列”框中选择到“查询结果中的列”中，如图 6 - 11 所示。

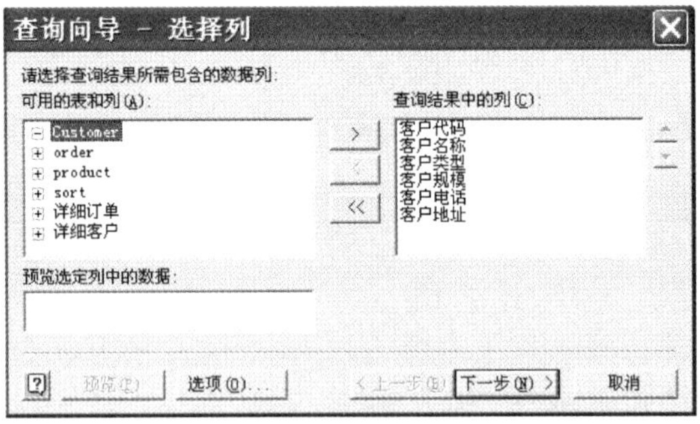

图 6 - 11

（7）单击“下一步”按钮，弹出“查询向导-筛选数据”对话框，如图 6 - 12 所示。

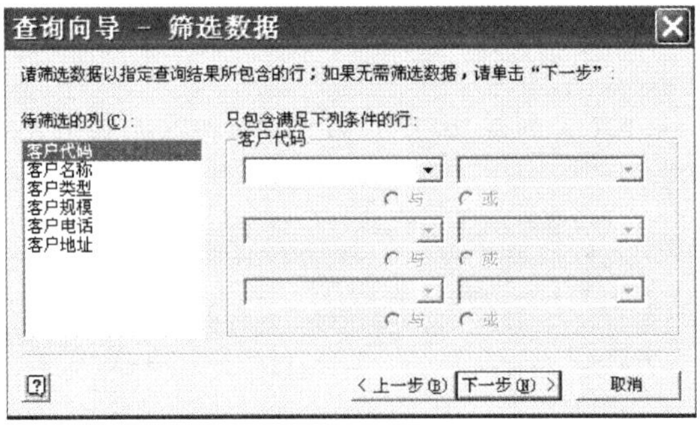

图 6 - 12

(8) 输入需要筛选的条件后，单击“下一步”按钮，弹出“查询向导-排序顺序”对话框。

(9) 选择“主要关键字”为“客户代码”，默认升序，如图 6-13 所示。

(10) 单击“下一步”按钮，弹出“查询向导-完成”对话框，选择“将数据返回 Microsoft Office Excel”单选按钮，如图 6-14 所示。

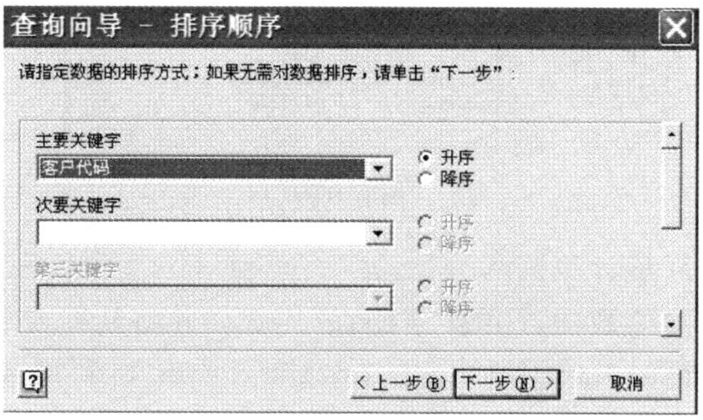

图 6-13

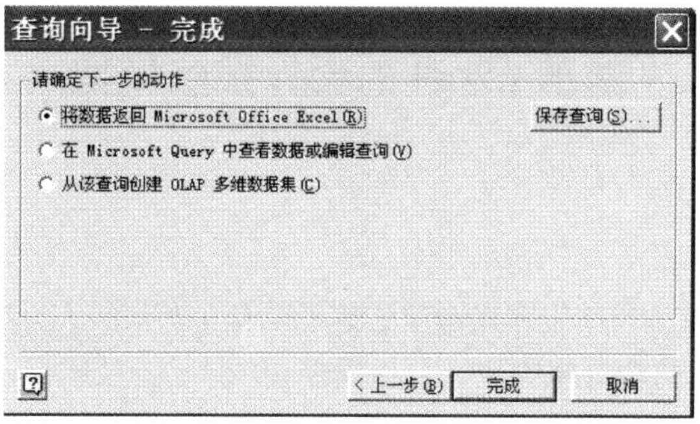

图 6-14

(11) 单击“完成”按钮，弹出“导入数据”对话框，如图 6-15 所示。

(12) 单击“确定”按钮，即可在 Excel 表中显示查询的数据。

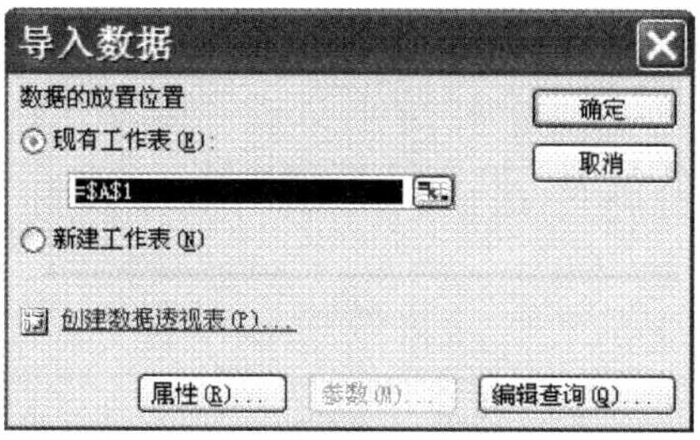

图 6-15

五、实验习题

(1) 将下列 .txt 文件的数据引入 Excel 中，如图 6-16 所示。

图 6-16

（2）登录中国统计局统计数据网站 http：//www.stats.gov.cn/，查询 2010 年的年度统计数据中的国内生产总值数据，下载为 Excel 格式，并将其导入 Excel 中。

（3）登陆证券之星网站 http：//quote.stockstar.com/，利用新建 Web 查询的方式查询沪深概念板块的信息，并导入 Excel 中，并检查是否会随着网站数据的更新而更新。

（4）自建一个 Access 数据库，并利用 MS Access Database 功能查询数据库的数据。

实验二　基于 Excel 的会计报表模型建立实验

一、实验目的

1. 掌握资产负债表、利润表和现金流量表的结构分析；
2. 掌握基于 Excel 的会计报表比率分析模型；
3. 掌握杜邦系统分析模型。

二、预备知识

（一）财务报表分析

财务报表分析是以企业基本活动为对象、以财务报表为主要信息来源、以分析和综合为主要方法的系统认识企业的过程，其目的是了解过去、评价现在和预测未来，以帮助报表使用人改善决策。

1. 财务分析的目的

财务分析对公司经理、投资人、贷款人和企业管理人员来说，都是至关重要的。不同人员进行财务分析的目的是不同的，归纳起来。财务分析的目的主要有以下几个方面。

（1）评价企业的财务状况。通过对企业的财务报表等核算资料分析，可以了解企业资产的流动性、负债水平以及偿还债务的能力，从而评价企业的财务状况和经营风险，为企业管理者、投资者提供财务信息。

（2）评价企业的资产管理水平。企业的生产经营过程就是利用资产取得收益的过程，资产是企业生产经营活动的经济资源，资产的管理水平直接影响到企业的收益，它体现了企业的整体素质。

（3）评价企业的获利能力。获取利润是企业的主要经营目标，它反映了企业的综合素质。企业要生存和发展，必须争取获得较高的利润，这样才能在竞争中立于不败之地。

（4）评价企业的发展趋势。无论是企业的经营者，还是投资人、债权人，都十分关心企业的发展趋势，这关系到他们的切身利益。通过对企业进行财务分析，可以判断出企业的发展趋势，预测企业的经营前景，从而避免由于决策失误带来的重大损失。

2. 财务分析的方法

财务分析的方法较多，常用的有以下几种。

（1）比率分析。财务比率是指企业报表中有重要或内在联系的指标之间所形成的比率。在这里，必须注意：在运用比率分析方法进行分析时，在某一特定比率中涉及的各项目之间必须有联系。把互不相联的两个财务数据放在一起所计算出来的比率无任何意义。

（2）趋势分析。将某特定企业连续若干会计年度的报表资料在不同年度间进行横向对比，确定不同年度间的差异额或差异率，以分析企业各报表项目的变动情况及变动趋势。

（3）综合分析。综合分析是将各种财务指标放在一起进行综合分析，以便于了解企业财务状况全貌的分析方法。综合分析法主要有财务比率综合分析法和杜邦分析法。

3. 财务分析的数据源

财务报表分析的数据源主要有两类。

（1）企业数据源。财务分析以本企业会计核算资料为基础，通过提取、加工和整理会计核算数据，生成财务分析所需的财务报表，再对其进行加工、整理，得出一系列科学、系统的财务指标，以便于进行比较、分析和评价。

（2）辅助数据源。财务分析除了需要获取本单位的数据外，还需要获取本单位之外的数据，如同行的主要经营数据等。

（二）财务分析的主要指标

财务报表中有大量的数据，可以根据需要计算出很多有意义的比率。这些比率涉及企业经营管理各个方面，它可以分为以下几类。

1. 偿债能力

偿债能力包括企业偿还到期债务的能力。反应偿债能力的指标有以下几个。

（1）流动比率。流动比率是用来衡量企业短期偿债能力的一个重要财务指标。根据国际惯例，流动比率若达到2倍时，是最令人满意的。若流动比率过低，企业可能面临着到期偿还债务的困难；若流动比率过高，这又意味着企业持有较多的不能赢利的闲置流动资产。计算公式为：

流动比率＝流动资产/流动负债

（2）速动比率。速动比率又称酸性实验比例，是指速动资产占流动负债的比率，它反映企业短期内可变现资产偿还短期内到期债务的能力。速动比率是对流动比率的补充。计算公式为：

速动比例＝速动资产/流动负债

一般认为速动比率1∶1是合理的，速动比率若大于1，企业短期偿债能力强，但获利能力将下降。速动比率若小于1，企业将需要依赖出售存货或举借新债来偿还到期债务。

（3）现金比率。现金比率是企业现金同流动负债的比率。这里说的现金，包括现金和现金等价物。这项比率可显示企业立即偿还到期债务的能力。其计算公式为：

现金比率＝现金/流动负债

（4）现金流量比率。现金流量比率是经营活动现金净流量占总现金流出的比率。该比率用于衡量企业经营活动所产生的现金流量可以抵偿流动负债的程度。比率越高，说明企业的财务弹性越好。不同行业由于其经营性质的不同，经营活动产生的现金净流量的差别较大，因此行业性质不同的企业该比率的变化较大。其计算公式为：

经营现金流量比率＝经营现金流量净额÷流动负债

（5）资产负债率。资产负债率，亦称负债比率，是指负债总额对全部资产总额之比，用来衡量企业利用债权人提供资金进行经营活动的能力，反映债权人发放贷款的安全程度。计算公式为：

资产负债率＝负债总额/资产总额

一般认为，资产负债率应保持在50％左右，这说明企业有较好的偿债能力，又充分利用了负债经营能力。

（6）股东权益比率。股东权益比率是股东权益与资产总额的比率，该比率反映企业资产中有多少是所有者投入的。股东权益比率应当适中。如果权益比率过小，表明企业过度负债，容易削弱公司抵御外部冲击的能力；而权益比率过大，意味着企业没有积极地利用财务杠杆作用来扩大经营规模。其计算公式为：

股东权益比率＝股东权益总额/资产总额

（7）偿债保障比率。偿债保障比率是负债总额与经营活动现金净流量的比率。一般认为，该比率越低，企业偿还债务的能力越强。其计算公式为：

偿债保障比率＝负债总额/经营活动现金净流量

（8）利息保障倍数。利息保障倍数，又称已获利息倍数，是指企业生产经营所获得的息税前利润与利息费用的比率。它是衡量企业支付负债利息能力的指标。企业生产经营所获得的息税前利润与利息费用相比，倍数越大，说明企业支付利息费用的能力越强。因此，债权人要分析利息保障倍数指标，以此来衡量债权的安全程度。其计算公式为：

利息保障倍数＝（利润总额＋利息费用）/利息费用

（9）固定费用保障倍数。固定费用保障倍数是考虑了租赁费用等固定费用支出后所形成的反映偿债能力的指标。固定费用保障倍数指标是反映企业的长期偿债能力，将所有长期债务都考虑了进去。固定费用保障倍数至少要等于1，否则说明企业无力偿还企业到期的长期债务。该指标越高，说明企业偿债能力越强。其计算公式为：

固定费用保障倍数＝支付税收和利息之前的利润/（利息费用＋租金
＋优先股股利）/（1－税率）

2. 获利能力

获利能力反映企业获取利润的能力，不论是投资人、债权人还是企业经理，都日益关系和重视企业的获利能力。

(1) 销售毛利率。销售毛利率，表示每一元销售收入扣除销售成本后，有多少钱可以用于各项期间费用和形成盈利。销售毛利率是企业销售净利率的最初基础，没有足够大的毛利率便不能盈利。其计算公式为：

销售毛利率＝销售毛利/销售收入

(2) 销售净利率。销售净利率，该指标反映每一元销售收入带来的净利润的多少，表示销售收入的收益水平。其计算公式为：

销售净利率＝净利润/销售收入

(3) 资产净利润率。资产净利润率是企业净利润与资产平均总额的比率。资产净利润率越高，说明企业利用全部资产的获利能力越强；资产净利润率越低，说明企业利用全部资产的获利能力越弱。资产净利润率与净利润成正比，与资产平均总额成反比。资产净利润率是影响所有者权益利润率的最重要的指标，具有很强的综合性，而资产净利润率又取决于销售净利润率和资产周转率的高低。其计算公式为：

资产净利润率＝净利润/资产平均总额

(4) 净资产收益率。净资产收益率是衡量上市公司盈利能力的重要指标。它是指利润额与平均股东权益的比值，该指标越高，说明投资带来的收益越高；净资产收益率越低，说明企业所有者权益的获利能力越弱。该指标体现了自有资本获得净收益的能力。其计算公式为：

净资产收益率＝净利润/平均净资产

(5) 每股收益。每股收益指税后利润与股本总数的比率。它是测定股票投资价值的重要指标之一，是分析每股价值的一个基础性指标，是综合反映公司获利能力的重要指标，它是公司某一时期净利润与股份数的比率。该比率反映了每股创造的税后利润，比率越高，表明所创造的利润就越多。若公司只有普通股时，每股收益就是税后利润，股份数是指发行在外的普通股股数。如果公司还有优先股，应先从税后利润中扣除分派给优先股股东的利息。其计算公式为：

每股收益＝期末净利润/期末股份总数

(6) 每股现金流量。每股现金流量是公司经营活动所产生的净现金流量减去优先股股利与流通在外的普通股股数的比率。其计算公式为：

每股现金流量＝(经营活动净现金流量－优先股股利)/流通在外的普通股股数

(7) 每股股利。每股股利是公司股利总额与公司流通股数的比值。反映的是上市公司每一普通股获取股利的大小。它是衡量每份股票代表多少现金股利的指标，每股股利越大，则公司股本获利能力就越强。其计算公式为：

每股股利＝当期发放的现金股利总额/总股本

(8) 市盈率。市盈率是最常用来评估股价水平是否合理的指标之一，由股价除以年度每股盈余得出。计算时，股价通常取最新收盘价，而每股盈余方面，若按已公布的上年度每股盈余计算，称为历史市盈率，若是按市场对今年及明年每股盈余的预估值计算，则称为未来市盈率或预估市盈率。其计算公式为：

市盈率＝普通股每股市场价格÷普通股每年每股盈利

（9）市净率。市净率指的是每股股价与每股净资产的比率。每股净资产是股票的账面价值，它是用成本计量的，而每股市价是这些资产的现在价值，它是证券市场上交易的结果。市价高于账面价值时企业资产的质量较好，有发展潜力，反之则资产质量差，没有发展前景。优质股票的市价都超出每股净资产许多，一般说来市净率达到3可以树立较好的公司形象。其计算公式为：

市净率＝每股市价/每股净资产

3. 营运能力

营运能力是指企业的经营运行能力，即企业运用各项资产以赚取利润的能力。企业营运能力的财务分析比率有存货周转率、应收账款周转率、营业周期、流动资产周转率、总资产周转率、经营现金使用效率、现金利润率和现金收入率等指标。

（1）存货周转率。存货周转率是一定时期内企业销货成本与存货平均余额间的比率。它是反映企业销售能力和流动资产流动性的一个指标，也是衡量企业生产经营各个环节中存货运营效率的一个综合性指标。其计算公式为：

存货周转率(次数)＝销货成本÷平均存货余额

其中：平均存货余额＝(期初存货＋期末存货)÷2，

存货周转天数＝计算期天数÷存货周转率(次数)

（2）应收账款周转率。应收账款周转率就是反映公司应收账款周转速度的比率。它说明一定期间内公司应收账款转为现金的平均次数。用时间表示的应收账款周转速度为应收账款周转天数，也称平均应收账款回收期或平均收现期。它表示公司从获得应收账款的权利到收回款项、变成现金所需要的时间。其计算公式为：

应收账款周转率(次)＝净赊销值(所有销售收入中赊销的那部分)÷平均应收账款

应收账款周转天数＝计算当期天数÷应收账款周转率

（3）流动资产周转率。流动资产周转率是反映企业流动资产周转速度的指标。它是流动资产的平均占用额与流动资产在一定时期所完成的周转额之间的比率。其计算公式为：

流动资产周转率(次)＝主营业务收入/平均流动资产总额

（4）固定资产周转率。固定资产周转率是指企业年销售收入净额与固定资产平均净值的比率。它是反映企业固定资产周转情况，从而衡量固定资产利用效率的一项指标。其计算公式为：

固定资产周转率＝销售收入/平均固定资产净值

（5）总资产周转率。总资产周转率是企业销售收入净额与资产总额的比率。其计算公式为：

总资产周转率(次)＝营业收入净额/平均资产总额

4. 发展能力

发展能力主要考察以下4项指标：营业收入增长率、资本保值增值率、总资产增长率和营业利润增长率。

（1）总资产增长率。总资产增长率是企业本年总资产增长额同年初资产总额的比率，反映企业本期资产规模的增长情况。其计算公式为：

总资产增长率＝本年总资产增长额/年初资产总额×100％

其中：本年总资产增长额＝年末资产总额－年初资产总额

总资产增长率越高，表明企业一定时期内资产经营规模扩张的速度越快。但在分析时，需要关注资产规模扩张的质和量的关系，以及企业的后续发展能力，避免盲目扩张。

（2）净资产增长率。净资产增长率是指企业本期净资产总额与上期净资产总额的比率。净资产增长率反映了企业资本规模的扩张速度，是衡量企业总量规模变动和成长状况的重要指标。其计算公式为：

净资产增长率＝(期末净资产－期初净资产)/期初净资产

（3）营业收入增长率。营业收入增长率是企业本年营业收入增长额与上年营业收入总额的比率，反映企业营业收入的增减变动情况。其计算公式为：

营业收入增长率＝本年营业收入增长额/上年营业收入总额×100％

其中：本年营业收入增长额＝本年营业收入总额－上年营业收入总额

营业收入增长率大于零，表明企业本年营业收入有所增长。该指标值越高，表明企业营业收入的增长速度越快，企业市场前景越好。

（4）营业利润增长率。营业利润增长率是企业本年营业利润增长额与上年营业利润总额的比率，反映企业营业利润的增减变动情况。其计算公式为：

营业利润增长率＝本年营业利润增长额/上年营业利润总额×100％

其中：本年营业利润增长额＝本年营业利润总额－上年营业利润总额

（三）综合分析

综合分析是将各种财务指标放在一起，以便于了解企业财务状况全貌的分析方法。综合分析法主要有财务比率综合分析法和杜邦分析法。

1. 财务比率综合分析法

财务比率综合分析反映了企业财务报表各项目之间的对比关系，由此来揭示企业财务状况。但是，一项财务比率只能反映企业某一方面的财务状况，为了进行综合的财务分析，编制财务比率综合分析表对企业的财务状况进行评价。企业财务评价的主要内容包括：盈利能力、偿债能力、成长能力。通过编制财务情况综合评分表对企业的财务状况进行综合评价，同时参照本行业先进企业或一般水平企业的情况进行进一步的评价和分析，此外，欢迎同本企业各历史年度的综合情况进行比较，对企业财务状况进行总体的纵、横向分析和把握。

2. 杜邦分析法

杜邦分析法利用几种主要的财务比率之间的关系来综合地分析企业的财务状况，这种分析方法最早由美国杜邦公司使用，故名杜邦分析法。杜邦分析法是一种用来评价公司赢利能力和股东权益回报水平，从财务角度评价企业绩效的一种经典方法。其基本思想是将企业净资产收益率逐级分解为多项财务比率乘积，这样有助于深入分析比较企业经营业绩。

杜邦模型最显著的特点是将若干个用以评价企业经营效率和财务状况的比率按其内在联系有机地结合起来，形成一个完整的指标体系，并最终通过权益收益率来综合反映。采用这一方法，可使财务比率分析的层次更清晰、条理更突出，为报表分析者全面仔细地了解企业的经营和盈利状况提供方便。

杜邦分析法的基本思路如下：

（1）权益净利率是一个综合性最强的财务分析指标，是杜邦分析系统的核心。

（2）资产净利率是影响权益净利率的最重要的指标，具有很强的综合性，而资产净利率又取决于销售净利率和总资产周转率的高低。总资产周转率是反映总资产的周转速度。对资产周转率的分析，需要对影响资产周转的各因素进行分析，以判明影响公司资产周转的主要问题在哪里。销售净利率反映销售收入的收益水平。扩大销售收入，降低成本费用是提高企业销售利润率的根本途径，而扩大销售，同时也是提高资产周转率的必要条件和途径。

（3）权益乘数表示企业的负债程度，反映了公司利用财务杠杆进行经营活动的程度。资产负债率高，权益乘数就大，这说明公司负债程度高，公司会有较多的杠杆利益，但风险也高；反之，资产负债率低，权益乘数就小，这说明公司负债程度低，公司会有较少的杠杆利益，但相应所承担的风险也低。

杜邦分析法中的几种主要的财务指标关系为：

净资产收益率(ROE)＝资产净利率(净收入/总资产)×权益乘数(总资产/总权益资本)

而：资产净利率(净收入/总资产)＝销售净利率(净收入/总收益)×资产周转率(总收益/总资产)

即：净资产收益率(ROE)＝销售净利率(NPM)×资产周转率(AU，资产利用率)×权益乘数(EM)

杜邦分析法的局限性：从企业绩效评价的角度来看，杜邦分析法只包括财务方面的信息，不能全面反映企业的实力，有很大的局限性，在实际运用中需要加以注意，必须结合企业的其他信息加以分析。局限性主要表现在以下几个方面。

（1）对短期财务结果过分重视，有可能助长公司管理层的短期行为，忽略企业长期的价值创造。

（2）财务指标反映的是企业过去的经营业绩，衡量工业时代的企业能够满足要求。但在目前的信息时代，顾客、供应商、雇员、技术创新等因素对企业经营业绩的影响越来越大，而杜邦分析法在这些方面是无能为力的。

（3）在目前的市场环境中，企业的无形知识资产对提高企业长期竞争力至关重要，杜邦分析法却不能解决无形资产的估值问题。

（四）函数介绍

1）IF 函数

功能：根据参数条件的真假，返回不同的结果。

函数格式：IF(logical_test，[value_if_true]，[value_if_false])

logical_test 必需。计算结果为 TRUE 或 FALSE 的任何值或表达式。

value _ if _ true 可选。logical _ test 参数的计算结果为 TRUE 时所要返回的值。value _ if _ false 可选。logical _ test 参数的计算结果为 FALSE 时所要返回的值。

2）AND 函数

功能：所有参数的逻辑值为真时，返回 TRUE；只要一个参数的逻辑值为假，即返回 FALSE。

函数格式：AND(logical1，logical2，...)

logical1，logical2,...表示待检测的 1 到 30 个条件值，各条件值可为 TRUE 或 FALSE。

3）ISBLANK 函数

功能：检验数值或引用的类型并根据参数取值返回 TRUE 或 FALSE。

函数格式：ISBLANK(Value)

Value 为需要进行检验的数值。如果数值为对空白单元格进行引用，则函数 ISBLANK 返回逻辑值为 TRUE，否则为 FALSE。

三、实验内容

（1）以浙江古越龙山股份有限公司 2010 年的资产负债表、利润表和现金流量表的报表数据为例建立结构分析模型。

（2）以浙江古越龙山股份有限公司 2010 年的资产负债表、利润表和现金流量表的报表数据为例建立比率分析模型。

（3）以浙江古越龙山股份有限公司 2010 年的资产负债表、利润表和现金流量表的报表数据为基础建立杜邦系统分析模型。

四、会计报表分析实验步骤

（一）报表结构分析

1. 结构分析模型的建立

操作步骤：

（1）单击“开始”→“程序”→“Microsoft Office”→“Microsoft Office Excel 2003”功能，显示“Microsoft Excel Book1”窗口。

（2）单击“文件”→“新建”功能，新建一张空白 Excel 工作簿。

（3）按照实验五的“Excel 数据导入”方法导入“20101231 古越龙山资产负债表.xls”到当前工作簿中。

（4）单击“格式”→“工作表”→“重命名”功能，修改“Sheet1”为“资产负债表”。

（5）重复步骤(4)修改“Sheet2”为“资产负债表结构分析”。

（6）在“资产负债表结构分析”的工作表中设计模型结构，如图 6－17 所示。

	A	B	C	D	E	F	G	H	I	J
1	古越龙山2010年资产负债表分析									
2	项目	年初与年末比较		结构分析		项目	年初与年末比较		结构分析	
3		增加额	增减幅度	年末结构	年初结构		增加额	增减幅度	年末结构	年初结构
4	货币资金					短期借款				
5	交易性金融资产					交易性金融负债				
6	应收票据					应付票据				
7	应收账款					应付账款				
8	预付款项					预收款项				
9	其他应收款					应付职工薪酬				
10	应收关联公司款					应交税费				

图 6－17

(7) 在“资产负债表结构分析”的工作表中的 B4 单元格中输入公式＝IF(AND(ISBLANK(资产负债表！B4)＝TRUE，ISBLANK(资产负债表！C4)＝TRUE)，“”，资产负债表！C4－资产负债表！B4)。

(8) 在“资产负债表结构分析”的工作表中的 C4 单元格中输入公式＝IF(AND(ISBLANK(资产负债表！C4)＝TRUE，ISBLANK(资产负债表！B4)＝TRUE)，“”，IF(资产负债表！C4＝0，“无意义”，资产负债表结构分析！B4/资产负债表！B4))。

(9) 在“资产负债表结构分析”的工作表中的 D4 单元格中输入公式＝IF(ISBLANK(资产负债表！C4)＝TRUE，“”，资产负债表！C4/资产负债表！$C$36)。

(10) 在“资产负债表结构分析”的工作表中的 E4 单元格中输入公式＝IF(ISBLANK(资产负债表！B4)＝TRUE，“”，资产负债表！B4/资产负债表！$B$36)。

(11) 在“资产负债表结构分析”的工作表中的 G4 单元格中输入公式＝IF(AND(ISBLANK(资产负债表！E4)＝TRUE，ISBLANK(资产负债表！F4)＝TRUE)，“”，资产负债表！F4－资产负债表！E4)。

(12) 在“资产负债表结构分析”的工作表中的 H4 单元格中输入公式＝IF(AND(ISBLANK(资产负债表！F4)＝TRUE，ISBLANK(资产负债表！E4)＝TRUE)，“”，IF(资产负债表！F4＝0，“无意义”，资产负债表结构分析！G4/资产负债表！E4))。

(13) 在“资产负债表结构分析”的工作表中的 I4 单元格中输入公式＝IF(ISBLANK(资产负债表！F4)＝TRUE，“”，资产负债表！F4/资产负债表！$F$36)。

(14) 在“资产负债表结构分析”的工作表中的 J4 单元格中输入公式＝IF(ISBLANK(资产负债表！E4)＝TRUE，“”，资产负债表！E4/资产负债表！$E$36)。

(15) 选取“资产表负债结构分析”单元格区域 B4：E4，单击工具栏上的“复制”按钮或者按 Ctrl＋C 组合键，然后选取利润表结构分析的单元格区域 B5：E36，单击工具栏上的“粘贴”按钮或按 Ctrl＋V 即可将数据复制；同理，选取单元格区域 G4：J4，将其复制到单元格区域 G5：J36，如图 6－18 所示。

(16) 选择“文件”→“保存”菜单，弹出“另存为”对话框。

(17) 选择保存的位置，修改文件名为“20101231 古越龙山资产负债表”。

(18) 单击“保存”按钮，完成资产负债表结构分析模型的建立。

	A	B	C	D	E	F	G	H	I	J
2	项目	年初与年末比较		结构分析		项目	年初与年末比较		结构分析	
3		增加额	增减幅度	年末结构	年初结构		增加额	增减幅度	年末结构	年初结构
4	货币资金	220,300,829.29	116.92%	14.45%	7.94%	短期借款	-176000000	-40%	9.19%	18.38%
5	交易性金融资产	0.00	无意义	0.00%	0.00%	交易性金融负债	0	无意义	0.00%	0.00%
6	应收票据	-2,269,578.41	-66.07%	0.04%	0.14%	应付票据	-23000000	-100%	0.00%	0.97%
7	应收账款	-10,318,000.38	-9.06%	3.66%	4.80%	应付账款	22879912	10%	8.86%	9.60%
8	预付款项	-6,565,854.50	-22.67%	0.79%	1.22%	预收款项	17714976.8	80%	1.41%	0.93%
9	其他应收款	-246,521.96	-2.77%	0.31%	0.38%	应付职工薪酬	5217610.42	30%	0.79%	0.73%
10	应收关联公司款	0.00	无意义	0.00%	0.00%	应交税费	15954838.7	123%	1.02%	0.55%
11	应收利息	0.00	无意义	0.00%	0.00%	应付利息	-414061.46	-52%	0.01%	0.03%
12	应收股利	0.00	无意义	0.00%	0.00%	应付股利	0	无意义	0.00%	0.00%
13	存货	79,370,711.38	7.40%	40.73%	45.24%	其他应付款	-59656278	-36%	3.74%	6.97%
14	其中：消耗性生物资产	0.00	无意义	0.00%	0.00%	应付关联公司款	0	无意义	0.00%	0.00%
15	一年内到期的非流动资产	0.00	无意义	0.00%	0.00%	一年内到期的非流动负债	-3784188.2	-100%	0.00%	0.16%
16	其他流动资产	0.00	无意义	0.00%	0.00%	其他流动负债	0	无意义	0.00%	0.00%
17	**流动资产合计**	280,271,585.42	19.79%	59.97%	59.73%	**流动负债合计**	-201087190	-22%	25.02%	38.33%
18	可供出售金融资产	0.00	无意义	0.00%	0.00%	长期借款	-92000000	-100%	0.00%	3.88%
19	持有至到期投资	0.00	无意义	0.00%	0.00%	应付债券	0	无意义	0.00%	0.00%
20	长期应收款	0.00	无意义	0.00%	0.00%	长期应付款	0	无意义	0.00%	0.00%
21	长期股权投资	10,037,850.60	13.50%	2.98%	3.13%	专项应付款	0	无意义	0.00%	0.00%
22	投资性房地产	-81,702.36	-3.32%	0.08%	0.10%	预计负债	0	无意义	0.00%	0.00%
23	固定资产	231,322,394.19	49.78%	24.60%	19.59%	递延所得税负债	-1684923.5	-15%	0.33%	0.46%
24	在建工程	-87,833,500.26	-39.21%	4.81%	9.44%	其他非流动负债	2160000	360%	0.10%	0.03%
25	工程物资	0.00	无意义	0.00%	0.00%	**非流动负债合计**	-91524923	-88%	0.43%	4.37%
26	固定资产清理	0.00	无意义	0.00%	0.00%	**负债合计**	-292612113	-29%	25.45%	42.69%
27	生产性生物资产	0.00	无意义	0.00%	0.00%	实收资本（或股本）	76136363	14%	22.44%	23.56%
28	油气资产	0.00	无意义	0.00%	0.00%	资本公积	578793308	152%	33.96%	16.10%
29	无形资产	24,722,207.09	15.32%	6.58%	6.80%	盈余公积	6895932.55	5%	4.83%	5.47%
30	开发支出	0.00	无意义	0.00%	0.00%	减：库存股	0	无意义	0.00%	0.00%
31	商誉	0.00	0.00%	0.76%	0.90%	未分配利润	85673547.5	32%	12.35%	11.12%
32	长期待摊费用	-349,076.32	-14.80%	0.07%	0.10%	少数股东权益	2923156.31	11%	1.04%	1.11%
33	递延所得税资产	-480,464.34	-10.51%	0.14%	0.19%	外币报表折算价差	-200900.13	-14%	-0.06%	-0.06%
34	其他非流动资产	0.00	无意义	0.00%	0.00%	归属母公司所有者权益（或股东权益）	747298251	56%	73.52%	56.19%
35	**非流动资产合计**	177,337,708.60	18.57%	40.03%	40.27%	**所有者权益（或股东权益）合计**	750221407	55%	74.55%	57.31%
36	**资产总计**	457,609,294.02	19.29%	100.00%	100.00%	**负债和所有者（或股东权益）合计**	457609294	19%	100.00%	100.00%

图 6－18

2. 利润表结构模型分析

操作步骤：

（1）选择“文件”→“新建”菜单，新建一张空白 Excel 工作簿。

（2）按照实验五的“Excel 数据导入”方法导入“20101231 古越龙山利润表.xls”到当前工作簿中。

（3）选择“格式”→“工作表”→“重命名”菜单，修改“Sheet1”为“利润表”。

（4）重复步骤(3)修改“Sheet2”为“利润表结构分析”。

（5）在“利润表结构分析”的工作表中设计模型结构，如图 6－19 所示。

	A	B	C	D	E
1	古越龙山2010年利润表分析				
2	项目	上年与本年比较		结构分析	
3		增加额	增减幅度	本年结构	上年结构
4	一、营业收入				
5	减：营业成本				
6	营业税金及附加				
7	销售费用				
8	管理费用				

图 6－19

（6）在“利润表结构分析”的工作表中的 B4 单元格中输入公式＝利润表！C4－利润表！B4。

(7) 在“利润表结构分析”的工作表中的C4单元格中输入公式=IF(利润表! B4=0, “无意义”, B4/利润表! B4)。

(8) 选取“利润表结构分析”的单元格区域B4∶C4，单击工具栏上的“复制”按钮或者按Ctrl+C组合键，然后选取利润表结构分析的单元格区域B5∶C25，单击工具栏上的“粘贴”按钮或按Ctrl+V即可将数据复制。

(9) “在利润表结构分析”的工作表中，选取D4∶E25，输入数组公式=利润表! C4∶C25/利润表! $B$4∶$C$4，按Shift+Ctrl+Enter组合键即可，利润表如图6-20所示。

	A	B	C	D	E
1	古越龙山2010年利润表分析				
2	项目	上年与本年比较		结构分析	
3		增加额	增减幅度	本年结构	上年结构
4	一、营业收入	338662292.79	45.73%	100.00%	100.00%
5	减：营业成本	221727156.46	47.88%	63.46%	62.54%
6	营业税金及附加	10193599.98	29.76%	4.12%	4.62%
7	销售费用	56468000.47	63.15%	13.52%	12.07%
8	管理费用	11835734.03	22.56%	5.96%	7.09%
9	勘探费用	0.00	无意义	0.00%	0.00%
10	财务费用	83642.18	0.56%	1.40%	2.03%
11	资产减值损失	-2668320.50	-139.96%	-0.07%	0.26%
12	加：公允价值变动净收益	0.00	无意义	0.00%	0.00%
13	投资收益	1255277.79	31.70%	0.48%	0.53%
14	其中：对联营企业和合营企业的投资收益	2222268.71	101.32%	0.41%	0.30%
15	影响营业利润的其他科目	0.00	无意义	0.00%	0.00%
16	二、营业利润	42277757.96	47.86%	12.10%	11.93%
17	加：补贴收入	0.00	无意义	0.00%	0.00%
18	营业外收入	56793604.01	405.49%	6.56%	1.89%
19	减：营业外支出	41295849.07	2938.30%	3.96%	0.19%
20	其中：非流动资产处置净损失	40162826.56	26200.69%	3.74%	0.02%
21	加：影响利润总额的其他科目	0.00	无意义	0.00%	0.00%
22	三、利润总额	57775512.90	57.24%	14.71%	13.63%
23	减：所得税	9189885.52	39.82%	2.99%	3.12%
24	加：影响净利润的其他科目	0.00	无意义	0.00%	0.00%
25	四、净利润	48585627.38	62.40%	11.72%	10.51%
26	归属于母公司所有者的净利润	47815135.58	62.51%	11.52%	10.33%
27	少数股东损益	770491.80	56.45%	0.20%	0.18%

图6-20

(10) 选择“文件”→“保存”菜单，弹出“另存为”对话框。

(11) 选择保存的位置，修改文件名为“20101231古越龙山利润表”。

(12) 单击“保存”按钮，完成利润表结构分析模型的建立。

3. 现金流量表结构模型分析

操作步骤：

(1) 选择“文件”→“新建”菜单，新建一张空白Excel工作簿。

(2) 按照实验五的“Excel数据导入”方法导入“20101231古越龙山现金流量表.xls”到当前工作簿中。

(3) 选择“格式”→“工作表”→“重命名”菜单，修改“Sheet1”为“现金流量表”。

(4) 重复步骤(3)修改“Sheet2”为“现金流量表结构分析”。

(5) 在“现金流量表结构分析”的工作表中设计模型结构，如图6-21所示。

(6) 在“现金流量表结构分析”的工作表中的B5单元格中输入公式=IF(AND(ISBLANK(现金流量表! B5)=TRUE, ISBLANK(现金流量表! C5)=TRUE), “”, 现金流量表! B5-现金流量表! C5)。

	A	B	C	D	E	F	G	H	I
1	古越龙山2010年现金流量表分析								
2	项目	上期与本期比较		本期结构分析			上期结构分析		
3		增加额	增减幅度	流入结构	流出结构	净额结构	流入结构	流出结构	净额结构
4									
5	**一、经营活动产生的现金流量**								
6	销售商品、提供劳务收到的现金								
7	收到的税费返还								
8	收到其他与经营活动有关的现金								
9	**经营活动现金流入小计**								
10	购买商品、接受劳务支付的现金								
11	支付给职工以及为职工支付的现金								
12	支付的各项税费								
13	支付其他与经营活动有关的现金								
14	**经营活动现金流出小计**								
15	**经营活动产生的现金流量净额**								

图 6－21

（7）在“现金流量表结构分析”的工作表中的 C5 单元格中输入公式＝IF(AND(ISBLANK(现金流量表！B5)＝TRUE，ISBLANK(现金流量表！C5)＝TRUE)，“”，IF(现金流量表！B5＝0，“无意义”，B5/现金流量表！C5))。

（8）选取“现金流量表结构分析”的 B5∶C5 单元格区域，并将其复制到“现金流量表结构分析”的 B6∶C40 单元格区域。

（9）在“现金流量表结构分析”的工作表中的 D8 单元格中输入公式＝现金流量表！B8/(现金流量表！$B$8＋现金流量表！$B$21＋现金流量表！$B$32)，并用公式复制的方法将其复制到“现金流量表结构分析”的工作表中的 D21 和 D32 单元格中。

（10）在“现金流量表结构分析”的工作表中的 E13 单元格中输入公式＝现金流量表！B13/(现金流量表！$B$13＋现金流量表！$B$26＋现金流量表！$B$36)，并用公式复制的方法将其复制到“现金流量表结构分析”的工作表中的 E26 和 E36 单元格中。

（11）在“现金流量表结构分析”的工作表中的 F14 单元格中输入公式＝现金流量表！B14/(现金流量表！$B$14＋现金流量表！$B$27＋现金流量表！$B$37)，并用公式复制的方法将其复制到“现金流量表结构分析”的工作表中的 F27 和 F37 单元格中。

（12）在“现金流量表结构分析”的工作表中的 G8 单元格中输入公式＝现金流量表！C8/(现金流量表！$C$8＋现金流量表！$C$21＋现金流量表！$C$32)，并用公式复制的方法将其复制到“现金流量表结构分析”的工作表中的 G21 和 G32 单元格中。

（13）在“现金流量表结构分析”的工作表中的 H13 单元格中输入公式＝现金流量表！C13/(现金流量表！$C$13＋现金流量表！$C$26＋现金流量表！$C$36)，并用公式复制的方法将其复制到“现金流量表结构分析”的工作表中的 H26 和 H36 单元格中。

（14）在“现金流量表结构分析”的工作表中的 I14 单元格中输入公式＝现金流量表！C14/(现金流量表！$C$14＋现金流量表！$C$27＋现金流量表！$C$37)，并用公式复制的方法将其复制到“现金流量表结构分析”的工作表中的 I27 和 I37 单元格中。

（15）在“现金流量表结构分析”的工作表中的 D40 单元格中输入公式＝SUM(D5∶D39)，并用公式复制的方法将其复制到 E40∶I40 单元格区域，如图 6－22 所示。

（16）选择“文件”→“保存”菜单，弹出“另存为”对话框。

（17）选择保存的位置，修改文件名为“20101231 古越龙山现金流量表”。

（18）单击“保存”按钮，完成现金流量表结构分析模型的建立。

	A	B	C	D	E	F	G	H	I
1	古越龙山2010年现金流量表分析								
2	项目	上期与本期比较		本期结构分析			上期结构分析		
3		增加额	增减幅度	流入结构	流出结构	净额结构	流入结构	流出结构	净额结构
4	**一、经营活动产生的现金流量**								
5	销售商品、提供劳务收到的现金	429873290.3	49.23%						
6	收到的税费返还	-34717.33	-4.85%						
7	收到其他与经营活动有关的现金	-6633937.83	-27.89%						
8	**经营活动现金流入小计**	423204635.1	47.14%	51.29%			58.19%		
9	购买商品、接受劳务支付的现金	290442234	62.88%						
10	支付给职工以及为职工支付的现金	39561576.2	42.80%						
11	支付的各项税费	23479666.81	18.41%						
12	支付其他与经营活动有关的现金	30783447.92	28.53%						
13	**经营活动现金流出小计**	384266924.9	48.66%		50.01%			51.45%	
14	**经营活动产生的现金流量净额**	38937710.16	36.09%			64.55%			1412.63%
15	**二、投资活动产生的现金流量**								
16	收回投资收到的现金	-824000	无意义						
17	取得投资收益收到的现金	-3478700	-48.55%						
18	处置固定资产、无形资产和其他长期资产收回的现金净额	59950439.54	216443.21%						
19	处置子公司及其他营业单位收到的现金净额								
20	收到其他与投资活动有关的现金	-90752812.26	-97.68%						
21	**投资活动现金流入小计**	-35105072.72	-34.78%	2.56%			6.54%		
22	购建固定资产、无形资产和其他长期资产支付的现金	81731431.24	48.42%						
23	投资支付的现金	8508466.04	#DIV/0!						
24	取得子公司及其他营业单位支付的现金净额	-96211490.62	无意义						
25	支付其他与投资活动有关的现金	-3321912.68	-48.68%						
26	**投资活动现金流出小计**	-9293506.02	-3.42%		11.18%			17.71%	
27	**投资活动产生的现金流量净额**	-25811566.7	15.10%			-86.46%			-2237.15%
28	**三、筹资活动产生的现金流量**								
29	吸收投资收到的现金	660524919.4	#DIV/0!						
30	取得借款收到的现金	10000000	2.13%						
31	收到其他与筹资活动有关的现金	-26000000	-35.14%						
32	**筹资活动现金流入小计**	644524919.4	118.48%	46.15%			35.27%		
33	偿还债务支付的现金	351868376.4	87.99%						
34	分配股利、利润或偿付利息支付的现金	33761451.1	158.91%						
35	支付其他与筹资活动有关的现金	52165978.13	99.90%						
36	**筹资活动现金流出小计**	437795805.6	92.48%		38.81%			30.84%	
37	**筹资活动产生的现金流量净额**	206729113.8	292.73%			121.92%			924.53%
38	**四、（1）汇率变动对现金的影响**	-113081.79	43.50%						
39	**(2)、其他原因对现金的影响**								
40	**五、现金及现金等价物净增加额**	219742175.4	2978.08%	100.00%	100.00%	100.00%	100.00%	100.00%	100.00%

图 6－22

（二）财务比率分析

操作步骤：

（1）选择“文件”→“新建”菜单，新建一张空白 Excel 工作簿。

（2）选择“格式”→“工作表”→“重命名”菜单，修改“sheet1”为“财务比率分析”。

（3）在“财务比率分析”的工作表中设计模型结构，如图 6－23 所示。

（4）在“财务比率分析”的工作表的 E3：E31 中分别输入公式。

E3=[20101231 古越龙山资产负债表.xls]资产负债表！$C$17/[20101231 古越龙山资产负债表.xls]资产负债表！$F$17。

E4=([20101231 古越龙山资产负债表.xls]资产负债表！$C$17-[20101231 古越龙山资产负债表.xls]资产负债表！$C$13)/[20101231 古越龙山资产负债表.xls]资产负债表！$F$17。

E5=([20101231 古越龙山资产负债表.xls]资产负债表！$C$4+[20101231 古越龙山资产负债表.xls]资产负债表！$C$5)/[20101231 古越龙山资产负债表.xls]资产负债

	A	B	C	D	E
1	古越龙山2010年财务比率分析				
2	大类	分类	比率指标名称	计算公式	指标值
3	偿债能力比率	短期偿债能力比率	流动比率	流动资产/流动负债	
4			速动比率	（流动资产-存货）/流动负债	
5			现金比率	可立即动用的资金/流动负债	
6			现金流量比率	经营活动现金净流量/流动负债	
7		长期偿债能力比率	资产负债率	负债总额/资产总额	
8			股东权益比率	股东权益总额/资产总额	
9			偿债保障比率	负债总额/经营活动现金净流量	
10		负担利息和固定费用能力	利息保障倍数	息税前利润/利息费用	
11			固定费用保障倍数	税前及支付固定费用前利润/［利息费用+租金+优先股股利/（1-税率）］	
12	获利能力比率	与销售收入有关的获利能力比率	销售毛利率	销售毛利/销售收入	
13			销售净利率	净利润/销售收入	
14		与资金有关的获利能力比率	资产净利率	净利润/资产平均总额	
15			净资产收益率	净利润/净资产平均总额	
16		与股份数或股票价格有关的获利能力比率	普通股每股收益	（净利润-优先股股利）/发行在外的普通股平均股数	
17			普通股每股现金流量	（经营活动现金净流量-优先股股利）/发行在外的普通股平均股数	
18			普通股每股股利	普通股现金股利/发行在外的普通股平均股数	
19			市盈率	普通股每股市价/普通股每股收益	
20			市净率	普通股每股市价/普通股每股净资产	
21	营运能力比率	反映资产周转情况的比率	应收帐款周转率	赊销收入净额/应收帐款平均余额	
22			存货周转率	销售成本/存货平均余额	
23			流动资产周转率	销售收入/流动资产平均余额	
24			固定资产周转率	销售收入/固定资产平均余额	
25			总资产周转率	销售收入/资产平均余额	
26		产生现金能力的比率	经营现金使用效率	经营活动现金流入/经营活动现金流出	
27			现金利润比率	现金及现金等价物净增加额/净利润	
28			现金收入比率	经营活动现金净流量/营业收入	
29	发展能力比率	与资产有关的增长率	总资产增长率	（期末总资产-期初总资产）/期初总资产	
30			净资产增长率	（期末净资产-期初净资产）/期初净资产	
31		与收入和利润有关的增长率	营业收入增长率	（本期营业收入-上期营业收入）/上期营业收入	
32			净利润增长率	（本期净利润-上期净利润）/上期净利润	

图 6－23

表！＄F＄17。

E6＝[20101231 古越龙山现金流量表.xls]现金流量表！＄B＄14/[20101231 古越龙山资产负债表.xls]资产负债表！＄F＄17。

E7＝[20101231 古越龙山资产负债表.xls]资产负债表！＄F＄26/[20101231 古越龙山资产负债表.xls]资产负债表！＄C＄36。

E8＝[20101231 古越龙山资产负债表.xls]资产负债表！＄F＄35/[20101231 古越龙山资产负债表.xls]资产负债表！＄C＄36。

E9＝[20101231 古越龙山资产负债表.xls]资产负债表！＄F＄25/[20101231 古越龙山现金流量表.xls]现金流量表！＄B＄14。

E10＝([20101231 古越龙山利润表.xls]利润表！＄C＄25＋[20101231 古越龙山利润表.xls]利润表！＄C＄23＋[20101231 古越龙山利润表.xls]利润表！＄C＄10)/[20101231 古越龙山利润表.xls]利润表！＄C＄10。

E11＝([20101231 古越龙山利润表.xls]利润表！＄C＄4－[20101231 古越龙山利润表.xls]利润表！＄C＄5－[20101231 古越龙山利润表.xls]利润表！＄C＄6)/[20101231 古越龙山利润表.xls]利润表！＄C＄4。

E12＝[20101231 古越龙山利润表.xls]利润表！＄C＄25/[20101231 古越龙山利润表.xls]利润表！＄C＄4。

E13=[20101231 古越龙山利润表.xls]利润表! $C$25/([20101231 古越龙山资产负债表.xls]资产负债表! $B$36+[20101231 古越龙山资产负债表.xls]资产负债表! $C$36)/2。

E14=[20101231 古越龙山利润表.xls]利润表! $C$25/([20101231 古越龙山资产负债表.xls]资产负债表! $E$35+[20101231 古越龙山资产负债表.xls]资产负债表! $F$35)/2。

E15=[20101231 古越龙山利润表.xls]利润表! $C$25/[20101231 古越龙山资产负债表.xls]资产负债表! $F$27。

E16=[20101231 古越龙山现金流量表.xls]现金流量表! $B$14/[20101231 古越龙山资产负债表.xls]资产负债表! $F$27。

E17=H8/[20101231 古越龙山资产负债表.xls]资产负债表! $F$27。

E18=H9/[20101231 古越龙山利润表.xls]利润表! $C$29。

E19=H9/([20101231 古越龙山资产负债表.xls]资产负债表! $F$35/[20101231 古越龙山资产负债表.xls]资产负债表! $F$27)。

E20=[20101231 古越龙山利润表.xls]利润表! $C$4*H10/([20101231 古越龙山资产负债表.xls]资产负债表! $B$7+[20101231 古越龙山资产负债表.xls]资产负债表! $C$7)/2。

E21=[20101231 古越龙山利润表.xls]利润表! $C$5/([20101231 古越龙山资产负债表.xls]资产负债表! $B$13+[20101231 古越龙山资产负债表.xls]资产负债表! $C$13)/2。

E22=[20101231 古越龙山利润表.xls]利润表! $C$4/([20101231 古越龙山资产负债表.xls]资产负债表! $B$17+[20101231 古越龙山资产负债表.xls]资产负债表! $C$17)/2。

E23=[20101231 古越龙山利润表.xls]利润表! $C$4/([20101231 古越龙山资产负债表.xls]资产负债表! $B$23+[20101231 古越龙山资产负债表.xls]资产负债表! $C$23)/2。

E24=[20101231 古越龙山利润表.xls]利润表! $C$4/([20101231 古越龙山资产负债表.xls]资产负债表! $B$36+[20101231 古越龙山资产负债表.xls]资产负债表! $C$36)/2。

E25=[20101231 古越龙山现金流量表.xls]现金流量表! $B$8/[20101231 古越龙山现金流量表.xls]现金流量表! $B$13。

E26=[20101231 古越龙山现金流量表.xls]现金流量表! $B$40/[20101231 古越龙山利润表.xls]利润表! $C$25。

E27=[20101231 古越龙山现金流量表.xls]现金流量表! $B$14/[20101231 古越龙山利润表.xls]利润表! $C$4。

E28=([20101231 古越龙山资产负债表.xls]资产负债表! $C$36-[20101231 古越龙山资产负债表.xls]资产负债表! $B$36)/[20101231 古越龙山资产负债表.xls]资产负债表! $B$36。

E29=([20101231 古越龙山资产负债表 . xls]资产负债表！ $F$35－[20101231 古越龙山资产负债表 . xls]资产负债表！ $E$35)/[20101231 古越龙山资产负债表 . xls]资产负债表！ $E$35。

E30=([20101231 古越龙山利润表 . xls]利润表！ $C$4－[20101231 古越龙山利润表 . xls]利润表！ $B$4)/[20101231 古越龙山利润表 . xls]利润表！ $B$4。

E31=([20101231 古越龙山利润表 . xls]利润表！ $C$25－[20101231 古越龙山利润表 . xls]利润表！ $B$25)/[20101231 古越龙山利润表 . xls]利润表！ $B$25。

(5) 公式输入完成后，即可显示“财务比率分析”结果，如图 6 - 24 所示。

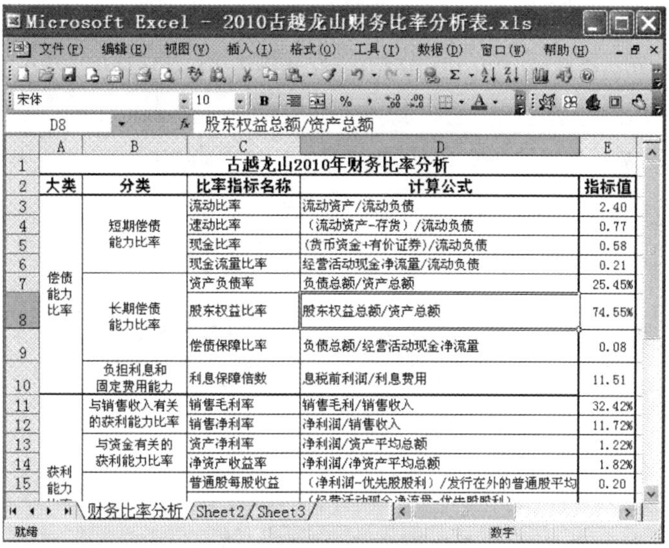

	A	B	C	D	E
1	古越龙山2010年财务比率分析				
2	大类	分类	比率指标名称	计算公式	指标值
3	偿债能力比率	短期偿债能力比率	流动比率	流动资产/流动负债	2.40
4			速动比率	（流动资产-存货）/流动负债	0.77
5			现金比率	(货币资金+有价证券)/流动负债	0.58
6			现金流量比率	经营活动现金净流量/流动负债	0.21
7		长期偿债能力比率	资产负债率	负债总额/资产总额	25.45%
8			股东权益比率	股东权益总额/资产总额	74.55%
9			偿债保障比率	负债总额/经营活动现金净流量	0.08
10		负担利息和固定费用能力	利息保障倍数	息税前利润/利息费用	11.51
11	获利能力	与销售收入有关的获利能力比率	销售毛利率	销售毛利/销售收入	32.42%
12			销售净利率	净利润/销售收入	11.72%
13		与资金有关的获利能力比率	资产净利率	净利润/资产平均总额	1.22%
14			净资产收益率	净利润/净资产平均总额	1.82%
15			普通股每股收益	（净利润-优先股股利）/发行在外的普通股平均	0.20

图 6 - 24

(6) 选择“文件”→“保存”菜单，弹出“另存为”对话框。

(7) 选择保存的位置，修改文件名为“古越龙山财务比率分析模型”。

(8) 单击“保存”按钮，完成财务比率分析模型的建立。

(三) 杜邦分析法

操作步骤：

(1) 选择“文件”→“新建”菜单，新建一张空白 Excel 工作簿。

(2) 选择“格式”→“工作表”→“重命名”菜单，修改“Sheet1”为“杜邦分析模型”。

(3) 选择“工具”→“选项”菜单，打开“选项”对话框。

(4) 选择“视图”选项卡，取消对话框选项的“网格线”复选框。

(5) 在“杜邦分析模型”的工作表中设计模型结构，如图 6 - 25 所示。

(6) 在合并单元格中输入以下公式。

A19：B19=[20101231 古越龙山利润表 . xls]利润表！ $C$16。

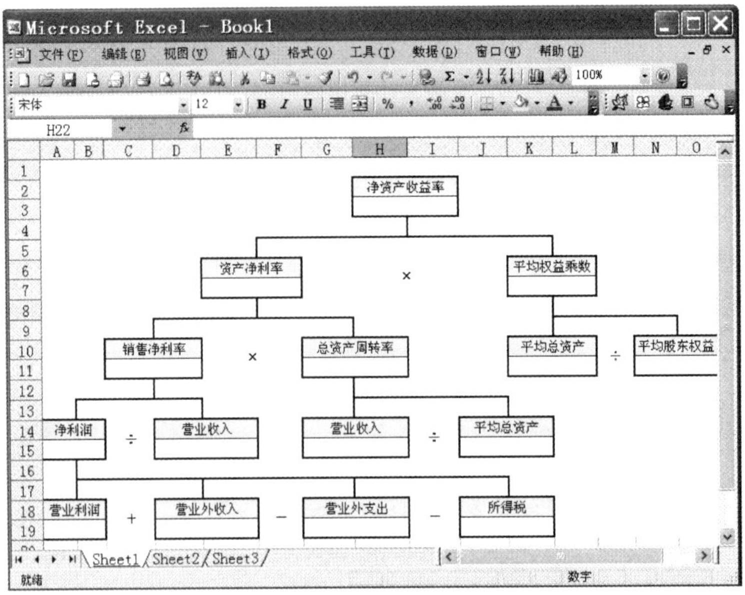

图 6-25

D19：E19=[20101231 古越龙山利润表.xls]利润表！ $C$18。

G19：H19=[20101231 古越龙山利润表.xls]利润表！ $C$19。

J19：K19=[20101231 古越龙山利润表.xls]利润表！ $C$23。

A15：B15=[20101231 古越龙山利润表.xls]利润表！ $C$25。

D15：E15=[20101231 古越龙山利润表.xls]利润表！ $C$4。

G15：H15=[20101231 古越龙山利润表.xls]利润表！ $C$4。

J15：K15=([20101231 古越龙山资产负债表.xls]资产负债表！ $B$36+[20101231 古越龙山资产负债表.xls]资产负债表！ $C$36)/2。

C11：D11=A15/D15。

G11：H11=G15/J15。

K11：L11=([20101231 古越龙山资产负债表.xls]资产负债表！ $B$36+[20101231 古越龙山资产负债表.xls]资产负债表！ $C$36)/2。

N11：O11=([20101231 古越龙山资产负债表.xls]资产负债表！ $E$35+[20101231 古越龙山资产负债表.xls]资产负债表！ $F$35)/2。

E7：F7=C11*G11。

K7：L7=K11/N11。

H3：I3=E7*K7。

(7) 输入完成后，显示结果如图 6-26 所示。

(8) 选择“文件”→“保存”菜单，弹出“另存为”对话框。

(9) 选择保存的位置，修改文件名为“古越龙山杜邦分析模型”。

(10) 单击“保存”按钮，完成杜邦分析模型的建立。

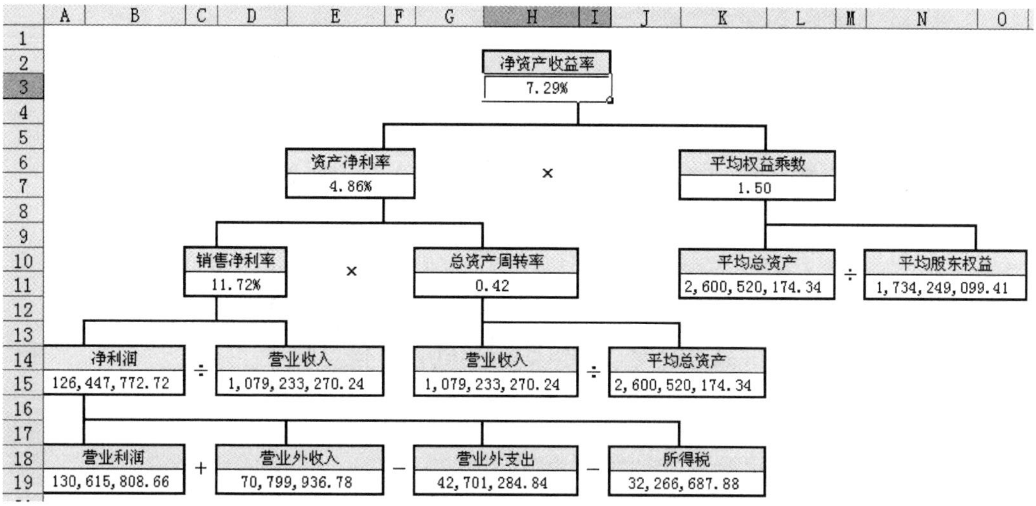

图 6-26

五、实验习题

登录网易股票 http://money.163.com/stock/，然后下载感兴趣的上市公司的资产负债表、利润表和现金流量表数据，并建立其财务分析比率模型和杜邦模型。

第七章　基于 Excel 函数会计信息分析

实验一　货币时间价值模型

一、实验目的

1. 掌握年金终值、限制函数的应用；
2. 掌握年金函数、利息函数及本金函数的应用；
3. 掌握期数函数、利率函数的应用。

二、预备知识

1. 终值

复利终值是指以特定金额按规定利率复利折算的未来价值，即本利和。公式为：

$$F=P*(1+i)\hat{}n$$

式中，F 为第 n 年之后的终值；P 为期初额或现值；i 为利率；n 为时间或期数，通常以年为单位。$(1+i)\hat{}n$ 称为复利系数，表示 1 元的复利终值，用符号(F，i，n)表示。

如果每年复利 m 次，则每期的利率为 i/m，时间为 $m*n$，此时的复利终值计算公式为：

$$F=P*(1+i/m)\hat{}(m*n)$$

2. 现值

复利现值是指未来一定时间的特定金额按规定利率复利计算的现在价值。公式为：

$$P=F/(1+i)\hat{}n=F*(1+i)\hat{}(-n)$$

式中$(1+i)\hat{}(-n)$称为复利现值系数，表示 1 元的复利现值，用符号(P，i，n)表示。

同样，如果每年复利 m 次，此时的复利现值公式为：

$$P=F/(1+i/m)\hat{}(m*n)=F*(1+i/m)\hat{}(-m*n)$$

3. 年金

年金是指等额定期的系列收支，即每隔一定相同时期，收到或支付相等金额的款项。年金按收付款的时间不同，可以分为：普通年金、预付年金、递延年金和永续年金。

1）普通年金

普通年金是指收入或支出在每期期末的年金。它可以分为普通年金现值和普通年金终值两种。

（1）普通年金终值：指一定时间内每期期末收到或支付相等款项的复利终值之和。公式为：

$$FV = A + A(1+i) + A(1+i)\wedge 2 + \cdots + A(1+i)\wedge(n-1)$$
$$= A * ((1+i)\wedge n - 1)/i$$

式中，i 为利率；n 为年金的期数；A 为年金，即每期的收支款项；$((1+i)\wedge n-1)/i$ 为年金终值系数，表示每期收入或支出 1 元的年金终值，用符号(FV/A，i，n)表示。

如果每年固定收入或支出 m 期，每期收支为 A，则每期的利率为 i/m，总期数为 $m*n$，则公式为：

$$FV = A * ((1+i/m)\wedge(m*n) - 1)/(i/m)$$

（2）普通年金现值：按复利计算的情况下，一定期间内每期期末收到或支出相等款项时，现在应该支付或投入的金额。公式为：

$$PV = A(1+i)\wedge(-1) + A(1+i)\wedge(-2) + \cdots + A(1+i)\wedge(-n)$$
$$= A * (1-(1+i)\wedge(-n))/i$$

式中，$(1-(1+i)\wedge(-n))/i$ 称为年金现值系数，表示每期收入或支出 1 元的年金现值，用符号(PV/A，i，n)表示。

如果每年固定收入或支出 m 期，每期收支为 A，则每期利率为 i/m，总期数为 $m*n$，则公式为：

$$PV = A * (1-(1+i/m)\wedge(-m*n))/(i/m)$$

2）预付年金

预付年金是指收入或支出在每期期初的年金。它可以分为：预付年金终值和预付年金现值。

（1）预付年金终值：按复利计息的情况下，收入或支出的每期期初的系列等额付款的终值之和。公式为：

$$FV = A(1+i) + A(1+i)\wedge 2 + \cdots + A(1+i)\wedge n$$
$$= A * [((1+i)\wedge(n+1))/i - 1)]$$

式中，$[((1+i)\wedge(n+1))/i-1)]$为预付年金终值系数，用符号(($FV/A$，$i$，$n+1$)$-1$)表示。

（2）预付年金现值：按复利计息的情况下，一定期间内每期期初收到或支付相等款项，现在需要支付或投入的金额。公式为：

$$PV = A + A(1+i)\wedge(-1) + A(1+i)\wedge(-2) + \cdots + A(1+i)\wedge(-(n-1))$$
$$= A * [(1-(1+i)\wedge(-(n-1)))/i + 1]$$

式中，$[(1-(1+i)\wedge(-(n-1)))/i+1]$为预付年金现值系数，用符号(($PV/A$，$i$，$(n-1)+1$)表示。

3）递延年金

递延年金是指在最初若干期没有收入或支出款项的情况下，随后若干期发生等额的收入或支付。它可分为：递延年金终值和递延年金现值。其中递延年金的终值大小与递延期无关，计算方法同普通年金终值计算方法相同。

递延年金现值的计算公式为：

$$递延\ PV=普通年金(m+n)期现值-普通年金\ m\ 期现值$$

或者递延 PV=普通年金 n 期现值 * m 期现值系数

4）永续年金

永续年金是指无限期定额收付实务年金。永续年金无终值，其现值公式为：

$$永续\ PV=每期的等额支付/利率=A/i$$

4. 货币时间价值函数

函数参数介绍：

Rate：期利率，是一固定值。

Nper：总投资(或贷款)期，即该项投资(或贷款)的付款期总数。

Pmt：各期所应付给(或得到)的金额，其数值在整个年金期间(或投资期内)保持不变。如果忽略 Pmt，则必须包括 PV 参数。

PV：现值，即从该项投资(或贷款)开始计算时已经入账的款项或一系列未来付款当前值的累积和，也称为本金。如果省略 PV，则假设其值为零，并且必须包括 Pmt 参数。

Type：字 0 或 1，用以指定各期的付款时间是在期初还是期末，Type 为 0 表示期末，Type 为 1 表示期初。如果省略 Type，则默认其值为零。

FV：终值，为未来值，或在最后一次支付后希望得到的现金余额。

1）FV 函数

功能：基于固定利率及等额分期付款方式，返回某项投资的未来值。

函数格式：FV(rate，nper，pmt，pv，type)。

2）PV 函数

功能：返回投资的现值。现值为一系列未来付款的当前值的累积和。

函数格式：PV(rate，nper，pmt，pv，type)。

3）PMT 函数

功能：基于固定利率及等额分期付款方式，返回贷款的每期付款额。

函数格式：PMT(rate，nper，pv，fv，type)。

4）IPMT 函数

功能：基于固定利率及等额分期付款方式，返回给定期数内对投资的利息偿还额。

函数格式：IPMT(rate，per，nper，pv，fv，type)。

5）PPMT 函数

功能：基于固定利率及等额分期付款方式，返回投资在某一给定期间内的本金偿还额。

函数格式：PPMT(rate，per，nper，pv，fv，type)。

6）RATE 函数

功能：返回年金的各期利率。函数 RATE 通过迭代法计算得出，并且可能无解或有多个解。

函数格式：RATE(nper，pmt，pv，fv，type，guess)。

7）NPER 函数

功能：基于固定利率及等额分期付款方式，返回某项投资的总期数。

函数格式：NPER(rate，pmt，pv，fv，type)。

三、实验内容

1. 复利终值、现值；
2. 年金终值与现值；
3. 贷款分析模型。

四、实验步骤

1. 复利终值

【例 7－1】 阳光公司在银行存入 50 000 元，存期 10 年，银行按 7%的年利率复利计息。要求建立一个复利终值计算模型，该模型具有以下几项功能：①计算这笔存款在 10 年末的复利终值；②分析本金、利息和复利终值对计息期限的敏感性。

（1）计算这笔存款在 10 年末的复利终值。

操作步骤：

① 单击“文件”→“新建”功能，新建一张新的工作表。

② 单击“格式”→“重命名”功能，修改“Sheet1”的名称为“复利终值”。

③ 在工作表中输入已知条件，并设置计算结果区域的格式，如图 7－1 所示。

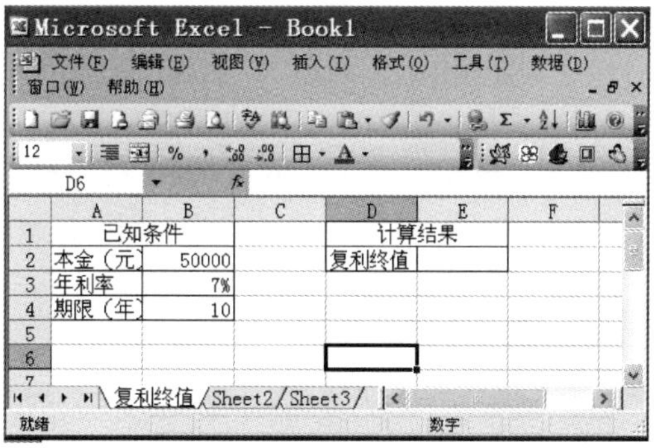

图 7－1

④ 选中单元格 E2，单击“插入”→“函数”功能，弹出“插入函数”对话框。

⑤“选择类别”为“财务”，在“选择函数”列表框中选择 FV，如图 7－2 所示。

⑥ 单击“确定”按钮，弹出“FV 函数参数”对话框。

⑦ 在“FV 函数参数”对话框中输入函数参数，如图 7－3 所示。

⑧ 单击“确定”按钮，即可在“E2”单元格中显示计算结果。

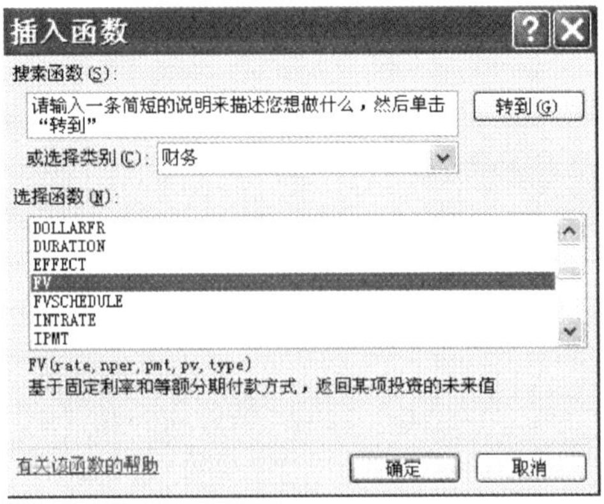

图 7－2

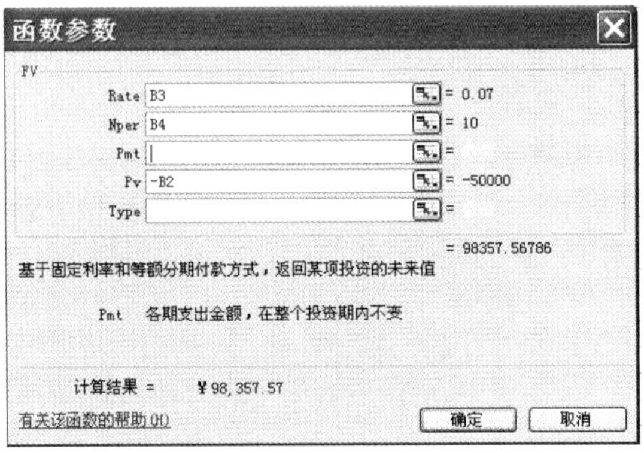

图 7－3

(2) 分析本金、利息和复利终值对计息期限的敏感性。

操作步骤：

① 在“复利终值”工作表的单元格“A7：K11”中设计分析格式。

② 在“B9”单元格中输入“＝B2”；在“B10”单元格中输入“＝B9＊＄B＄3”；在“B11”单元格中输入“＝B9＋B10”；在“C9”单元格中输入“＝B11”。

③ 选取“C9”单元格，将其向右填充复制到 K9 单元格。

④ 选取“B10：B11”，将其向右填充复制到“K10：K11”单元格，如图 7－4 所示。

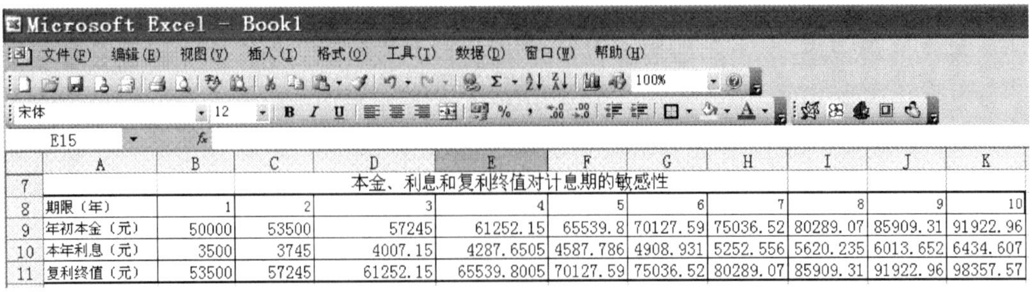

	A	B	C	D	E	F	G	H	I	J	K
7	本金、利息和复利终值对计息期的敏感性										
8	期限（年）	1	2	3	4	5	6	7	8	9	10
9	年初本金（元）	50000	53500	57245	61252.15	65539.8	70127.59	75036.52	80289.07	85909.31	91922.96
10	本年利息（元）	3500	3745	4007.15	4287.6505	4587.786	4908.931	5252.556	5620.235	6013.652	6434.607
11	复利终值（元）	53500	57245	61252.15	65539.8005	70127.59	75036.52	80289.07	85909.31	91922.96	98357.57

图 7－4

⑤ 单击“新建”→“保存”功能，输入文件名“复利终值模型”。

⑥ 单击“保存”按钮即可。

2. 复利现值

【例 7-2】阳光公司希望 5 年后买入一台机器设备，价值 300 000 元，假定银行存款的复利年利率为 3%。要求建立一个复利现值模型，并使该模型能够满足：①为了 5 年后能够获得 300 000 元，现在应该存入多少钱。

为了 5 年后能够获得 300 000 元，现在应该存入多少钱。

操作步骤：

① 单击“文件”→“新建”功能，新建一张新的工作表。

② 单击“格式—重命名”功能，修改“Sheet1”的名称为“复利现值”。

③ 在工作表中输入已知条件，并设置计算结果区域的格式，如图 7-5 所示。

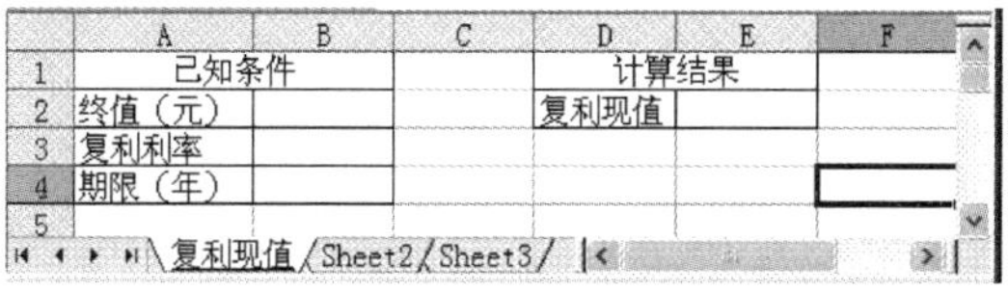

图 7-5

④ 选中单元格 E2，单击“插入”→“函数”功能，弹出“插入函数”对话框。

⑤“选择类别”为“财务”，在“选择函数”列表框中选择“PV”。

⑥ 单击“确定”按钮，弹出“PV 函数参数”对话框。

⑦ 在“PV 函数参数”对话框中输入函数参数，如图 7-6 所示。

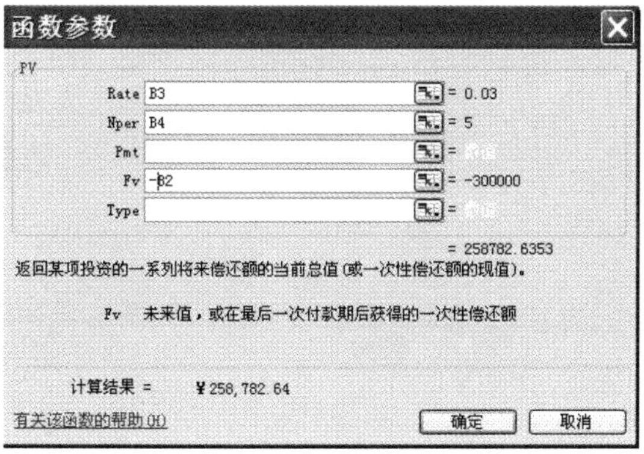

图 7-6

⑧ 单击“确定”按钮，即可完成计算结果。

⑨ 单击“新建”→“保存”功能，输入文件名“复利终值模型”。

⑩ 单击“保存”按钮即可。

3. 年金终值与现值

【例 7-3】东海公司 2008 年 1 月 1 日向旺佳信托投资公司融资租赁一台全自动机床，

双方在租赁协议中明确：租期截止到 2011 年 12 月 31 日，年租金 10 000 元，于每年末支付一次，旺佳信托投资公司要求的利息为 10%。

要求：根据资料计算系列租金的现值和终值？如果年租金改按每年年初支付一次，再计算系列租金的现值和终值？

操作步骤：

(1) 单击“文件”→“新建”功能，新建一张工作表。

(2) 在新工作表中，设计输入数据区域和计算结果区域格式，如图 7-7 所示。

	A	B	C	D	E	F	G	H
1	输入数据区域			计算结果区域			年金发生的时点	普通年金
2	年金（元）			年金类型				先付年金
3	期限（年）			终值或现值（元）			终值或现值	年金终值
4	年利率			计算结果				年金现值

图 7-7

(3) 单击打开“视图”菜单，在“工具栏”子菜单执行“窗体”命令，则系统显示“窗体”工具栏，如图 7-8 所示。

(4) 在“窗体”工具栏上单击“组合框控件”按钮，然后将鼠标指针对准单元格 E2 的左上角，向右下方拖曳出一个组合框控件。

(5) 在“组合框”的边界，单击鼠标右键，显示快捷菜单，单击“设置控件格式”命令，弹出“设置控件格式”对话框。

(6) 在对话框的“数据源区域”输入“$G$2:G$3”；在“单元格连接”区域输入“E2”；在“下拉显示项数”输入“2”，如图 7-9 所示。

图 7-8

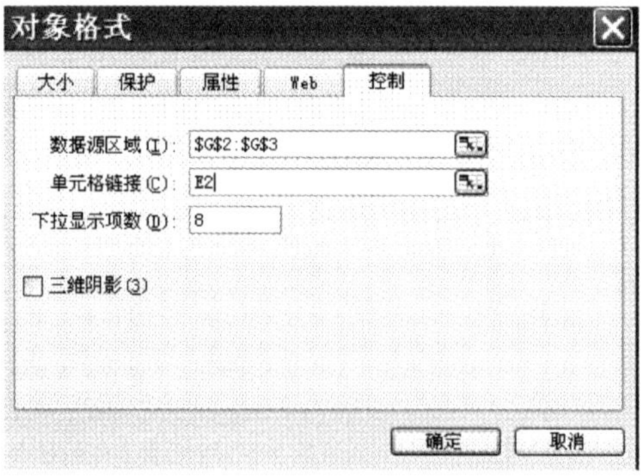

图 7-9

(7) 单击“确定”按钮，完成组合框控件设置。

(8) 重复上述步骤(3)～(7)，可以完成“E3”组合框控件设置。

(9) 在“B2”单元格输入“10 000”；“B3”单元格输入“4”；“B4”单元格输入“10%”。

(10) 在单元格“E4”中输入公式如下：“=IF(E2=1，IF(E3=1，FV(B4，B3，-B2)，PV(B4，B3，-B2))，IF(E3=1，FV(B4，B3，-B2,，1)，PV(B4，B3，-B2,，1)))”。

(11) 公式输入完成后，按“回车”键，即可以完成计算结果，如图 7-10 所示。

	A	B	C	D	E
1	输入数据区域			计算结果区域	
2	年金（元）	10000		年金类型	先付年金
3	期限（年）	4		终值或现值	年金终值
4	年利率	0.1		计算结果	51051

图 7－10

（12）单击“新建”→“保存”功能，输入文件名“年金终值与现值模型”。

（13）单击“保存”按钮即可。

4. 贷款分析模型

【例 7－4】 阳光公司为购买办公楼，向银行贷款 1 250 000 元，贷款期限为 8 年，年利率为 5%。要求建立模型能够计算：①每年支付的贷款数(本利和)；②计算每年支付的利息；③每年支付的本金。

操作步骤：

（1）单击“文件”→“新建”功能，新建一张新的工作表。

（2）单击“格式”→“重命名”功能，修改“Sheet1”的名称为“贷款分析模型”。

（3）在工作表中输入已知条件，并设置计算结果区域的格式，如图 7－11 所示。

	A	B	C	D	E	F	G
1	基本数据			计算结果			
2	贷款总额	1250000		贷款年限	每年偿额	本金	利息
3	贷款期限	8		1			
4	贷款年利率	0.05		2			
5				3			
6				4			
7				5			
8				6			
9				7			
10				8			

图 7－11

（4）在“E3”单元格中输入“＝PMT($B$4，$B$3，－$B$2)”，按 Enter 键，得到本利和计算结果。

（5）在“F3”单元格中输入“＝IPMT($B$4，D3，$B$3，－$B$2)”，按 Enter 键，得到本金计算结果。

（6）在“G3”单元格中输入“＝PPMT($B$4，D3，$B$3，－$B$2)”，按 Enter 键，得到利息计算结果。

（7）选择“E3：G3”，将其向下填充复制到“E10：G10”单元格，如图 7－12 所示。

	D	E	F	G
1	计算结果			
2	贷款年限	每年偿额	本金	利息
3	1	¥193,402.27	¥62,500.00	¥130,902.27
4	2	¥193,402.27	¥55,954.89	¥137,447.38
5	3	¥193,402.27	¥49,082.52	¥144,319.75
6	4	¥193,402.27	¥41,866.53	¥151,535.74
7	5	¥193,402.27	¥34,289.74	¥159,112.52
8	6	¥193,402.27	¥26,334.12	¥167,068.15
9	7	¥193,402.27	¥17,980.71	¥175,421.56
10	8	¥193,402.27	¥9,209.63	¥184,192.64

图 7－12

（8）单击“新建”→“保存”功能，输入文件名“贷款分析模型”。

（9）单击“保存”按钮即可。

五、实验习题

（1）某人正在考虑两个不同的储蓄计划：①每半年存入500元，年利率7%，半年计息一次；②每年存入1 000元，年利率7.5%，每年计息一次。两个储蓄计划的第一笔存款分别在半年和一年后存入。计算：

① 两个计划下第10年末的存款终值分别为多少？

② 假定只考虑第10年末的终值，该储蓄人应该选择哪个计划？

③ 如果计划2下的年利率改为7%，上述答案有变化吗？

（2）如果你购买了一张4年后到期的票据，该票据在今后4年内的每年年末向你支付3 000元，而该票据的购买价格是10 200元，那么这张票据向你提供的隐含年利率是多少(百分数近似到整数)？

（3）某人还有20年就要退休，假如退休后还可以再活20年。假如他现在开始储蓄，退休后每年要取1元，他现在每年必须存多少元？假定实际年利率为：2%、6%和10%？

实验二　固定资产折旧模型

一、实验目的

1. 掌握直线折旧函数的应用；

2. 掌握加速折旧函数的应用；

3. 掌握年数总和函数的应用。

二、预备知识

（一）折旧函数介绍

1. 折旧方法

1）直线折旧方法

直线折旧方法是按固定资产预计使用年限进行平均分摊计算年折旧率的一种方法。其公式为：

年折旧额=(固定资产的原始价值－预计净残值)/预计使用年限

其中：预计净残值=固定资产报废时预计的净残值－预计的报废清理费用

年折旧率=(固定资产年折旧额/固定资产原始价值)＊100%

2）双倍余额递减法

双倍余额递减法是指双倍直线折旧率的余额递减法。其公式为：

年折旧额=(固定资产原值－累计折旧额)*(余额递减速率/预计使用年限)

如果折旧额大于余额递减计算值，采用直线折旧法。

3）可变余额递减法

可变余额递减法是指以不同倍率的余额递减法计算一个时期内折旧额的方法。

4）年数总和法

年数总和法是以固定资产的原始价值减去预计净残值后的余额乘以一个逐年递减的分数，作为该期的折旧额。其公式为：

年折旧额=(固定资产原值－预计净残值)*(尚可使用年限/年次数字总和)

其中：年次数字总和=使用年限*(使用年限+1)/2

2. 折旧函数

1）直线法折旧函数——SLN函数

功能：返回一项资产每期的直线折旧额。

函数格式：SLN(cost，salvage，life)

式中，cost表示资产原值；salvage表示预计净残值；life表示使用年限。

2）双倍余额递减法——DDB函数

功能：使用双倍余额递减法或其他指定方法，计算一笔资产在给定期间内的折旧值。

函数格式：DDB(cost，salvage，life，period，factor)

式中，factor为余额递减速率。

3）可变余额递减法——VDB函数

功能：使用双倍余额递减法或其他指定的方法，返回指定的任何期间内的累计资产折旧值。

函数格式：VDB(cost，salvage，life，start_period，end_period，factor，no_switch)

式中，start_period表示计算的开始时间；end_period表示计算的结束时间；no_switch表示是否需要转换计算方法的逻辑值，true为不转，false为转。

4）年数总和法折旧计算函数——SYD函数

功能：返回某项资产按年限总和折旧法计算的某期折旧额。

函数格式：SYD(cost，salvage，life，per)

三、实验内容

1. 3种折旧方法比较；
2. 可变余额递减折旧。

四、实验步骤

1. 3种折旧方法的比较

【例7-5】阳光公司有一台机床，可用期限8年，原始成本为110万元，预计净残值

10 万元。要求建立模型能够计算：①直线折旧法的折旧额；②双倍余额递减法的折旧额；③年数总和法的折旧额。

操作步骤：

（1）单击“文件”→“新建”功能，新建一张工作表。

（2）单击“格式”→“重命名”功能，修改“sheet1”的名称为“固定资产折旧模型”。

（3）在工作表中输入已知条件，并设置计算结果区域的格式，如图 7－13 所示。

（4）在“E3”单元格中输入“＝SLN(＄B＄2，＄B＄4，＄B＄3)”，按 Enter 键，得到直线折旧法计算结果。

	A	B	C	D	E	F	G
1	已知数据			折旧模型			
2	原值	1100000		年份	直线法	双倍余额递减法	年数总和法
3	使用年限	8		1			
4	预计净残值	100000		2			
5				3			
6				4			
7				5			
8				6			
9				7			
10				8			

图 7－13

（5）在“F3”单元格中输入“＝DDB(＄B＄2，＄B＄4，＄B＄3，D3)”，按 Enter 键，得到双倍余额递减法计算结果。

（6）在“G3”单元格中输入“＝SYD(＄B＄2，＄B＄4，＄B＄3，D3)”，按 Enter 键，得到年数总和法计算结果。

（7）选择“E3：G3”，将其向下填充复制到“E10：G10”单元格，如图 7－14 所示。

	D	E	F	G
1	折旧模型			
2	年份	直线法	双倍余额递减法	年数总和法
3	1	￥125,000.00	￥275,000.00	￥222,222.22
4	2	￥125,000.00	￥206,250.00	￥194,444.44
5	3	￥125,000.00	￥154,687.50	￥166,666.67
6	4	￥125,000.00	￥116,015.63	￥138,888.89
7	5	￥125,000.00	￥87,011.72	￥111,111.11
8	6	￥125,000.00	￥65,258.79	￥83,333.33
9	7	￥125,000.00	￥48,944.09	￥55,555.56
10	8	￥125,000.00	￥36,708.07	￥27,777.78

图 7－14

（8）单击“新建”→“保存”功能，输入文件名“固定资产折旧模型”。

（9）单击“保存”按钮即可。

2. 可变余额递减折旧

【例 7－6】阳光公司购买了一台电子设备，机器成本为 36 000 元，使用寿命为 8 年。机器残值为 3 000 元。要求建立模型能够计算：①计算电子设备第一天的折旧；②计算第一个月的折旧；③计算第 6～18 个月的折旧；④以 1.5 倍折旧率计算第一年的折旧。

操作步骤：

(1) 单击“文件”→“新建”功能，新建一张工作表。

(2) 单击“格式”→“重命名”功能，修改“Sheet1”的名称为“可变余额递减法模型”。

(3) 在工作表中输入已知条件，并设置计算结果区域的格式，如图 7-15 所示。

	A	B	C	D	E
1	已知数据			折旧模型	
2	原值	36000		时间	可变余额折旧
3	使用年限	8		第一天	￥24.66
4	预计净残值	3000		第一个月	￥750.00
5				第六到十八月	￥7,083.37
6				第一年	￥6,750.00

图 7-15

(4) 在“E3”单元格输入“=VDB(B2，B4，B3＊365，0，1)”，按 Enter 键，得到第一天折旧。

(5) 在“E4”单元格输入“=VDB(B2，B4，B3＊12，0，1)”，按 Enter 键，得到第一月折旧。

(6) 在“E5”单元格输入“=VDB(B2，B4，B3＊12，6，18)”，按 Enter 键，得到第 6～18 个月折旧。

(7) 在“E6”单元格输入“=VDB(B2，B4，B3，0，1，1.5)”，按 Enter 键，得到以 1.5 倍折旧率的第一年折旧。

(8) 单击“新建”→“保存”功能，输入文件名“可变余额折旧模型”。

(9) 单击“保存”按钮即可。

五、实验习题

企业 2010 年 12 月购入一台机器设备，原价 150 000 元，净残值率为 3%，使用年限 8 年。试构建直线折旧法、双倍余额递减法、年数总和法折旧模型。

实验三　投资决策模型

一、实验目的

1. 掌握净现值函数的应用；
2. 掌握内含报酬率函数的应用。

二、预备知识

1. 投资项目现金流量构成

投资项目的现金流量一般由初始现金流量、营业现金流量和终结现金流量 3 部分组成。

1）初始净现金流量

初始净现金流量是指投资项目建设期发生的现金流量。其公式为：

初始净现金流量＝－(固定资产投资＋流动资产投资＋其他投资费用)
＋原有固定资产变价净收入

2）营业净现金流量

营业净现金流量是指投资项目投入使用后，在其寿命期内由于生产经营活动所带来的现金流入和现金流出的数量。其公式为：

年营业净现金流量＝营业收入－付现经营成本－所得税
＝净利润＋折旧
＝(营业收入－付现经营成本－折旧)＊(1－所得税税率)＋折旧
＝(营业收入－付现经营成本)＊(1－所得税税率)＋折旧＊所得税税率
＝税后营业收入＋税后付现成本＋年折旧抵税额

3）终结现金流量

终结现金流量是指项目完结时所发生的现金流量，主要包括：固定资产的残值收入或变价收入、原来垫支在各种流动资产上的流动资金的回收、停止使用土地的变价收入等。其公式为：

终结现金流量＝终结年份的固定资产残值回收＋该年流动资产回收＋该年其他收入

2. 投资项目决策指标

投资决策指标按其是否考虑时间价值分为两类：一类是非贴现现金流量指标，即没有考虑时间价值因素的指标，主要包括回收期等；另一类是贴现现金流量指标，考虑了时间价值因素的指标，主要包括净现值(NPV)、现值指数(PI)、内含报酬率(IRR)等。

1）回收期

回收期是指某一投资方案引起的现金流入累计到与投资额相等所需的时间。它代表回收投资所需要的年限。

回收期＝原始投资额/每年现金净流量

现金净流量各年不相等或原始投资是分年投入的，则使下式成立的 n 为回收期：

$$\sum_{t=1}^{n} It = \sum_{t=1}^{n} Ot$$

2）净现值

净现值(NPV)是指方案投入使用后的未来现金流量按资金成本或企业要求的报酬率折算的总现值超过初始投资现值的差额。

任何投资方案的实施，决策者都希望未来获得报酬要多于之前的投资。但是投资发生和报酬获得不在同一时间，如果考虑时间价值因素，就必须把它们折算到同一时间基础上才能比较。因此，必须把未来获得的报酬额以一定的贴现率折现成现值，然后再与该项投资的现值进行对比。若净现值为正数，说明该方案的投资报酬率高于资金成本，方案可行；否则方案不可行。其公式为：

$$NPV = \sum_{t=1}^{n} \frac{NCF_t}{(1+i)^t} - \text{投资额}$$

式中，n 为投资年限；NCF_t 为第 t 年的现金流量；i 为预定的贴现率。

净现值指标考虑了时间价值因素，是一个较为科学的投资指标。但是该指标不能揭示个投资方案本身可能达到的实际投资报酬率。

3）现值指数

现值指数(PI)是投资方案未来现金流量按资金成本或要求的投资报酬率贴现的总现值与初始投资额现值之比。其公式为：

PI＝未来现金流量总现值/初始投资现值

如果 PI＞＝1，则方案可取；否则方案不可行。

4）内含报酬率

内含报酬率(IRR)是指一个投资方案在其寿命周期内的实际投资报酬率。根据这个报酬率对方案寿命期内各年净现金流量进行贴现，未来报酬的总现值正好等于该方案初始投资的现值。因此，内含报酬率是投资方案为零的报酬率。其公式为：

$$\sum_{t=1}^{n} \frac{NCF_t}{(1+IRR)^t} = 0$$

在内含报酬率指标的运用中，任何一项投资方案的内含报酬率必须以不低于资金成本为限，否则，方案将被否决。

3. 投资指标函数

1）NPV 函数

功能：基于一系列现金流和固定的各期贴现率，返回一项投资的净现值。这里的投资净现值是指未来各期现金流的现值总和。

函数格式：NPV(rate，value1，value2，...)

式中，rate 为贴现率，是一固定值；value1，value2，...分别代表 1～29 笔支出或收入的参数值。value1，value2，...所属各期间的长度必须相等，而且现金流的时间都发生在期末。

2）XNPV 函数

功能：返回一组现金流的净现值，这些现金流不一定定期发生。

函数格式：XNPV(rate，values，dates)

式中，Rate 应用于现金流的贴现率。

values 是与 dates 中的支付时间相对应的一系列现金流转。首期支付是可选的，并与投资开始时的成本或支付有关。如果第一个值为成本或支付，则其必须是一个负数。所有后续支付基于的是 365 天/年贴现。数值系列必须至少要包含一个正数和一个负数。

dates 是与现金流支付相对应的支付日期表。第一个支付日期代表支付表的开始。其他日期应迟于该日期，但可按任何顺序排列。

Microsoft Excel 可将日期存储为可用于计算的序列号。默认情况下，1900 年 1 月 1 日的序列号是 1 而 2008 年 1 月 1 日的序列号是 39448，这是因为它距 1900 年 1 月 1 日有 39448 天。

3）IRR 函数

功能：返回由数值代表的一组现金流的内部收益率。

函数格式：IRR(values，guess)
式中，values 为数组或单元格的引用，包含用来计算返回的内部收益率的数字，values 必须包含至少一个正值和一个负值，以计算返回的内部收益率；guess 为对函数 IRR 计算结果的估计值。

Microsoft Excel 使用迭代法计算函数 IRR。从 guess 开始，函数 IRR 进行循环计算，直至结果的精度达到 0.00001%。如果函数 IRR 经过 20 次迭代，仍未找到结果，则返回错误值 #NUM!。

在大多数情况下，并不需要为函数 IRR 的计算提供 guess 值。如果省略 guess，假设它为 0.1(10%)。

如果函数 IRR 返回错误值#NUM!，或结果没有靠近期望值，可用另一个 guess 值再试一次。

4) MIRR 函数

功能：返回某一连续期间内现金流的修正内部收益率。

函数格式：MIRR(values，finance _ rate，reinvest _ rate)
式中，values 为一个数组或对包含数字的单元格的引用。这些数值代表着各期的一系列支出(负值)及收入(正值)。

参数 values 中必须至少包含一个正值和一个负值，才能计算修正后的内部收益率，否则函数 MIRR 会返回错误值#DIV/0!。

如果数组或引用参数包含文本、逻辑值或空白单元格，则这些值将被忽略；但包含零值的单元格将计算在内。

finance _ rate 为现金流中使用的资金支付的利率。

reinvest _ rate 为将现金流再投资的收益率。

5) XIRR 函数

功能：返回一组现金流的内部收益率，这些现金流不一定定期发生。

函数格式：XIRR(values，dates，guess)
式中，values 是与 dates 中的支付时间相对应的一系列现金流。首次支付是可选的，并与投资开始时的成本或支付有关。如果第一个值是成本或支付，则它必须是负值。所有后续支付都基于 365 天/年贴现。系列中必须包含至少一个正值和一个负值。

dates 是与现金流支付相对应的支付日期表。第一个支付日期代表支付表的开始。其他日期应迟于该日期，但可按任何顺序排列。应使用 DATE 函数来输入日期，或者将日期作为其他公式或函数的结果输入。

guess 对函数 XIRR 计算结果的估计值。

三、实验内容

1. 独立投资项目决策模型；
2. 互斥投资方案的选择模型。

四、实验步骤

1. 独立投资项目决策模型

【例 7-7】 阳光公司的投资项目有关资料见表 7-1。要求建立一个能够计算该项目的各项评价指标及其可行性的模型。

表 7-1

已知条件(万元)					
期初固定资产投资	12 000	所得税税率		25%	
固定资产残值	6 000	贴现率		8%	
期初垫支营运资金	3 000	折旧方法		直线折旧法	
年份	1	2	3	4	5
销售收入	8 000	8 000	8 000	8 000	8 000
付现成本	3 000	3 400	3 800	4 200	4 600

操作步骤：

（1）单击“文件”→“新建”功能，新建一张工作表。

（2）单击“格式”→“重命名”功能，修改“Sheet1”的名称为“独立项目的投资决策模型”。

（3）在工作表中输入已知条件，并设置计算结果区域的格式，如图 7-16 所示。

	A	B	C	D	E	F	G	H	I
1	已知条件（单位：万元）							评价指标及评价结果	
2	期初固定资产投资		12000	所得税税率		25%		NPV	
3	固定资产残值		6000	贴现率		8%		PI	
4	期初垫支营运资金		3000	固定资产折旧方法		直线法		IRR	
5	年份	1	2	3	4	5		项目可行性	
6	销售收入	8000	8000	8000	8000	8000			
7	付现成本	3000	3400	3800	4200	4600			
8									
9	计算结果								
10	年份	0	1	2	3	4	5		
11	期初固定资产投资								
12	固定资产残值								
13	期初垫支营运资金								
14	营运资金回收								
15	销售收入								
16	付现成本								
17	年折旧								
18	税前利润								
19	所得税								
20	税后净利								
21	经营净现金流量								
22	净现金流量								
23	净现金流量现值								
24	净现金流量现值累计								

图 7-16

（4）在单元格 B11 中输入公式“=－C2”。

（5）在单元格 G12 中输入公式“=C3”。

（6）在单元格 B13 中输入公式“=－C4”。

(7) 在单元格 G14 中输入公式“＝C4”。

(8) 在单元格 C15：G15 中输入数组公式“＝B6：F6”。

(9) 在单元格 C16：G16 中输入数组公式“＝B7：F7”。

(10) 在单元格 C17：G17 中输入数组公式“＝SLN(C2，C3，G10)”。

(11) 在单元格 C18：G18 中输入数组公式“＝C15：G15－C16：G16－C17：G17”。

(12) 在单元格 C19：G19 中输入数组公式“＝C18：G18＊F2”。

(13) 在单元格 C20：G20 中输入数组公式“＝C18：G18－C19：G19”。

(14) 在单元格 C21：F21 中输入数组公式“＝C20：F20＋C17：F17”。

(15) 在单元格 G21 中输入公式“＝G12＋G14＋G17＋G20”。

(16) 在单元格 B22 中输入公式“＝B11＋B13”。

(17) 在单元格 C22：G22 中输入公式“＝C21：G21”。

(18) 在单元格 B23：G23 中输入数组公式“＝PV(F3，B10：G10，－B22：G22)”。

(19) 在单元格 B24：G24 中输入数组公式“＝SUM($B$23：B23)”。

(20) 在单元格 I2 中输入公式“＝NPV(F3，C22：G22)＋B22”。

(21) 在单元格 I3 中输入公式“＝NPV(F3，C22：G22)/ABS(B22)”。

(22) 在单元格 I4 中输入公式“＝IRR(B22：G22)”。

(23) 在单元格 I5 中输入公式“＝IF(I2＞0," 可行"," 不可行")”，得到计算结果，如图 7－17 所示。

	A	B	C	D	E	F	G	H	I
1	已知条件（单位：万元）							评价指标及评价结果	
2	期初固定资产投资		12000	所得税税率		25%		NPV	￥5,084.00
3	固定资产残值		6000	贴现率		8%		PI	￥1.34
4	期初垫支营运资金		3000	固定资产折旧方法		直线法		IRR	18%
5	年份	1	2	3	4	5		项目可行性	可行
6	销售收入	8000	8000	8000	8000	8000			
7	付现成本	3000	3400	3800	4200	4600			
8									
9	计算结果								
10	年份	0	1	2	3	4	5		
11	期初固定资产投资	-12000							
12	固定资产残值						6000		
13	期初垫支营运资金	-3000							
14	营运资金回收						3000		
15	销售收入		8000	8000	8000	8000	8000		
16	付现成本		3000	3400	3800	4200	4600		
17	年折旧		1200	1200	1200	1200	1200		
18	税前利润		3800	3400	3000	2600	2200		
19	所得税		950	850	750	650	550		
20	税后净利		2850	2550	2250	1950	1650		
21	经营净现金流量		4050	3750	3450	3150	11850		
22	净现金流量	-15000	4050	3750	3450	3150	11850		
23	净现金流量现值	(15000.00)	3750.00	3215.02	2738.72	2315.34	8064.91		
24	净现金流量现值累计	(15000.00)	(11250.00)	(8034.98)	(5296.26)	(2980.91)	5,084.00		

图 7－17

(24) 单击“新建”→“保存”功能，输入文件名“可变余额折旧模型”。

(25) 单击“保存”按钮即可。

2. 互斥投资方案的选择模型

【例 7－8】 已知甲、乙、丙 3 个互斥投资方案的有关资料见表 7－2，要求建立一个计算 3 个方案的净年值并选择最优方案的模型。

表 7-2

方案	甲	乙	丙
初始投资(万元)	200	400	600
每年净现金流量(万元)	95	150	195
寿命期(年)	6	8	10
贴现率	15%		

操作步骤：

(1) 单击“文件”→“新建”功能，新建一张工作表。

(2) 单击“格式”→“重命名”功能，修改“Sheet1”的名称为“互斥项目的投资决策模型”。

(3) 在工作表中输入已知条件，并设置计算结果区域的格式，如图 7-18 所示。

	A	B	C	D	E	F	G	H	I
1	已知条件					计算与决策结果			
2	方案	甲	乙	丙		方案	甲	乙	丙
3	初始投资（万元）	200	400	600		净年值（万元）			
4	每年净现金流量（万元）	95	150	195		选择最优方案			
5	寿命期（年）	6	8	10					
6	贴现率	15%							

图 7-18

(4) 在单元格 G3 中输入公式=(PV($B$6, B5, -B4)-B3)/PV($B$6, B5, -1)。

(5) 选取单元格 G3，将其复制到单元格区域 H3：I3.

(6) 在合并单元格 G4 中输入公式=INDEX(G2：I2,, MATCH(MAX(G3：I3), G3：I3, 0))，结算结果如图 7-19 所示。

F	G	H	I
计算与决策结果			
方案	甲	乙	丙
净年值（万元）	42.15	60.86	75.45
选择最优方案	丙		

图 7-19

五、实验习题

(1) 某企业拟购入一设备扩充生产能力，现有甲、乙两个方案可供选择。

甲方案：购入半自动控制设备，需投资 180 万元，当年投入使用，使用寿命 5 年，设备采用直线折旧法，5 年后无残值，5 年中每年销售收入 100 万元，每年付现成本 30 万元。

乙方案：购入全自动办公设备，需要投资 260 万元，当年投入使用，使用寿命 5 年，设备采用直线法计提折旧，5 年后有残值 60 万元。另外，在第一年需垫支营运资金 50 万元。5 年中每年销售收入 160 万元，付现成本 40 万元，以后随着设备陈旧，逐年增加修理费用 5 万元。

假设所得税税率25%，试建立模型评价两种方案。

（2）已知A、B两个互斥方案有关资料见表7-3。要求建立一个计算两方案的净年值并选择最优方案的模型。

表7-3

方案	初始投资(元)	寿命期(年)	年净现金流量(元)	贴现率
A	50 000	3	18 000	12%
B	70 000	5	17 000	

实验四　销售预测模型

一、实验目的

1. 掌握指数平滑法预测模型；
2. 掌握回归分析法的预测模型。

二、预备知识

1. 预测方法

预测是根据已掌握的资料和信息，应用科学方法，对事物未来的变化趋势所作的推断。基本思路是：通过调查研究，收集有关资料，抽出数据模型，进行经济预测，再根据相关影响修正预测值，便可得到预测结论。

1）指数平滑法

指数平滑法是一种改进的加权平均法，只是加权的权数只用一个，当期权数大，加重当期因素在预测中的作用；前一期权数小，减弱前期因素对预测的影响，通过计算平滑指数，进行预测。其公式为：

$$F(1+t)=Ft+\alpha(At-Ft)$$
$$=Ft+(1-\text{DampFactor})*(At-Ft)$$

式中，At 为期间 t 的实际值；Ft 为期间 t 的预测值；α 为平滑指数；DampFactor 为用作平滑常数的阻尼系数。阻尼系数是用来将总体中数据的不稳定性最小化的修正因子。默认的阻尼系数为0.3。

2）回归预测法

回归分析是研究两组以上变量之间关系的数学方法，即从事物变化的相关关系出发进行的预测分析。

（1）线性回归模型。计算下列方程代表的直线的最小二乘法拟合直线：

$$y=m*x+b$$

式中，m 代表斜率；b 代表截距。

线性趋势线是适应于简单线性数据集的最佳拟合直线。如果数据点的散布图近似于直线，则数据为线性。线性趋势通常表示事物以稳定的速度增长或减少。

（2）指数回归模型。计算满足下列方程的点的最小二乘法拟合曲线：

$$y=c*e^{bx}$$

式中，c 和 b 为常数；e 代表自然对数的底数。

指数趋势是一种曲线，它适合于速度增减越来越快的数据值。如果数值中含有零或负值，就不能使用指数趋势线。

2. 预测函数介绍

1）INDEX 函数

功能：使用索引从单元格区域或数组中选取值。

函数格式：INDEX(array，row_num，[column_num])

式中，array 必需。单元格区域或数组常量。如果数组只包含一行或一列，则相对应的参数 row_num 或 column_num 为可选参数；如果数组有多行和多列，但只使用 row_num 或 column_num，函数 INDEX 返回数组中的整行或整列，且返回值也为数组。

row_num 必需。选择数组中的某行，函数从该行返回数值。如果省略 row_num，则必须有 column_num。

column_num 可选。选择数组中的某列，函数从该列返回数值。如果省略 column_num，则必须有 row_num。

2）LINEST 函数

功能：使用最小二乘法对已知数据进行最佳直线拟合，并返回描述此直线的数组。

函数格式：LINEST(known_y's，known_x's，const，stats)

式中，known_y's 是关系表达式 $y=mx+b$ 中已知的 y 值集合。如果数组 known_y's 在单独一列中，则 known_x's 的每一列被视为一个独立的变量。如果数组 known_y's 在单独一行中，则 known_x's 的每一行被视为一个独立的变量。

known_x's 是关系表达式 $y=mx+b$ 中已知的可选 x 值集合。数组 known_x's 可以包含一组或多组变量。如果只用到一个变量，只要 known_y's 和 known_x's 维数相同，它们可以是任何形状的区域。如果用到多个变量，则 known_y's 必须为向量(即必须为一行或一列)。

如果省略 known_x's，则假设该数组为{1，2，3,…}，其大小与 known_y's 相同。

const 为一逻辑值，用于指定是否将常量 b 强制设为 0。如果 const 为 TRUE 或省略，b 将按正常计算。如果 const 为 FALSE，b 将被设为 0，并同时调整 m 值使 $y=mx$。

stats 为一逻辑值，指定是否返回附加回归统计值。如果 stats 为 TRUE，则 LINEST 函数返回附加回归统计值，这时返回的数组见表 7-4。如果 stats 为 FALSE 或省略，LINEST 函数只返回系数 m 和常量 b。

表 7－4

a 参数值	b 参数值
a 值估计标准差	b 值估计标准差
相关系数平方值 R^2	Y 值估计标准差
统计量 F	自由度 D.F
回归平方和	估计值残值平方

其中：a 参数是数组中第 1 行、第 1 列元素，因此，a 参数的计算公式为：

＝INDEX(LINEST(Y 变量单元区域，X 变量单元区域，true，true)，1，1)

b 参数是数组中第 1 行、第 2 列元素，因此，b 参数的计算公式为：

＝INDEX(LINEST(Y 变量单元区域，X 变量单元区域，true，true)，1，2)

R^2参数是数组中第 3 行、第 1 列元素，因此，R^2参数的计算公式为：

＝INDEX(LINEST(Y 变量单元区域，X 变量单元区域，true，true)，3，1)

3）FORECAST 函数

功能：根据已有的数值计算或预测未来值。此预测值为基于给定的 x 值推导出的 y 值。已知的数值为已有的 x 值和 y 值，再利用线性回归对新值进行预测。可以使用该函数对未来销售额、库存需求或消费趋势进行预测。

函数格式：FORECAST(x，known _ y′s，known _ x′s)

式中，x 为需要进行预测的数据点；known _ y′s 为因变量数组或数据区域；known _ x′s 为自变量数组或数据区域。

4）LOGEST 函数

功能：计算最符合数据的指数回归拟合曲线，并返回描述该曲线的数值数组。

函数格式：LOGEST(known _ y′s，known _ x′s，const，stats)

式中，known _ y′s 是满足指数回归拟合曲线 $y=b*m\hat{}x$ 的一组已知的 y 值。如果数组 known _ y′s 在单独一列中，则 known _ x′s 的每一列被视为一个独立的变量。如果数组 known _ y′s 在单独一行中，则 known _ x′s 的每一行被视为一个独立的变量。

known _ x′s 是满足指数回归拟合曲线 $y=b*m\hat{}x$ 的一组已知的 x 值，为可选参数。known _ x′s 数组可以包括一组或多组自变量。如果仅使用一个变量，那么只要 known _ x′s 和 known _ y′s 具有相同的维数，则它们可以是任何形状的区域。如果使用多个变量，则 known _ y′s 必须是向量。如果省略 known _ x′s，则假设该数组为 {1，2，3,…}，其大小与 known _ y′s 相同。

const 为一逻辑值，用于指定是否将常数 b 强制设为 1。如果 const 为 TRUE 或省略，b 将按正常计算。如果 const 为 FALSE，则常量 b 将设为 1，而 m 的值满足公式 $y=m\hat{}x$。

stats 为一逻辑值，指定是否返回附加回归统计值。如果 stats 为 TRUE，函数 LOGEST 将返回附加的回归统计值，因此返回的数组为 {mn，mn－1,…，m1，b；sen，sen－1,…，se1，seb；r2，sey；F，df；ssreg，ssresid}。如果 stats 为 FALSE 或省略，则函数 LOGSET 只返回系数 m 和常量 b。

5）GROWTH 函数

功能：根据现有的数据预测指数增长值。根据现有的 x 值和 y 值，GROWTH 函数返回一组新的 x 值对应的 y 值。可以使用 GROWTH 工作表函数来拟合满足现有 x 值和 y 值的指数曲线。

函数格式：GROWTH(known_y's，known_x's，new_x's，const)

式中，known_y's 是满足指数回归拟合曲线 $y=b*m\hat{}x$ 的一组已知的 y 值。如果数组 known_y's 在单独一列中，则 known_x's 的每一列被视为一个独立的变量。如果数组 known_y's 在单独一行中，则 known_x's 的每一行被视为一个独立的变量。如果 known_y*s 中的任何数为零或为负数，GROWTH 函数将返回错误值#NUM!。

known_x's 是满足指数回归拟合曲线 $y=b*m\hat{}x$ 的一组已知的 x 值，为可选参数。数组 known_x's 可以包含一组或多组变量。如果只用到一个变量，只要 known_y's 和 known_x's 维数相同，它们可以是任何形状的区域。如果用到多个变量，known_y's 必须为向量。如果省略 known_x's，则假设该数组为 {1，2，3,...}，其大小与 known_y's 相同。

new_x's 为需要通过 GROWTH 函数返回的对应 y 值的一组新 x 值。New_x's 与 known_x's 一样，对每个独立变量必须包括单独的一列(或一行)。因此，如果 known_y's 是单列的，known_x's 和 new_x's 应该有同样的列数。如果 known_y's 是单行的，known_x's 和 new_x's 应该有同样的行数。如果省略 new_x's，则假设它和 known_x's 相同。如果 known_x's 与 new_x's 都被省略，则假设它们为数组 {1，2，3,...}，其大小与 known_y's 相同。

const 为一逻辑值，用于指定是否将常数 b 强制设为 1。如果 const 为 TRUE 或省略，b 将按正常计算。如果 const 为 FALSE，b 将设为 1，m 值将被调整以满足 $y=m\hat{}x$。

三、实验内容

1. 基于指数平滑法的销售预测模型；
2. 基于回归函数预测模型。

四、实验步骤

1. 基于指数平滑法的销售预测模型

【例 7-9】东方公司 2010 年 1～12 月计算机销售额有关数据见表 7-5。要求建立一个利用指数平滑法(阻尼系数=0.3)预测下一个月计算机销售额的模型。

表 7-5

年份	2010		阻尼系数		0.3	预测期		2011.1	预测方法		指数平滑法	
月份	1	2	3	4	5	6	7	8	9	10	11	12
销售额	50	53	60	62	68	58	62	70	75	82	85	83

操作步骤：

(1) 选择“文件”→“新建”菜单，新建一张工作表。

(2) 选择“格式”→“重命名”菜单，修改“Sheet1”的名称为“指数平滑法预测模型”。

(3) 在工作表中输入已知条件，并设置计算结果区域的格式，如图 7-20 所示。

	A	B	C	D	E	F	G	H	I	J	K	L	M
1	已知条件												
2	年度	2011	阻尼系数	0.3	预测期	2011.1	预测方法	指数平滑法					
3	月份	1	2	3	4	5	6	7	8	9	10	11	12
4	销售额	50	53	60	62	68	58	62	70	75	82	85	83
5	预测值												
6	2011年1月份预计销售额（万元）												

图 7-20

(4) 选择“工具”→“数据分析”菜单，弹出“数据分析”对话框，如图 7-21 所示。

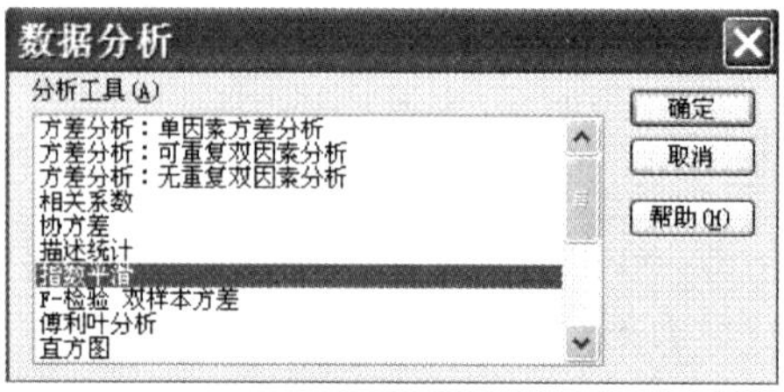

图 7-21

(5) 在“分析工具”框中选择“指数平滑”，单击“确定”按钮，弹出“指数平滑”对话框，如图 7-22 所示。

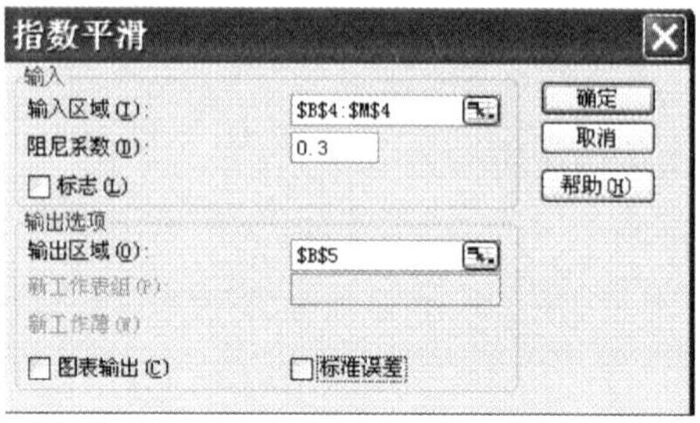

图 7-22

(6) 在“输入区域”栏中输入“$B$4：$M$4”；“阻尼系数”栏中输入“0.3”；“输出区域”栏中输入“$B$5”；单击“确定”按钮，显示预测值。

(7) 在单元格 C6 中输入公式“=M5”即可。

(8) 单击“新建”→“保存”功能，输入文件名“指数平滑法预测模型”。

(9) 单击“保存”按钮即可。

2. 基于回归函数预测模型

【例 7-10】假设某市 10 家商场的人均销售额和利润率资料见表 7-6，根据以往的经验，该市人均销售额和利润率之间有可能是线性趋势或指数变动趋势。要求建立一个带有选择利润率变动趋势的模型。

表 7-6

商场编号	1	2	3	4	5	6	7	8	9	10
人均销售额（万元）	6	5	8	1	4	7	6	3	3	7
利润率(%)	12.6	10.4	18.5	3	8.1	16.3	12.3	6.2	6.6	16.8

操作步骤：

(1) 选择“文件”→“新建”菜单，新建一张工作表。

(2) 选择“格式”→“重命名”菜单，修改“Sheet1”的名称为“回归预测模型”。

(3) 在工作表中输入已知条件，并设置计算结果区域的格式，如图 7-23 所示。

	A	B	C	D	E	F	G	H	I	J	K
1	已知条件										
2	商场编号	1	2	3	4	5	6	7	8	9	10
3	人均销售额（万元）	6	5	8	1	4	7	6	3	3	7
4	利润率（%）	12.6	10.4	18.5	3	8.1	16.3	12.3	6.2	6.6	16.8
5	利润率可能的变动趋势			选择与计算结果							
6	线性趋势	y=ax+b		变动趋势选择							
7	指数趋势	$y=b*a^x$		线性趋势							

图 7-23

(4) 选择“视图”→“工具栏”→“窗体”菜单，在系统弹出的“窗体”工具栏上单击“组合框控件”按钮。

(5) 将鼠标指针对准 D7 单元格的左上角，向右向下拖曳出一个组合框控件，单击鼠标右键，在弹出的快捷菜单中选择“设置控件格式”命令。

(6) 在“设置控件格式”对话框中，输入“数据源区域”为“A6：A7”；“单元格链接”为“D7”；“下拉显示项数”为“2”。

(7) 单击“确定”按钮，完成控件设置。

(8) 在单元格 E6、E7 中分别输入公式：“=IF(D7=1，INDEX(LINEST(B4：K4，B3：K3)，1)，INDEX(LOGEST(B4：K4，B3：K3)，1))”；

“=IF(D7=2，INDEX(LINEST(B4：K4，B3：K3)，2)，INDEX(LOGEST(B4：K4，B3：K3)，2))”。

(9) 输入完成，显示结果如图 7-24 所示。

	A	B	C	D	E	F	G	H	I	J	K
1	已知条件										
2	商场编号	1	2	3	4	5	6	7	8	9	10
3	人均销售额（万元）	6	5	8	1	4	7	6	3	3	7
4	利润率（%）	12.6	10.4	18.5	3	8.1	16.3	12.3	6.2	6.6	16.8
5	利润率可能的变动趋势			选择与计算结果							
6	线性趋势	y=ax+b		变动趋势选择	2.29						
7	指数趋势	$y=b*a^x$		线性趋势	2.77						

图 7-24

（10）选择“新建”→“保存”菜单，输入文件名“回归函数预测模型”。

（11）单击“保存”按钮即可。

五、实验习题

（1）假定A电器公司2006—2011年数码相机的实际销售资料见表7-7，要求假定该公司的销售额随时间变化呈现出曲线变化，试建立模型预测A公司2012年数码相机的销售额。

表7-7

年度	2006	2007	2008	2009	2010	2011
销售额(万元)	12	24	18	40	38	68

（2）假定某企业生产铸铁件的2011年的产量、单位成本与出厂价的信息见表7-8。

表7-8

时间	1	2	3	4	5	6	7	8	9	10	11	12
产量(吨)	810	547	900	530	540	800	820	850	600	690	700	860
单位成本	670	780	620	800	780	675	650	620	735	720	715	610
单价(元/吨)	750	750	750	750	750	750	730	730	730	730	730	730

要求：假设产量和单位成本之间呈线性，试构建模型分析按目前的价格，企业应该生产多少吨铸铁件可以获取效益。

（3）某公司2006—2010年的销售收入和资金占用量以及2011年预计销售收入的有关资料见表7-9。要求建立一个利用回归分析法预测该公司2011年资金需求量模型。

表7-9

年度	2006	2007	2008	2009	2010	2011
销售收入(万元)	85	116	175	237	291	305
资金占用量(万元)	62	85	109	128	143	

第八章　基于 Excel 工具的会计信息分析

实验一　单变量求解及模拟运算表应用

一、实验目的

1. 掌握单变量求解的运用；
2. 掌握模拟运算表工具的运用。

二、预备知识

（一）单变量求解

所谓“单变量求解”，即改变某数学模型的某一变量时，自动计算出与该变量相关的另一相关结果。单变量求解工具主要用于解决根据结果倒推出原因的功能，即具有处理“如果(if)需要得到结果，那么原因会是什么呢(what)”问题的功能。在使用单变量求解法之前，通常在工作表的一个单元格中存在一个公式，在另一个单元格中存有公式的变量。单变量求解法采用迭代方法来寻求一个解，即单变量求解首先试探变量的初值是否满足所需的结果，如果不满足的话，单变量求解尝试不同的值，直到收敛于一个解。

（二）模拟运算表

模拟运算表工具是一种只需一步操作就能计算出所有变化的模拟分析工具。它可以显示公式中某些值的变化对计算结果的影响，为同时求解某一运算中所有可能的变化值组合提供了捷径。并且，模拟运算表还可以将所有不同的计算结果同时显示在工作表中，便于查看和比较。

三、实验内容

1. 利用单变量求解工具应用；
2. 模拟运算表工具的应用。

四、实验步骤

（一）单变量求解

【例 8－1】 阳光公司 2010 年的销售量和息税前利润等数据以及所确定的 2011 年息税前利润目标增长率数据见表 8－1。要求建立单项措施变化以确保目标利润实现的分析模型。

表 8－1

项目	销售量（件）	产品单价（元）	单位变动成本（元）	固定成本（元）	息税前利润（元）	2011 年目标利润增长率（元）
实际数	5 000	2 000	1 200	1 500 000		

操作步骤：

（1）选择“文件”→“新建”菜单，新建一张工作表。

（2）选择“格式”→“重命名”菜单，修改“Sheet1”的名称为“单变量模型”。

（3）在工作表中输入已知条件，并设置计算结果区域的格式，如图 8－1 所示。

	A	B	C	D	E	F	G	H
1	已知条件			计算结果				
2	项目	实际数		项目	2011年应达到的数值	与基期相比		目标函数
3	销售量（件）	5000				增减变动	变动幅度	
4	产品单价（元）	2000		销售量（件）				
5	单位变动成本（元）	1200		单价（元）				
6	固定成本（元）	1800000		单位变动成本（元）				
7	息税前利润（元）	2200000		固定成本（元）				
8	2011年目标利润增长率（元）	30%		息税前利润				

图 8－1

（4）在单元格 E8 中输入公式“＝B7＊(1＋B8)”。

（5）在单元格 H4 中输入公式“＝E4＊(B4－B5)－B6”。

（6）选择“工具”→“单变量求解”菜单，弹出“单变量求解”对话框。

（7）在“单变量求解”对话框中输入：“目标单元格”为“H4”；“目标值”为“2 860 000”；“可变单元格”为“$E$4”，如图 8－2 所示。

图 8－2

（8）单击“确定”按钮，完成 2011 年销售量应达到值的求解。

（9）在单元格 H5∶H7 中分别输入公式如下：“H5＝B3＊(E5－B5)－B6”；“H6＝B3＊(B4－E6)－B6”；“H7＝B3＊(B4－B5)－E7”。

（10）重复上述步骤(6)～(8)，即可完成其他可变单元格的数据。

（11）在单元格 F4：F8 中输入数组公式“＝E4：E8－B3：B7”。

（12）在单元格 G4：G8 中输入数组公式“＝F4：F8/B3：B7”。

（13）公式输入完成，可得到结果，如图 8－3 所示。

	A	B	C	D	E	F	G	H
1	已知条件			计算结果				
2	项目	实际数		项目	2011年应达到的数值	与基期相比		目标函数
3	销售量（件）	5000				增减变动	变动幅度	
4	产品单价（元）	2000		销售量（件）	5825	825	17%	2860000
5	单位变动成本（元）	1200		单价（元）	2132	132	7%	2860000
6	固定成本（元）	1800000		单位变动成本（元）	1068	-132	-11%	2860000
7	息税前利润（元）	2200000		固定成本（元）	1140000	-660000	-37%	2860000
8	2011年目标利润增长率（元）	30%		息税前利润	2860000	660000	30%	

图 8－3

（14）单击“新建”→“保存”菜单，输入文件名“单变量求解模型”。

（15）单击“保存”按钮即可。

（二）模拟运算表

【例 8－2】阳光公司贷款 450 000 元购买一台设备，要求建立在不同利率和不同偿还期下每个月应偿还的金额。假定利率分别为：5.5％、6％、6.5％、7％、7.5％和 8％；偿还期限分别为：3 年、4 年、5 年、6 年、7 年和 8 年。

操作步骤：

（1）选择“文件”→“新建”菜单，新建一张工作表。

（2）选择“格式”→“重命名”菜单，修改“Sheet1”的名称为“模拟运算表贷款模型”。

（3）在工作表中输入已知条件，并设置计算结果区域的格式，如图 8－4 所示。

	A	B	C	D	E	F	G
1	已知条件						
2	贷款总额	贷款年份	每年还款期	贷款总期限	贷款利率	每期偿还金额	
3	450000	3	12	36	0.05	27195.51	
4							
5	利率	借款期限					
6	27195.51	36	48	60	72	84	96
7	5%						
8	5.5%						
9	6%						
10	6.5%						
11	7%						
12	7.5%						
13	8%						

图 8－4

（4）在单元格 D3 中输入公式“＝B3＊C3”。

（5）在单元格 F3 中输入公式“＝PMT(E3，D3，－A3)”。

（6）在单元格 A6 中输入公式“＝PMT(＄E＄3，＄D＄3，－＄A＄3)”。

（7）选中“A6：G13”单元格，选择“数据”→“模拟运算表”菜单，弹出“模拟运算表”对话框。

（8）在“输入引用行的单元格”中输入“＄C＄3”；在输入引用列的单元格中输入“＄E＄3”，如图 8－5 所示。

（9）单击“确定”按钮，显示计算结果，如图 8－6 所示。

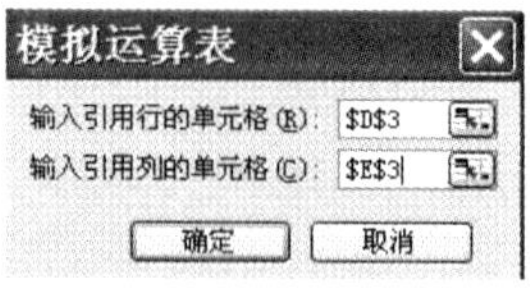

图 8-5

(10) 选择“新建”→“保存”菜单，输入文件名“模拟运算表贷款模型”。

(11) 单击“保存”按钮即可。

	A	B	C	D	E	F	G
1	已知条件						
2	贷款总额	贷款年份	每年还款期	贷款总期限	贷款利率	每期偿还金额	
3	450000	3	12	36	0.05	27195.51	
4							
5	利率	借款期限					
6	27195.51	36	48	60	72	84	96
7	5%	27195.51	24893.29	23772.68	23191.35	22879.80	22709.91
8	5.5%	28964.86	26801.34	25788.18	25285.42	25028.76	24895.84
9	6%	30777.68	28753.94	27844.07	27412.98	27203.67	27100.84
10	6.5%	32630.99	30746.27	29934.21	29567.43	29398.24	29319.44
11	7%	34521.89	32773.81	32053.15	31743.23	31607.54	31547.66
12	7.5%	36447.51	34832.37	34196.14	33935.89	33827.80	33782.62
13	8%	38405.10	36918.12	36359.08	36141.74	36056.15	36022.28

图 8-6

五、实验习题

(1) 假设某公司啤酒售价为 2 500 元/千升，单位变动成本 1 800 元/千升，固定成本 4 000 万元，产销量计划为 10 万千升。预计明年的固定成本为 3 000 万元，要求建立单项措施变化以确保目标利润实现的分析模型。

(2) 某人想买一套住房，需资金 90 万元，一部分为自有资金，一部分是银行贷款取得，年利率 4%，采取每月等额还款方式，贷款数额是 80 万、70 万、60 万、50 万、40 万和 30 万，还款期限分别为 10 年、15 年、20 年、25 年和 30 年，试利用模拟运算表计算不同条件下的每月还款额和利息。

实验二　方案及规划求解应用

一、实验目的

1. 掌握方案求解工具的应用；
2. 掌握规划求解工具的应用。

二、预备知识

(一) 方案求解

所谓“方案”就是一组测算值的名称，这些值按管理工作的假设分析模型，依据一个或多个变量，通过相关算法求解而来。方案的测算结果，将以单独报表形式生成于一个新的工作表中。方案求解可以处理两个以上变量的复杂计算问题，最多可以引用 32 个变量。

（二）规划求解

所谓“规划求解”是用于解决复杂的方程求值及各类线性或非线形有约束优化的问题，包括：线性问题、非线性问题和整型问题。

线性优化问题是指工作表中公式所反映的问题的各元素之间呈线性关系。

非线性优化问题是指公式中所反映的问题的各元素之间呈非线性关系。

使用规划求解工具时将整型约束条件应用到问题的任何元素上，便可以产生整型的规划求解问题。当问题所使用的数值或其结果必须为 1 或 0，或不需要小数位数时，就可以使用整型约束条件。

三、实验内容

1. 方案求解工具的应用；
2. 规划求解工具的应用。

四、实验步骤

（一）方案求解

【例 8－3】阳光公司生产 3 种产品分别为：产品 A、产品 B 和产品 C。2010 年实际数据及 2011 年的销售预测见表 8－2。要求采用方案管理器选择最佳方案。

表 8－2

2010 年产品销售情况			
产品	销售额	销售成本	利润
产品 A	200	120	80
产品 B	400	280	120
产品 C	300	160	140
合计	900	560	340
2011 年销售预计情况			
情况		销售额增长率	销售成本增长率
方案一	产品 A	12%	7%
	产品 B	15%	9%
	产品 C	8%	4%

续表

情况		销售额增长率	销售成本增长率
方案二	产品 A	10%	8%
	产品 B	9%	6%
	产品 C	6%	3%
方案三	产品 A	7%	5%
	产品 B	5%	3%
	产品 C	2%	1%

操作步骤：

（1）选择“文件”→“新建”菜单，新建一张工作表。

（2）选择“格式”→“重命名”菜单，修改“Sheet1”的名称为“方案管理器分析模型”。

（3）在工作表中输入已知条件，并设置计算结果区域的格式，如图 8－7 所示。

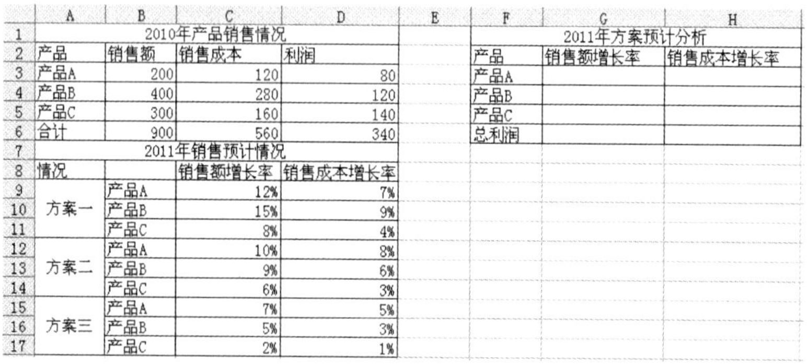

	A	B	C	D	E	F	G	H
1	2010年产品销售情况					2011年方案预计分析		
2	产品	销售额	销售成本	利润		产品	销售额增长率	销售成本增长率
3	产品A	200	120	80		产品A		
4	产品B	400	280	120		产品B		
5	产品C	300	160	140		产品C		
6	合计	900	560	340		总利润		
7	2011年销售预计情况							
8	情况		销售额增长率	销售成本增长率				
9	方案一	产品A	12%	7%				
10		产品B	15%	9%				
11		产品C	8%	4%				
12	方案二	产品A	10%	8%				
13		产品B	9%	6%				
14		产品C	6%	3%				
15	方案三	产品A	7%	5%				
16		产品B	5%	3%				
17		产品C	2%	1%				

图 8－7

（4）选中 G2 单元格，选择“插入”→“名称”→“定义”菜单，弹出“定义名称”对话框，如图 8－8 所示。

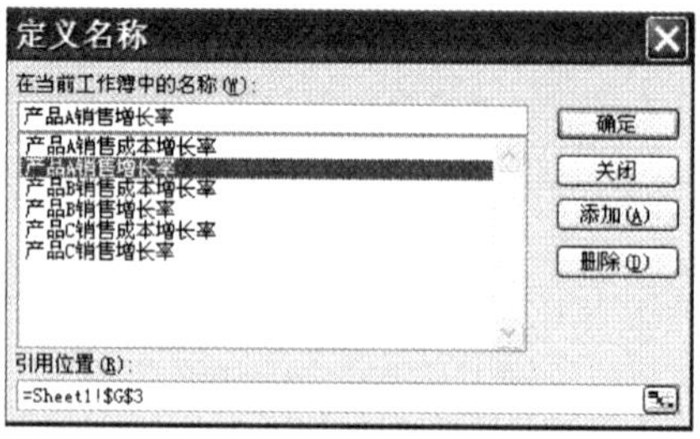

图 8－8

（5）在“当前工作簿的名称”框中输入“产品 A 销售额增长率”，单击“确定”按钮即可。

（6）重复上述步骤(4)～(5)，分别完成 G3∶H5 单元格的名称定义。

（7）在 G6 单元格中输入公式“＝B3＊(1＋产品 A 销售增长率)＋B4＊(1＋产品 B 销

售增长率)+B5*(1+产品C销售增长率)−C3*(1+产品A销售成本增长率)−C4*(1+产品B销售成本增长率)−C5*(1+产品C销售成本增长率)”。

(8) 选择“工具”→“方案管理器”菜单，弹出“方案管理器”对话框，如图8-9所示。

(9) 单击“添加”按钮，弹出“添加方案”对话框。

(10) 在“方案名”文本框输入“方案一”，“可变单元格”选择“$G$3：$H$5”，如图8-10所示。

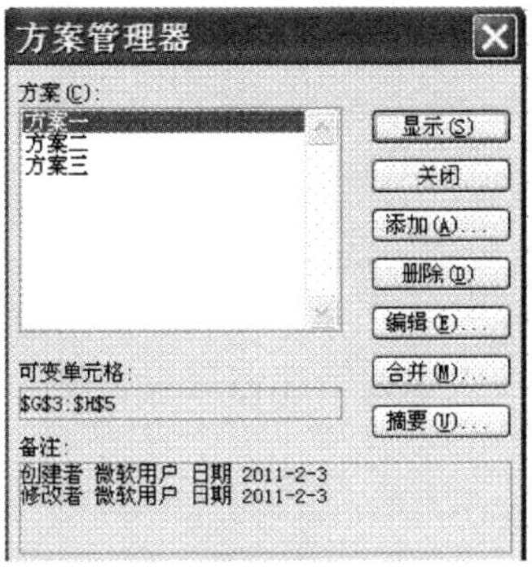

图8-9

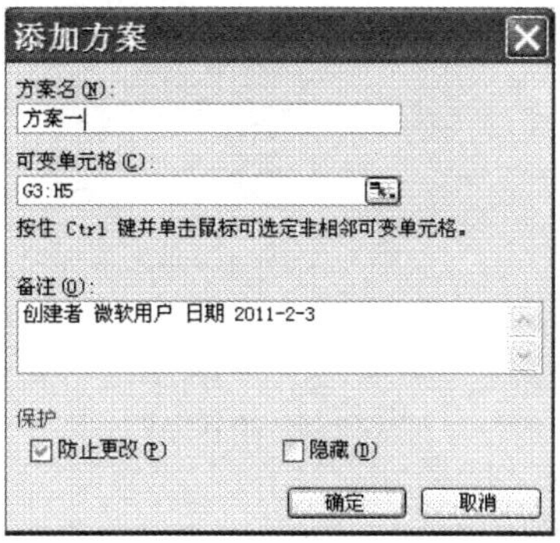

图8-10

(11) 单击“确定”按钮，弹出“方案变量值”对话框。

(12) 在“可变单元格”选项区域中，分别输入对应的“销售额增长率和销售成本增长率”数字，如图8-11所示。

(13) 单击“确定”按钮，即可完成方案一的设置。

(14) 重复上述步骤(9)～(13)，分别完成方案二和方案三的设置。

(15) 在“方案管理器”对话框，任意选择一方案，单击“显示”按钮，即可查方案结果。

(16) 在“方案管理器”对话框，单击“摘要”按钮，弹出“方案摘要”对话框。

(17) 在“结果单元格”中输入“G6”，如图8-12所示。

图8-11

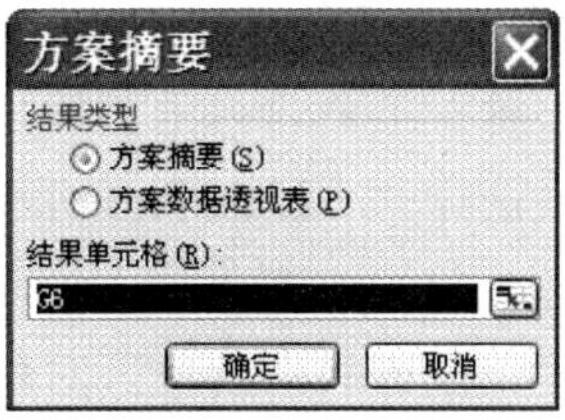

图8-12

（18）单击“确定”按钮，即可生成“方案摘要”工作簿，如图 8－13 所示。

		当前值：	方案一	方案二	方案三
方案摘要					
可变单元格：					
	产品A销售增长率	0.07	0.12	0.1	0.07
	产品A销售成本增长率	0.05	0.07	0.08	0.05
	产品B销售增长率	0.05	0.15	0.09	0.05
	产品B销售成本增长率	0.03	0.09	0.06	0.03
	产品C销售增长率	0.02	0.08	0.06	0.02
	产品C销售成本增长率	0.01	0.04	0.03	0.01
结果单元格：					
	$G$6	364	408	382.8	364

注释：“当前值”这一列表示的是在建立方案汇总时，可变单元格的值。每组方案的可变单元格均以灰色底纹突出显示。

图 8－13

（19）选择“新建”→“保存”菜单，输入文件名“方案管理器分析模型”。

（20）单击“保存”按钮即可。

（二）规划求解

【例 8－4】 阳光公司预计在 2011 年 1 月所需货币资金 8 000 000 元，准备用有价证券变现取得，每次买卖证券的固定成本为 100 元，证券市场的年利率为 7.5%，企业要求最低现金持有量为 500 000 元。要求建立最佳货币资产余额分析模型。

操作步骤：

（1）选择“文件”→“新建”菜单，新建一张工作表。

（2）选择“格式”→“重命名”菜单，修改“Sheet1”的名称为“最佳货币资金余额分析模型”。

（3）在工作表中输入已知条件，并设置计算结果区域的格式，如图 8－14 所示。

	A	B	C	D	E
1	最佳货币资产余额规划求解				
2	已知数据			计算结果	
3	现金总需求量（元）	8000000		最佳货币资产余额（元）	
4	每次交易成本（元）	100		总成本（元）	
5	有价证券收益率	7.50%		一个月最佳变现次数（次）	

图 8－14

（4）在单元格 E3 中输入公式“=(2*$B$4*$B$3*12/$B$5)^1/2”。

（5）在单元格 E4 中输入公式“=($E$3/2)*$B$5/12+($B$3/$E$3)*$B$4”。

（6）在单元格 E6 中输入公式“=$B$3/$E$3”。

（7）选择“工具”→“规划求解”菜单，弹出“规划求解参数”对话框。

（8）在“设置目标单元格”中选择“$E$4”单元格；选择“最大值”单选按钮；选择“可变单元格”为“$E$3”单元格，如图 8－15 所示。

（9）单击“添加”按钮，弹出“添加约束条件”对话框，如图 8－16 所示。

(10) 在“单元格引用位置”中选择“$E$3”；选择符号“>=”；“约束值”为“500 000”。

(11) 单击“确定”按钮，返回“规划求解参数”对话框。

(12) 单击“求解”按钮，弹出“规划求解结果”对话框，如图 8-17 所示。

图 8-15

图 8-16

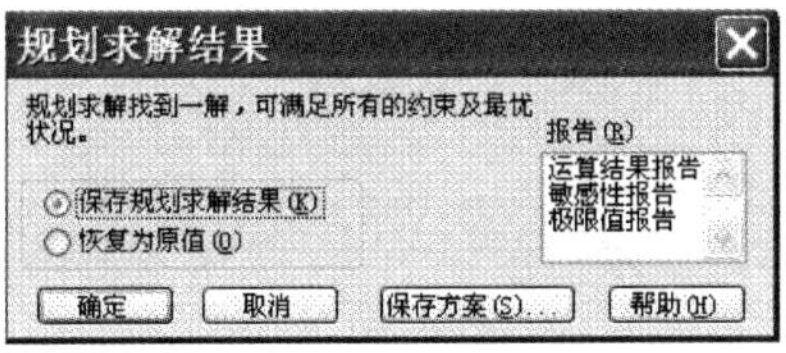

图 8-17

(13) 单击“确定”按钮，显示规划求解结果。

(14) 选择“新建”→“保存”菜单，输入文件名“最佳货币资金余额分析模型”，如图 8-18 所示。

(15) 单击“保存”按钮即可。

	D	E
1	最佳货币资产余额规划求解	
2	计算结果	
3	最佳货币资产余额（元）	505964.43
4	总成本（元）	3162.28
5	一个月最佳变现次数（次）	15.81

图 8-18

五、实验习题

(1) 某家食品企业生产两种糖果：牛奶糖和软糖。该公司的数据见表 8-3。

表 8-3

项目	单位边际贡献	单位机器工时	单位直接人工工时	每月可获得工时
牛奶糖	1	0.02	0.2	2 000(机器工时)
软糖	2	0.05	0.25	5 500(人工工时)

要求：根据上述数据，建立规划求解模型，计算企生分别生产多少牛奶糖和软糖，会使得总边际贡献达到最大化。

(2) 某公司有甲、乙、丙 3 家生产车间生产厨具。产能(机器工时)和单位成本(元)具体数据见表 8-4。

表 8-4

车间	甲	乙	丙
产能	2 000	2 500	3 000
单位成本	25.8	25.5	24.9

产品在 4 个区域市场销售，从车间到区域市场的单位运输成本(元)见表 8-5。

表 8-5

车间	区域一	区域二	区域三	区域四
甲	1.5	2.1	4.2	3.75
乙	2.35	3.55	2.1	2.85
丙	4.2	3.1	0.9	1.7

假定企业在 4 个区域明年的预计需求量(件)见表 8-6。

表 8-6

区域一	区域二	区域三	区域四
2 100	900	2 400	900

要求：构建企业总的年营运成本(单位成本+运输成本)最低目标下的厨具产品数量的最优决策模型。

附录　实验报告要求及模板

一、实验报告要求

1. 实验报告应具有必要的项目，包括实验名称、实验日期、实验目的、实验设备、实验步骤、实验数据和实验结果分析、实验总结。

2. 实验名称要求统一、规范。

3. 实验日期要求准确。

4. 实验目的依据实验教程的实验目的填写。

5. 实验设备包括实验所用硬件和软件。

6. 实验步骤应按照各位同学实际操作的步骤来写。

7. 实验数据与分析结果，应根据实际的实验结果分析。

8. 实验总结，主要是总结实验的主要内容，分析在实验操作过程中存在的问题及解决方案。

二、实验报告模板

<table>
<tr><td>学生姓名</td><td colspan="2"></td><td>学号</td><td></td><td rowspan="2">组员：</td></tr>
<tr><td>实验项目</td><td colspan="4"></td></tr>
<tr><td>实验地点</td><td></td><td colspan="3">实验仪器台号</td><td></td></tr>
<tr><td>指导教师</td><td></td><td colspan="3">实验日期及节次</td><td></td></tr>
</table>

1. 实验目的

（1）系统管理与用户设置。

（2）账套管理与年度账管理。

（3）操作员及其权限设置。

（4）系统安全管理。

2. 实验设备

（1）微型计算机。

（2）用友 ERP-U8 系统管理。

3. 实验内容

（1）用户增加。

(2) 账套建立。
(3) 账套备份。

4. 实验步骤

(1) 用户增加。
具体步骤:
第一步:
第二步:
(2) 账套建立。
具体步骤:
第一步:
第二步:
(3) 账套备份。
具体步骤:
第一步:
第二步:

5. 实验总结

(1) 实验主要内容总结。
(2) 实验中存在的问题。
(3) 实验心得。

参 考 文 献

[1] 许永斌．会计信息系统[M]. 北京：科学出版社，2011.
[2] 黄洪．会计电算化实务[M]. 杭州：浙江大学出版社，2005.
[3] 韩良智．Excel 在财务管理中的应用[M]. 北京：清华大学出版社，2009.
[4] 张瑞君．计算机财务管理[M]. 北京：中国人民大学出版社，2011.
[5] 用友公司．ERP 培训教程——财务篇[M]. 北京：中国物资出版社，2005.
[6] 赵秀芳．财务分析[M]. 大连：大连理工大学出版社，2009.
[7] 付得一．会计信息系统[M]. 北京：中国广播电视大学出版社，2011.
[8] 袁树民，王丹．会计信息系统[M]. 上海：上海财经大学出版社，2008.